新时代
〈管理〉
新思维

图说趣解
财务会计

高文轩 著

FINANCIAL
ACCOUNTING

清华大学出版社
北 京

内 容 简 介

本书通过 Yoyo 小姐的咖啡店的案例将会计视角贯穿全书，重点介绍了资产负债表、利润表和现金流量表三张财务报表以及报表中的每一个科目，让读者不但可以系统性地学习，而且能轻松地掌握相关的财务会计知识，概括了解企业并购及风险管控。

本书分为 17 章，涵盖的主要内容有：资产负债表——钱从哪里来要到哪里去；利润表——企业赚钱了吗；现金流量表——现金流到底有多重要；重要的概念——权责发生制和复式记账法；流动资产——最重要的是速度；存货——要换成钱吗；看得见摸得着——这是资产；看不见摸不着——这也是资产；负债——也是外部资源；所有者权益——到底有多少家底；合并报表——万变不离其宗；利润表——利润如何产生；三项费用——开源节流吗；现金流量——企业运转的源泉；财务指标——你真的读懂财务报表了吗；从商誉引申到企业并购；企业并购案例。

本书内容通俗易懂，将财务知识总结成大量的图表，案例丰富，实用性强，趣味性强，一点就透，把复杂的问题简单化。本书特别适合财务会计的入门读者和进阶读者阅读，也适合在校学生、企业高管、创业者、投资者、职业经理人等对财务领域感兴趣的读者阅读。

图书在版编目（CIP）数据

图说趣解财务会计 / 高文轩著 . —北京：清华大学出版社，2023.6（2024.3 重印）
（新时代·管理新思维）
ISBN 978-7-302-62528-5

Ⅰ . ①图…　Ⅱ . ①高…　Ⅲ . ①财务会计－图解　Ⅳ . ① F234.4-64

中国国家版本馆 CIP 数据核字 (2023) 第 020238 号

责任编辑：刘　洋
封面设计：徐　超
版式设计：方加青
责任校对：王荣静
责任印制：宋　林

出版发行：清华大学出版社
　　　　　网　　　址：https://www.tup.com.cn，https://www.wqxuetang.com
　　　　　地　　　址：北京清华大学学研大厦 A 座　　　　　邮　　编：100084
　　　　　社 总 机：010-83470000　　　　　　　　　　邮　　购：010-62786544
　　　　　投稿与读者服务：010-62776969，c-service@tup.tsinghua.edu.cn
　　　　　质 量 反 馈：010-62772015，zhiliang@tup.tsinghua.edu.cn
印 装 者：三河市东方印刷有限公司
经　　销：全国新华书店
开　　本：170mm×240mm　　　印　　张：16.75　　　字　　数：263 千字
版　　次：2023 年 8 月第 1 版　　　印　　次：2024 年 3 月第 4 次印刷
定　　价：99.00 元

产品编号：099006-01

我与本书作者文轩是大学同学，一直都是非常要好的朋友。我俩相识于千禧年，转眼23年了。前几日，文轩找到我，请我为他的新书《图说趣解财务会计》撰写推荐序。我惊讶于他在繁忙工作的同时还能静下心来将自己多年的从业经历分享成册。我认真研读了本书，简单写些感受，希望能从金融从业人员的视角与广大读者做个分享。

我毕业后先后在外资投行、国内大型股份制银行、证券公司从事投资银行、资产管理相关工作。由于工作原因，我平时少不了要跟企业打交道，多年来颇有些感悟，如果说一份有深度甚至具有前瞻性的财务报表是一艘船的话，那么一位优秀且经验丰富的财务管理者就是舵手，确保了大船航向正确，既能发现企业价值所在，又能识别风险的核心，避开暗礁。

资本市场历来是个巨大的利益场，监管与反监管、舞弊与反舞弊，两股力量持续角力博弈。近年来，虽然政策不断完善，监管持续加强，但诸如康美药业、康得新、乐视网等财务造假案件还是频繁发生。财务造假已从最初的单纯虚增利润过渡到利润表与资产负债表的联动，呈现出造假模式复杂、手段隐蔽等特点，如虚构业务实施系统性财务造假、滥用会计处理粉饰业绩，伪造合同、虚开发票、银行和物流单据造假，利用金融工具、跨境业务等实施造假，掩盖资金占用等。

因此，读懂财务报表、熟悉科目之间的钩稽关系，正确发现企业价值，识别风险，是成为一位合格投资者的必经之路，也是每一位企业高管应具备的能力。树立正确的价值投资理念也是我和文轩一直坚持追寻的，或许正因为此，才会有这本书的诞生吧。

一直以来我都觉得，绝大多数关于财务报表的书籍都涉及太多的专业术语，文字晦涩难懂，对于一些想要通过学习快速了解财务的读者，往往使其兴趣大打折扣。文轩结合自身多年的财务实操经验，以Yoyo（女儿的小名）

的咖啡店为案例将会计视角贯穿全书，为读者解释财务会计原理及财务报表科目，并分享了收购项目案例，让读者不但可以系统性地学习，而且能轻松地掌握相关的财务会计知识，是一本轻松易懂的"故事书"。

　　无论您是职业经理人、专业投资人，还是财务会计从业人士或学生，本书都是一本值得一读的好书。

国海证券权益与资产配置总部负责人

单　峰

2023 年 1 月于北京

✿ 为什么要写这本书?

如果说全球有一种通用的商业语言,那么毫无疑问,一定是财务会计。它是商业世界中重要的"游戏规则",也是最规范的商业语言之一,还是达成商业交易的重要媒介。任何企业的经营和成果都需要通过财务信息来展现,我们也能通过财务信息了解到企业的资产实力、财务风险和资信状况。

其实财务不仅是专业术语,还涉及商业决策,如:企业如何进行资源配置,有多少资金可以进行投资,生产什么样的产品能够带来更高的利润,如何设定销售价格和广告预算等。

当你参加一个重要会议时,公司高管对财务结果进行评论,其间,大量的专业术语如毛利率、经营活动产生的现金流、存货周转率等纷纷出现,而当老板问你关于这些话题的意见,你试图作出回答,很有可能出现尴尬的一幕,在场的每一个人都看得出来你显然不知道自己要说什么。这时候你会意识到,在现代社会中,所有关于商业的知识,会计知识也许对你是最有用的。

巴菲特说:"别人喜欢看《花花公子》,而我喜欢看公司财务报表。"他看的就是每个企业必备的三张财务报表:利润表、现金流量表和资产负债表。

财务会计通过自己特有的商业语言把企业有用的各种经济业务统一成以货币为计量单位,反映企业财务状况和经营成果的经济信息。财务会计信息的本质是历史数据,报告了过去发生的事情,预测明天会发生的事情。这种语言描述的是企业的经营和管理现状以及未来,要想看得懂企业,就要先学会它的语言。

那么会计难吗?也许难,但只要你看过这本书,就不难。其实会计信息同每个人的生活和职业都是息息相关的。无论你是学生,还是职场人,或是老板,你都需要具备一定的财务知识。这本书将教给你这些"商业语言",使你能够理解那些术语和概念。

目前图书市场上关于财务会计启蒙的图书不少,但是通常情况,大家一开始接触会计类书籍，就会因为内容枯燥而感到无趣和焦虑。本书力求通过简单有趣的语言，并结合一个贯穿全书的主题案例，把枯燥的内容变得生动、通俗易懂，通过图表和案例让读者一学就会、一点就透，把复杂的问题简单化。即便是没有会计基础的人，在学习这本书后，都能快速地学习和掌握会计知识。

⚙ 本书有何特色？

本书以 Yoyo 小姐的咖啡店为例将会计视角贯穿全书，增加了可读性、趣味性，便于读者理解。以最简单明了的例子、最容易理解的语言、通俗易懂的图表，向读者介绍资产负债表、利润表和现金流量表三张财务报表。为了便于理解，按照财务报表的科目顺序逐一讲解资产负债表、利润表和现金流量表中的每一个科目，并通过一个案例使读者了解并购企业的全过程，理解企业并购的框架、并购流程、识别风险源以及风险管控。让大家提高学习效率并轻松地掌握财务会计知识。

1. 以 Yoyo 小姐的咖啡店为案例将会计视角贯穿全书

2. 涵盖财务报表框架并按照科目顺序逐项展开

3. 读懂资产负债表、利润表和现金流量表

4. 理解钱从哪里来，要到哪里去

5. 理解利润是怎么产生的，知道毛利率的重要性

6. 通过一张图快速明白增值税

7. 理解权责发生制和收付实现制的区别

8. 快速掌握合并报表的底层逻辑思路

9. 理解复杂的长投到底是怎么回事

10. 深刻理解成本、产成品是存货和生产成本的一体两面

11. 理解实收资本、资本公积、盈余公积、未分配利润的关系

12. 理解收入、成本以及三项费用

13. 理解掌握复式记账法

14. 理解现金流量表与资产负债表、利润表的对应关系

15. 学会如何通过财务指标读懂财务报表

16. 理解企业并购的框架、并购流程以及识别风险源

17. 理解交易结构设计和税收筹划

18. 通过案例了解并购企业的全过程及风险管控

⚙ 本书内容及知识体系

第一篇　不谋全局者，不足谋一域（第1～4章）

本书首先会整体介绍三张财务报表，让大家对其有一个整体、全面的认识；接下来的章节会延伸到每张报表中的每一个科目，并以实际的案例进行解释。本篇整体介绍了资产负债表、利润表和现金流量表三张财务报表的框架和基础知识，主要包括：资产负债表背后的信息，钱从哪里来，要到哪里去？所有的资产都是来源于所有者投入的资源或是通过负债得到。利润表的核心是什么？一定是长期稳定的获利能力。资产负债表是给公司的财务状况拍了一张照片，利润表是给这家公司的盈利状况录了一段视频，而现金流量表则是关键，描述了企业能否生存下去，企业破产耗尽的不是收入，也不是利润，而是现金，拖垮企业的一定是现金流断了。三张报表站在不同的维度，完整地描述了一家公司的所有经济活动。本篇还着重解释了权责发生制和复式记账法这两个会计学中的重要概念，这两个概念将贯穿全书。

第二篇　资产（第5～8章）

本篇主要介绍了资产负债表中资产类最常用的17个科目，包括货币资金、应收账款、坏账准备、预付账款、应收票据、其他应付款、存货、固定资产、累计折旧、在建工程、投资性房地产、减值准备、无形资产、商誉、长期股权投资、长期待摊费用、其他非流动资产等；介绍了存货先进先出法和后进先出法的区别、安全库存、存货周转率以及租赁等内容。通过本篇的学习，我们能够快速理解和掌握资产负债表中的主要资产科目。

第三篇　负债和所有者权益（第9～11章）

本篇主要介绍了资产负债表中负债类和所有者权益类最常用的16个科目，包括短期借款、应付账款、预收账款、其他应付款、应付职工薪酬、应交税费、其他流动负债、长期借款、长期应付款、预计负债、其他非流动负债、实收资本、资本公积、盈余公积、未分配利润和其他综合收益等。本篇还着重解释了合并报表的底层逻辑，合并报表无论多复杂，万变不离其宗，我们只需抓住最基本的逻辑思路，那么合并报表的问题便迎刃而解。

第四篇　利润表和现金流量表（第 12～17 章）

本篇主要介绍了利润表、现金流量表以及企业并购和风险管控。利润表主要包括收入、成本、销售费用、管理费用、财务费用、利润总额和净利润、利润如何产生、成本构成、变动成本和固定成本、毛利率等，并由此得知生产经营是一个完整循环的详细过程。现金流量表主要包括经营性现金流、投资性现金流、融资性现金流，通过三张图全面展示现金流量表与资产负债表和利润表的对应关系，详细讲解了如何通过财务指标读懂财务报表，并介绍了杜邦分析法。企业并购主要包括企业的并购架构、企业并购流程、风险识别、交易结构和税收筹划、估值、监管与审批、接管和整合等内容，文章最后作者又通过一个并购案例详细讲解并购架构、并购流程和在此过程中的风险管控。

✿ 适合阅读本书的读者

本书非常适合没有专业背景但是对财务领域感兴趣的以下人士阅读：

- 职场员工；
- 在校学生；
- 企业高管；
- 创业者；
- 投资者；
- 职业经理人；
- 会计从业者；
- 需要一本案头必备查询手册的人员。

✿ 阅读本书的建议

- 没有财务会计基础的读者，建议从第 1 章顺次阅读并理解每一个实例。
- 有一定财务会计基础的读者，可以根据实际情况有重点地选择阅读具体科目和案例。
- 每一个章节都有重点回顾，将重点回顾内容带回原文再阅读，学习效果更好。
- 随着不断学习这本书中的会计知识，你将发现，会计信息会不断地出现在你的日常生活中，财务会计最终将变成你运用自如的语言。

■ 都说种一棵树最好的时间是十年前，其次是现在，那么，我们一起来学习吧。

人需历事，才能成长。这是一本有经历的书，几易其稿，得以示人。流光易逝，转眼我已过了不惑之年。

记得上大学的时候，我最痛恨会计学这门课，晦涩难懂，字全都认识，可连在一起就不知所云了。但是，万万没想到毕业之后我的工作却一直跟财务相关。于是，我就想写一本让大家可以轻松看懂的财务书，其实财务也可以很简单、很有趣。一本有意思的书，分享给更多的人，仅此而已。

最后，也以此书献给我的女儿悠悠和安妮，也许有一天，你们心血来潮，要开一家咖啡店呢。人生这本书啊，我们都是作者。时光短暂，且以为记。

金融学硕士 | 高级经济师
英国资深财务会计师 FFA
澳大利亚资深公共会计师 FIPA
高文轩
2023 年初春

目录

第一篇　不谋全局者，不足谋一域 /1

第一篇

不谋全局者，不足谋一域

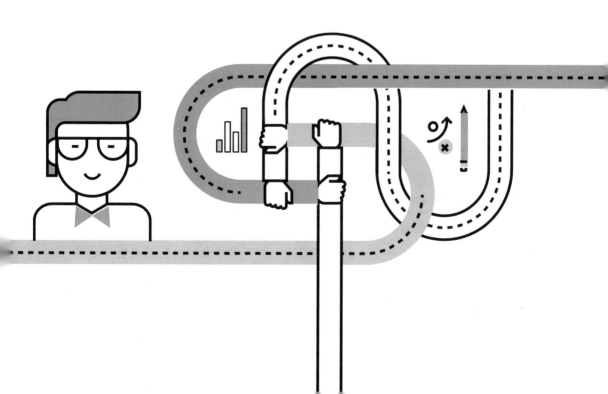

第1章　资产负债表——钱从哪里来要到哪里去

本章整体介绍资产负债表和其结构，通过形象的描述将资产负债表比喻为一张快照，捕捉到了公司在每一特定时点的财务状况，并通过资产负债表了解企业的资产和负债状况，以及资金的来源。通过本章的学习，读者可以理解什么是资产、什么是负债、什么是所有者权益，以及在资产负债表中钱从哪里来（资金的来源是负债和权益）要到哪里去（资金的去处是资产）；理解负债和股东权益是企业资金的两种不同来源，也是企业要承担的代价；理解并掌握会计恒等式：资产（assets）＝负债（liability）＋所有者权益（equity）。

1.1　什么是资产负债表

无论是大型集团公司还是中小企业，公司的财务报表一般由资产负债表、利润表和现金流量表三张报表构成。

每张报表都与特定的时点相关，或是一个期间，比如年度财务报表体现了企业一年的经营成果、财务状况、产生了多少钱、花了多少钱等。财务报表从财务角度勾画出企业的全貌，只不过并不是用语言，而是用会计处理过的结果展示。

我们将财务报表总结为图1.1，让大家有一个整体的概念和初步的理解，之后的章节，我们会详细介绍每一张报表和每一个科目。

其中，资产负债表反映企业的资产、负债及自有资本的时点状况。利润表反映企业当期的收入、成本、费用和净利润，反映了一个时间段的状况。现金流量表反映企业现金流量的流转情况，分为经营活动现金流、投资活动现金流和筹资活动现金流。

公司存在的最终目的是赚钱，股东出资设立企业，首先想要清楚地知道自己投入的资金都去了哪里、有多少资产，又有多少负债，这就是资产负债表提供的信息；其次，经过一段时间的经营，想要知道的就是这家企业给自己赚了多少钱或是亏了多少钱，这就是利润表提供的信息。所以，资产负债表

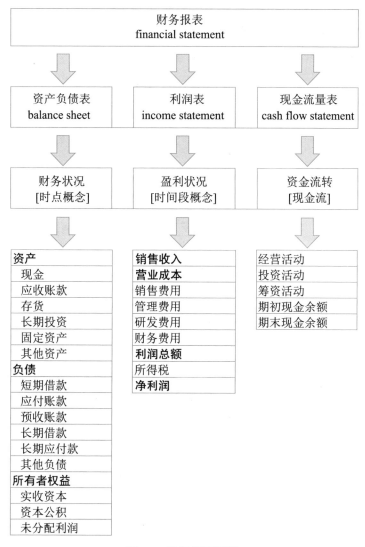

图 1.1 财务报表概览

是在一个时点（通常期末）反映公司的资产和债务状况，让公司的股东了解自己的家底（所有者权益），了解公司的财务状况。

先记住非常有哲理的一句话：钱从哪里来，要到哪里去？[①] 这句话用来描述资产负债表再合适不过了。前半句说的是资金来源，后半句说的是资金用途，即，资金来源＝资金用途。

---

① 我是谁？我从哪里来？要到哪里去？被西方人称为哲学上的终极三问。

我们从资产负债表的结构来看，其整体分左、右两个部分，左边体现的是资产，包括流动资产和非流动资产；右边体现的是负债和所有者权益，负债又分为短期负债和长期负债，如图1.2所示。

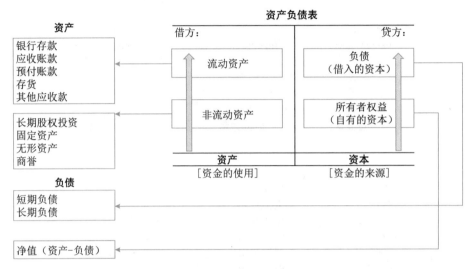

图 1.2　资产负债表的结构

钱从哪里来？钱从资产负债表的右边来，资金的来源是负债和股东权益，其中，负债是从外部借入的资本，是债权人权益；而股东权益，是投入的自有资本，也叫所有者权益，资金的来源要么是自己的钱，要么是借来的钱。钱到哪里去？钱到资产负债表的左边去，资金的去处是资产。因此，资产＝权益＝债权人权益＋所有者权益＝负债＋所有者权益，相应地，也就引出了会计恒等式：资产＝负债＋所有者权益。

需要特别注意的是，资产负债表列示的是公司在某一时点的资产、负债和所有者权益。比如，6月30日、8月24日、9月1日，反映的是公司的资产、负债和所有者权益在这一个具体时点的财务状况。某一时点指的是资产负债表日，资产负债表像是一张快照，捕捉到了公司在每一特定时点的财务状况。通常情况下，公司管理层不会关注每天资产负债表情况，重要的资产负债表日是每个月底、每个季度末、每半年末和每年底，也就是我们常说的月度报表、季度报表、半年报表和年度报表。

资产负债表描述的就是当前公司的财务状况，你拥有什么（资产状况），自己投入的资本有多少（所有者权益），借来的资本有多少（负债状况），资产减去负债就是净资产，等于所有者权益。如果这是一家股份制有限责任公司，那么所有者权益就是股东权益。所有者权益与股东权益都是公司的净资产，只是叫法不同，没有本质的区别，都是资产扣除负债后归属于公司所有者或股东享有的部分，代表了股东对企业的所有权。

所有者权益反映了所有者以其出资额的比例分享企业利润，同时，所有者也必须以其出资额承担相应的企业经营风险。如果从更广义的角度看，公司权益的两个基本来源就是股东权益和债权人权益，两者的和是总权益，总权益等于总资产。实质上，资产负债表最终体现的还是那句话：钱从哪里来，要到哪里去。

资产负债表科目很多，大多数很容易看懂，但是如何记账、在会计上如何处理、科目代表的含义是什么？别着急，我们会在本书中一一道来。资产是企业拥有的有价值的东西，也是可以给企业带来经济利益的资源，从资产的流动性来看，其可以分为流动资产和非流动资产。流动资产主要包括现金、银行存款、存货、应收账款、预付账款、其他应收款等。非流动资产主要包括长期股权投资、投资性房地产、固定资产、在建工程、无形资产、商誉、长期待摊费用等。

负债是一个企业的债务，按其流动性可分为短期负债和长期负债，企业的债务可以是购买商品或服务赊账时所发生的，如应付账款，也可以是融资时产生的，如短期贷款、长期贷款。短期负债主要包括短期借款、应付票据、应付账款、预收账款、应付职工薪酬、应交税费、其他应付款、一年内到期的非流动负债、其他流动负债等。长期负债主要包括长期借款、应付债券、长期应付款、长期应付职工薪酬、预计负债、其他非流动负债等。

为了便于大家理解，我们以 Yoyo 小姐的咖啡店为例子，Yoyo 小姐毕业后工作了多年，攒了一些钱，不想再朝九晚五地每天打卡上班，总琢磨着做点自己喜欢的事情。这时候恰好公司附近有家咖啡店要出售，一下就吸引了 Yoyo 小姐的目光，每个女孩都有一个咖啡店的梦想，这不正是我想要的生活吗？

Yoyo 小姐盘算了一下，拿出了自己的积蓄 200 万元，再从银行贷款 200 万元，以 400 万元的总价购买了咖啡店，于是 Yoyo 小姐就由一个小白领变成了咖啡店老板，圆了自己多年的梦想。那么，我们从财务的角度一起看

一看钱从哪里来，到了哪里去。

> 资金来源＝资金用途

钱从哪里来？资金来源是两部分，一部分是自己的积蓄 200 万元，这是自有资本；另一部分是银行贷款 200 万元，这是借来的资本，也就是负债。到了哪里去？资金的用途是 Yoyo 小姐花了 400 万元购买了一家咖啡店。Yoyo 小姐的资产就是这家咖啡店，价值 400 万元；与资产相对应的是负债，负债就是 Yoyo 小姐向银行借的 200 万元贷款；还有一样东西，就是 Yoyo 小姐对店铺所拥有的权利价值，也就是所有权，价值就是 200 万元的现金。所以，Yoyo 小姐的资产负债表上的数据就是这样的：资产 400 万元，负债 200 万元，所有者权益 200 万元，如图 1.3 所示。

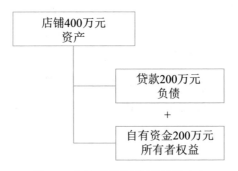

图 1.3　资产负债表分解示例（1）

资产负债表也叫平衡报表，在任意一个时点都是平衡的，对应的就是会计恒等式：资产＝负债＋所有者权益。

图 1.3 中的情况，我们用会计恒等式表达：资产（400 万元）＝负债（200 万元）＋所有者权益（200 万元）。我们再举一个例子，假设 Yoyo 小姐又花 250 000 元购买了一辆汽车，其中 100 000 元是公司的自有资金，并以公司的名义从银行借入 150 000 元。那么价值 250 000 元的汽车是固定资产，150 000 元的借款要计入负债，因为这是要归还银行的，100 000 元自有资金作为所有者权益。对于这辆汽车我们可以表达为：资产（250 000 元）＝负债（150 000 元）＋所有者权益（100 000 元）。

那么买了车之后，Yoyo 小姐的资产负债表上的数据就是这样的：资产（425 万元）＝负债（215 万元）＋所有者权益（210 万元），如图 1.4 所示。

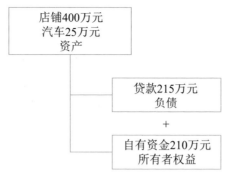

图 1.4　资产负债表分解示例（2）

所以，从 Yoyo 小姐买咖啡店和汽车的例子中，我们很清楚地知道股东或者债权人是资金的提供者，也是资产的来源。所有的资产都是来源于所有者投入的资源或是其通过负债得到。债权人和所有者都向公司提供资金，但债权人的资金是需要偿还的，如银行借款、应付供应商的账款，借来的钱也可以简单地理解为加了杠杆，公司通过对借来的资金的有效利用来提高获利能力。所有者或股东提供的资金是不需要偿还的，所以，所有者或股东向公司提供的资金越多，公司的偿债能力和抗风险能力越强，如表 1.1 所示。

表 1.1　钱从哪里来，要到哪里去

钱从哪里来	要到哪里去
负债（借来的钱）	资产（资金的使用和拥有的资产）
所有者权益（股东的钱）	
体现了资金的来源和资产的归属	体现了资产的规模和结构

1.2　钱往左边去，资产

钱从哪里来，要到哪里去？在资产负债表里，资产就是资金的去处，资金不同的使用方式就构成了不同的资产，企业对资金的占用体现为各种资产。比如，Yoyo 小姐贷款购买了咖啡店（固定资产）用于经营，支付现金购买了咖啡机（固定资产）用于制作咖啡，支付现金或预付账款购买咖啡豆（存货），购买冷柜（固定资产）用于储藏，然后把咖啡豆变成咖啡卖出去。在这一连串的动作中，钱先变成了资产，然后通过制作咖啡并销售，最终又变成了钱，在这个过程中咖啡店也就产生了利润。资产是用钱换来的，资产和钱也是相互转换的，但最终大部分资产还是会变成钱。这是一个循环过程，利润就是在这个过程中产生的。

既然资金的去处是资产，那么资产就是可以用货币表现的一种经济资源，同时，资产也是一定能够给企业带来未来收益的资源。企业花出去一笔钱，换回来一些对以后经营有用的，或者能够带来利益的流入，那么，这就是资产。但如果钱花出去就没了，没有为企业的以后留下点什么东西，花了就花了，那么，这就是费用。

资产是具有流动性的，按照其变现的速度排列。最容易变现的是现金和银行存款，放在最前面；最不容易变现的是固定资产、无形资产和商誉，放在最后面；应收账款、预付账款、其他应收款、存货排在中间，在报表中逐项排列，公司的资产一目了然。

资产按照流动性可分为流动资产和非流动资产，流动性越强，变现能力越强。流动资产通常是指在1年（或者一个经营周期）之内可以转为货币资金的资产，非流动资产通常为1年或1年以上可以转化为货币资金的资产。流动资产主要体现在企业的经营活动中，对应现金流量表中的经营性现金流，非流动资产主要体现在企业的投资活动中，对应现金流量表中的投资性现金流。

资产位于资产负债表的左边，主要包括现金和银行存款、应收账款、预付账款、其他应收款、存货、固定资产、商誉、无形资产等。为便于理解，我们再回到 Yoyo 小姐的咖啡店，把 Yoyo 小姐拥有的资产放在资产负债表的左边，对应不同科目，如表 1.2 所示。

表 1.2　Yoyo 小姐的咖啡店的资产项

资产负债表——资产	对应Yoyo小姐的咖啡店
现金和银行存款	店铺中的现金和银行卡里的余额
应收账款	每天给广告公司提供100杯咖啡，月底结账，广告公司欠她的咖啡钱
预付账款	提前订购了下个月的咖啡豆，预付了货款给供应商
其他应收款	咖啡师有急事，向咖啡店借了1万元
存货	店里存放的200包咖啡豆
固定资产	咖啡店的房产、进口的咖啡机、电脑等
无形资产	咖啡店的网红招牌

1.3 钱从右边来，负债和权益

钱的来源，无非两种，要么是借来的钱，要么是股东投入的钱。资金的两种不同来源分别对应的形式就是负债和股东权益。因此，资产归属于两种人：一是债权人，二是股东（所有者）。债权人对企业资产的要求权叫负债，股东或者所有者对企业资产的要求权叫作所有者权益，负债体现的是外来资源，所有者权益体现的是自有资源。

负债按照偿还期的长短可以分为流动负债和非流动负债，通常来说，一年内需要偿还的债务就是流动负债，1年以上需要偿还的负债就是非流动负债。负债位于资产负债表的右边，主要包括短期借款、应付账款、预收账款、其他应付款、应付工资、其他流动负债、长期借款、长期应付款、其他长期非流动负债等。为便于理解，我们还是回到 Yoyo 小姐的咖啡店，如表 1.3 所示。

表 1.3　Yoyo 小姐的咖啡店的负债和所有者权益项

资产负债表——负债和所有者权益	对应 Yoyo 小姐的咖啡店
应付账款	咖啡店购买的 2 台咖啡机、2 台饮水机，已经收到了但还没有付款
预收账款	写字楼里的游戏公司开客户会，向咖啡店付了 2 万元预订 200 份咖啡套餐
其他应付款	咖啡店提供带走咖啡杯的服务，但是需要收押金，每个咖啡杯 20 元押金，退杯子的时候这个钱是要还给顾客的
应付工资	要付给咖啡师的工资
所有者权益	咖啡店的注册资金

资产负债表的右边，体现了 Yoyo 小姐取得资产的资金来源，也就是找钱的方式。右侧的负债和所有者权益描述的是资金来源的途径，Yoyo 小姐的钱要么是来自负债，要么是来自股东资本。股东投资是自己的钱，不需要偿还，而负债是别人的钱，是外部的资源，如欠银行（银行借款）、欠供应商（应付账款）、欠员工（应付工资）、欠税务（应付税款）等的钱。

换句话说，资产负债表描述的就是自企业开始运营，投入了不同来源的资金，资金变成了资产，资产在当前时刻价值多少的一个财务状况报表，资产负债表是一个时点值。在任何一个时点，资金来源的金额都等于资金去处的金额，所以，我们由此可以推导出，资产（资金去处）＝负债（外部资金

9

来源）＋所有者权益（内部资金来源），这是会计恒等式，也是资产负债表的基本逻辑关系。

对于归属于不同行业的企业，其资产结构是不一样的。为便于理解，我们举个例子，看看不同行业的公司其主要资产在总资产中的比重是多少，如资金、存货、固定资产等，想一想为什么不同，如表 1.4 所示。

表 1.4 不同行业资产结构示例

项目	白酒行业	钢铁行业	传媒行业
资产1	货币资金 50%	固定资产 46%	货币资金 40%
资产2	应收账款和存货 19%	应收账款和存货 20%	应收账款和存货 13%
资产3	固定资产 10%	货币资金 9%	商誉 15%
合计	79%	75%	68%
资产结构特点	①现金充足，流动性好，不差钱 ②存货时间越长越值钱	①重资产明显 ②存货大，行业竞争激烈 ③货币资金比例不高	①货币资金充足 ②存货比重小，轻资产行业 ③商誉只存在于并购中

从表 1.4 中我们可以清楚地看出，白酒行业和传媒行业的货币资金比重很高，资金充足，资产的流动性好，而钢铁行业的固定资产比重很高，是典型的重资产行业，货币资金的比例低。为了更好地理解财务报表，建议大家找几家自己熟悉的公司，下载年报看看。

1.4 重点回顾

- 资产负债表让公司的股东了解自己的家底，了解公司的财务状况
- 资产负债表也叫平衡报表，资产负债表是时点概念
- 资产是用钱换来的，资产和钱也是相互转换的，但最终大部分资产还是会变成钱
- 钱从右边来，钱的来源是负债和权益；钱往左边去，钱的去处是资产
- 资产是能够用货币表现的一种经济资源
- 负债和股东权益是企业资金的两种不同来源，是企业要承担的代价
- 债权人对企业资产的要求权叫负债
- 资产扣除负债后，归属于公司所有者或股东享有的部分叫所有者权益
- 会计恒等式：资产＝负债＋所有者权益

第2章　利润表——企业赚钱了吗

本章整体介绍了利润表和其结构，通过形象的描述将利润表比喻为一段视频，描述了公司在这一时间段的收入、成本、费用和盈利情况。通过利润表了解企业的收入规模、收入结构、产品种类、成本构成、期间费用、客户情况等，读者可以理解销售规模不是衡量一个企业能否赚钱的关键，毛利率才是；理解什么是毛利、什么是毛利率、什么是衡量企业盈利能力的指标；明白企业重点关注的产品应该是那些既"好卖"又"赚钱"的；理解并掌握公式：（收入－成本）÷收入×100%＝毛利率。

2.1　长期稳定的获利能力是核心

利润表与资产负债表不同，资产负债表是时点的概念，而利润表是一个时间段的概念。利润表也叫损益表，利润表的核心是企业长期稳定的获利能力。如果说资产负债表是给整个公司的财务状况拍了一张照片的话，那么利润表就是给这家公司的盈利状况录了一段视频。前者是一个时点状态，后者是一个过程状态。比如，资产负债表上的日期标注的是2021年12月31日，而利润表上的日期标注的是2021年1月1日至2021年12月31日。

一般来说，利润表按时间段，可分为月度报表、季度报表、半年报表和年度报表，月度报表就是反映这一个月的经营和盈利状况，年度报表就是12个月的累加，反映这一年的经营和盈利状况。利润表中的项目很多，但是归根结底却只说了8个字：收入、成本、费用、利润。就像《诗经》一样，《诗经》311篇，通读下来却只说了3个字：思无邪。[①] 与其大有异曲同工之妙的是，学习财务会计也要看本质、抓重点。

通过利润表，我们能够读出丰富的信息，包括企业的收入结构、收入规模、产品种类、行业竞争情况、成本构成、期间费用、客户情况、产品好不好卖、能不能赚钱、在哪里赚了钱等。接下来我们看一张利润表（简表），如表2.1所示。

---

① 孔子曰："《诗》三百，一言以蔽之，曰：思无邪。"

表 2.1 利润表（简表） 元

项　　目	金额
销售收入	
减：营业成本	
毛利	
毛利率（毛利÷收入×100%）	
减：销售费用	
管理费用	
财务费用	
加：投资收益	
利润总额	
减：所得税	
净利润	

利润表的第一行，是公司的销售收入，一般来说，销售规模可以衡量公司所处的行业地位，销售规模越大，市场份额越高，公司的竞争力就越强。公司的产品卖得好不好就看销售规模，尤其是同行业之间比较，如果销售收入远大于同行业的企业，说明公司的产品受市场欢迎程度高，企业的行业地位高，销售规模增长得快，说明公司发展得快。同时，市场份额也包含两个方面的特质：一个是数量，一个是质量。前者是显性的，后者是隐性的。市场份额数量是显而易见的，也比较容易衡量，销售量越高越好。市场份额质量体现为客户忠诚度、客户黏性、复购率、客户满意度等，是公司的核心竞争力。如 Yoyo 小姐的咖啡店，每天卖几百杯咖啡，从销售规模上看很小，但是，周边写字楼的职员、大学生、年轻人都喜欢来她的店，宁可多走几步路也要来这里喝咖啡、聚会、聊天，说明了咖啡店市场份额的质量很高，这其实是无形资产增值所带来的收入。

销量大，表示产品好卖，客户喜欢，但是请注意，销售规模大不一定利润高，公司不一定会赚钱。好卖不赚钱，卖得越多亏得越多的情况也是存在的，这里先留个悬念，我们会在下面的章节具体介绍。

销售收入＝销售量×单位售价，销售成本＝销售量×单位成本，销售收入扣除营业成本是毛利，公式为：毛利＝销售收入－营业成本。毛利与销售收入的百分比叫作毛利率，毛利率＝（销售收入－成本）÷销售收入×100%，毛利率是衡量企业盈利能力的重要指标。

假设销售收入不变，成本越低，毛利率就越高；假设成本不变，销售收入越高，毛利率就越高。提高销售收入主要有两个方法：提高产品的销售单价，降低产品单价以提高销售量。降低成本主要有以下几个方法：优化供应链，降低采购成本或是选择供货成本更低的供应商，技术升级或是优化生产流程。毛利率最终取决于企业的产品定价和成本控制。

毛利率是企业运转的基础，从计算公式我们可以知道，毛利率衡量了每1元销售收入扣除成本后还有多少钱可以用于各项期间费用，如Yoyo小姐的咖啡店的主打产品拿铁的毛利率是93%，意味着每产生1元收入的同时，如果确保企业不亏损也不盈利，那么最多有0.93元可用于覆盖当期的各项费用。毛利率代表了产品最基础的获利能力，是企业净利润的起点，在毛利的基础上再扣除各项费用和所得税，最终得到净利润。所以产品如果没有足够高的毛利率，企业是无法覆盖期间费用并最终实现盈利的。所有的企业都喜欢赚钱的产品，赚钱的产品其实说的就是毛利率高的产品，一般来说，产品的毛利率越高，利润就越高。

我们还可以通过比较同行业企业的毛利率来判断企业的市场竞争力。如果企业的毛利率明显高于同行业水平，说明产品的定价高或存在成本优势，定价高体现了产品的附加价值高，成本优势体现了企业成本控制能力强，无论是哪一种，都说明产品具有很强的竞争力。此外，我们还可以把企业过去几年的毛利率做统计，如果毛利率显著上升，意味着产品的盈利能力上升，如果毛利率明显下降，那么意味着产品的盈利能力下降。所以销售规模不是衡量一个企业能否赚钱的关键，毛利率才是。

利润总额＝销售收入－成本－费用＝毛利－费用。利润显示了该企业是否赚钱。如果利润大于0，则表示企业盈利；反之，那么企业正在赔钱。但是要注意，利润是不可能超过销售收入的，因为公司经营一定会有成本和费用产生，即便是企业停工停产，还有折旧。利润表的最后一行是净利润，净利润是利润总额扣除所得税的结果。

2.2 销售不是越多越好，有可能卖得越多，亏得越多

销售收入是不是越多越好呢？大多数情况下确实如此，但是，也不尽然。

知道了什么是毛利率，也知道了毛利率是衡量一个企业能否赚钱的关键，以及毛利率衡量了每 1 元销售收入扣除成本后还有多少钱可以用于各项期间费用，那么，实现盈利的前提是产品的毛利要大于期间费用，我们可能隐隐地感觉到，销售量不一定是越多越好，还有一种可能，就是产品卖得越多，亏得越多。

2.1 节我们介绍了利润表的格式，现在回到 Yoyo 小姐的咖啡店，将具体数据填入利润表，一杯颇受欢迎的拿铁咖啡售价 50 元，主要成本是 5 元，装修费、水电、工资等各种费用 30 元，那么 50 元代表了收入，35 元是成本＋费用，15 元代表了利润，如表 2.2 所示。

表 2.2　咖啡店利润表（简表）（1）　　　　　　　　　　元

项　　　目	金额
收入	50
减：成本	5
毛利	45
毛利率（毛利÷收入×100%）	90%
减：各项费用	30
利润总额	15

咖啡店每卖出一杯咖啡的毛利是 45 元，扣除期间费用 30 元，能赚 15 元，自然是卖得越多越好。但是如果 Yoyo 小姐想做一个特价促销活动，低价销售增加客源，吸引潜在顾客，一杯咖啡只卖 30 元，单价降低了，但是成本和期间费用是不变的，那么每卖出一杯咖啡的毛利是 25 元，扣除期间费用 30 元，意味着每卖出一杯咖啡要亏损 5 元，那么咖啡卖得越多，亏损就越多，如表 2.3 所示。

表 2.3　咖啡店利润表（简表）（2）　　　　　　　　　　元

项　　　目	金额
收入	30
减：成本	5
毛利	25
毛利率（毛利÷收入×100%）	83%
减：各项费用	30
利润总额	−5

如果单从盈亏来看，Yoyo 小姐卖的咖啡越多，亏损越多。不过很多时候算账不仅看盈亏，还要考量这一经济行为能够带来的影响，虽然每杯咖啡亏了 5 元，但是增加了客源，也吸引了很多平时没有进店消费的潜在顾客，这部分顾客很大比例会转化为常客，增加了未来的盈利。算总账的话，实际上每杯咖啡亏的 5 元就是促销的成本，Yoyo 小姐每成功吸引一个顾客，只花费了 5 元，远比广告费低得多。

Yoyo 小姐的这个策略实际上就是运用了晕轮效应[①] 定价法，晕轮效应是指人们的认知取决于初步印象，往往从局部出发，将优劣放大缩小，以点概面，最终扩散而得出的整体印象。Yoyo 小姐将拿铁咖啡的价格定得很低，平时 50 元一杯的咖啡只卖 30 元，大家觉得很划算，吸引了很多顾客，晕轮效应使得顾客爱屋及乌，对咖啡店产生了整体的好感，从而吸引了更多的顾客。

还有一种情况，叫作战略性亏损，即为了获取未来的长期利益而作出眼前现实的牺牲，以眼前的亏损实现最终的盈利。比如特斯拉 2017 年的一季度报表显示，销售收入是 26.96 亿美元，全球交付量 25 051 辆，销售收入和交付量均创单季历史新高，但是却亏损了 3.3 亿美元，即每卖出一辆车要亏损 1.3 万美元。但这并不影响投资者对特斯拉的青睐，其股价反而一路飙升，一度成为美国市值最大的车企。这是因为电动汽车是一个新的领域，投资者看的是特斯拉的未来，从战略性角度讲，电动汽车是一个全新的市场，特斯拉虽然卖得越多亏得越多，但是同时也抢占了市场、扩大了市场份额、培养了用户习惯、强化了市场认可度，让人一提到电动汽车，就会想到特斯拉。再如，京东的战略性亏损周期非常长，连亏了 12 年，直到 2016 年才实现首次年度盈利，投资人对京东的考核指标就是销售额，销售规模做大，用户规模做大，虽然规模越大亏损越多，但最终实现了规模经济，形成了自己的核心竞争力。

2.3 公司赚了多少钱，毛利率为什么重要

毛利率是衡量企业盈利能力的一个重要指标。毛利率的高低因行业而异，不同行业毛利率差异很大。一般来说，餐饮门店毛利率高于零售超市，软件

---

① 晕轮效应最早于 1920 年由美国著名心理学家爱德华·桑代克正式提出。

类企业毛利率能够达到 96%，而传统制造业就要低得多了。为便于大家理解，我们选择了几家典型行业代表 2021 年年报中的毛利率为例，如表 2.4 所示。

表 2.4 不同行业毛利率   %

典型行业代表	毛利率
三七互娱（游戏）	87.79
涪陵榨菜	52.36
恒顺醋业	40.76
大族激光	37.55
深南电路（电路板）	23.71
深天马（显示屏）	18.34
包钢股份	9.67

注：数据取自 2021 年年报。

企业所处的行业不同，其经营状况也不相同，不同行业的毛利率没有多少可比性，但是同行业内不同企业的毛利率比较是有参考意义的，毛利率越高，意味着公司的产品或服务的竞争优势就越强。一般来说，毛利率能保持在 40% 以上的企业，通常都具有某种持续竞争优势。

企业想提高毛利率，无非两种方式，要么提高价格，要么降低成本，但是现在市场竞争非常激烈，通常来说，以现有的价格水平，愿意而且能够提供产品的企业很多，所以企业提高销售价格的难度远远高于降低成本。在市场销售价格基本不变的情况下，降低成本就可以提高利润，提高成本管理水平，降低成本，尤其是比竞争对手的成本低，那么企业就具有成本优势。如果成本优势可以保持，企业就能够大幅增加利润。

毛利率非常重要，毛利是要覆盖期间费用的，企业的运转是靠毛利而非利润。为了加深对毛利率的理解，我们再回到 Yoyo 小姐的咖啡店，当每杯咖啡售价 50 元时，我们分别计算出毛利、毛利率和利润总额，每杯咖啡的毛利是 45 元、毛利率是 90%、利润总额是 15 元，如表 2.5 所示。

表 2.5 咖啡店利润表（简表）（3）   元

项　　目	金额
收入	50
减:成本	5

续表

项　　目	金额
毛利	45
毛利率（毛利÷收入×100%）	90%
减：各项费用	30
利润总额	15
利润率	30%

那么在 Yoyo 小姐的咖啡店里，45 元的毛利是用来支付各种直接和间接费用的，各项费用主要包括咖啡店的装修、设备、水电和工资费用等，共计 30元。扣除费用后，每杯咖啡的利润为 15 元，利润率为 30%。如果毛利低于 30元，那么便无利可图，所以毛利＝期间费用，是这杯咖啡的盈亏平衡点。

此外，一个企业不会仅生产一种产品，针对不同的需求必然会开发出不同的产品，将产品细分到单个品种、单个项目。不同的产品，成本不同，定价也不同，那么如何做好产品组合定价对企业而言非常重要。我们以 Yoyo 小姐的咖啡店为例，以前不论种类，每杯咖啡都是 50 元，现在按照种类细分为：卡布奇诺 55 元／杯，拿铁 45 元／杯，焦糖玛奇朵 50 元／杯，摩卡 50 元／杯，如表 2.6 所示。

表 2.6　产品组合的毛利率　　　　　　　　　　　　　　　　　　元

项　　目	卡布奇诺	拿铁	焦糖玛奇朵	摩卡
单价收入	55	45	50	50
减：成本	5	3	7	5
毛利	50	42	43	45
毛利率（毛利÷收入×100%）	91%	93%	86%	90%

通过计算，我们可以知道，卡布奇诺的单杯价格最高，是 55 元，但毛利率却不是最高的，拿铁的单价虽然最低，但是它的毛利率反而是最高的。我们再统计出每种咖啡的单月销售量，就很容易看出哪种单品咖啡卖得最好、哪种单品咖啡更赚钱，然后再适当地调整价格。

2.4　重点回顾

- 利润表的核心是长期稳定的获利能力
- 资产负债表是给公司的财务状况拍了一张照片

- 利润表是给这家公司的盈利状况录了一段视频

- 利润表中有三类项目：收入、成本＋费用、利润

- 销售收入不是越多越好

- 企业的运转是靠毛利而非利润

- （收入－成本）÷收入×100%＝毛利率

- 净利润显示了该企业是否赚钱

- 利润是永远不可能超过销售收入的

- 毛利率是衡量企业盈利能力的重要指标

第3章 现金流量表——现金流到底有多重要

本章整体介绍了现金流量表和其结构，通过形象的描述将现金流量表比喻为人体的血液，描述了公司在一个时间段内的经营、投资和融资的现金流入及流出情况。通过现金流量表了解企业的经营活动现金流、投资活动现金流和融资活动现金流，明白企业现金的来龙去脉，读者可以了解亏损的企业只要有现金流，就可以正常地运转，而赚钱的企业没有了现金流，就会立马死掉；理解什么是现金流，明白企业破产耗尽的不是收入，也不是利润，而是现金；理解并掌握公式：期初现金＋经营活动净现金流＋投资活动净现金流＋融资活动净现金流＝期末现金。

3.1 拖垮企业的一定是现金流断了

销售收入很重要，利润也很重要，不过利润只是纸面富贵，对于企业来说，最重要的一定是现金流，我们经常听到的"现金为王"也是这个意思。明明有些企业是盈利的，反而破产了；有些企业连年亏损，却活得好好的。销售收入就好比吃饭，现金流就好比身体内的血液，一两顿饭不吃没关系，还饿不死，但是没有血了，这人马上就不行了。我们经常听到媒体讲给哪家企业输血，输血这个词用得非常恰当。现金流断了，就得给企业输血，不输血，结果只有破产倒闭。

耐克的创始人奈特在自传中提到了创业之初，经营得当，销售额稳步增加，在销售额达到1 000万美元左右的时候，忽然有一天，下游客户有一笔100多万美元的货款没有及时到账，导致公司现金流断了，工人没有领到工资，上游的供货商也来要账。如果不是在最后时刻奈特成功地借到100万美元的流动资金，可能这世上就没有耐克这家公司了。

比如，2008年金融危机的时候，大量企业倒闭，真正因为亏损倒闭的很少，大部分都是因为资金链断了。还有前些年，上海整个钢贸行业的崩塌，也是因为钢贸企业的资金链断了。又比如，做跨境电商的企业，你看它们的销售收入很高，利润率也很高，但是如果平台把它的账户封几个月，它马上就会倒闭，因为它的资金都压在了货上，如果货卖不动，就没有了现金流入，却还得支付人工、仓储等费用。这就是为什么大量的跨境电商最怕的就是平台打压，亚马逊、Wish、Shopee 上的大卖家基本上都吃过苦头，每每有打压的消息出来，都是风声鹤唳。所以，资不抵债不一定会导致企业破产，无法偿还到期债务却很有可能使企业面临清算。真正能够用于偿还债务的是现金流，而不是利润。

一家企业即便没有利润，甚至亏损，只要现金流能运转，也可以活得很好。比如京东，京东年年说亏损，连续亏损 12 年，但是不仅没有倒闭，还活得很好。再看看美国亚马逊，过去 20 年一直在亏损，但股票一直创新高，这两家企业虽然亏损，但是并不缺钱。因为只要公司的现金流不断扩大，即便每年都亏损，也完全可以靠现金流长期支撑。像京东、亚马逊，是商家销售的主要渠道，商家在价格谈判上几乎没有什么话语权，所以京东、亚马逊的进货价很低，而且很多的商品都是先卖然后才给商家结算的，结账周期延后一个月，就会产生大量的资金结余，更长的结账周期又能让公司储备的周转现金大幅增加。

这个结算周期就是应付账款，假设京东对商家的应付账款是 30 亿元，账期是 3 个月，如果账期再延长一个月，手里的现金就能增加到 40 亿元。如果京东的销售规模再扩大一倍，账期还是 3 个月，那么手里的现金就是 60 亿元。所以，企业亏损不可怕，可怕的是现金流断了。只要销售规模越来越大，而亏损不是大幅增加的话，现金流入只会越来越多。所以电商平台表面上看是在争夺市场份额，但从财务角度来看，其实是在争夺现金流。

利润表就是"纸上富贵"，而现金流量则是"真金白银"。现金流量表上的数字代表真正有资金额流入或流出，资金耗尽就意味着企业没有办法再继续运转下去了。大家去翻一翻上市公司的财务报表，就会发现大多数情况下净利润和经营活动现金流量净额是不对等的，也就是说，并非企业净利润越多，现金流量就越多。这也是为什么很多欧美企业，即使盈利状况不错，经营得也很好，但是遇到经济危机的时候，只要现金流断了，最终也只能选择破产。

还有地产商，虽然收入规模很大，利润也很好，但是，地产行业是高增长、高负债，典型地依靠现金流的行业。比如恒大，我们看看其半年报，2021年上半年实现营业收入 2 226.9 亿元，同比下降 16.5%；净利润 104.99 亿元，同比下降 28.87%。虽然盈利，但是现金流非常紧张，相比盈利水平，"活下去"是更重要的。所以我们在半年报中看到恒大为了快速回笼现金，大规模降价促销，缓解债务压力，因为现金流不能断。

恒大在半年报的公告中披露了针对流动性资金而作出的一系列改善措施：总金额 32.5 亿元出售恒腾网络 11% 股份，回收现金约 11.8 亿港元；出售盛京银行 1.9% 股份，总金额 10 亿元；出售深圳市高新投 7.08% 股权，总金额约 10.4 亿元；出售恒大冰泉 49% 股权，总金额约 20 亿元；出售 5 个地产项目股权及非核心资产，总金额约 92.7 亿元。为了解决供应商和承包商付款问题，恒大向供应商及承包商出售了物业单位以抵扣部分欠款，总金额为 251.7 亿元。恒大之所以又降价，又卖股份，还用房子抵欠款，是因为对于企业来说，现金流是最重要的，也是企业最关心的，这关系到企业的生死存亡。

亏损的企业只要有现金流，就可以正常地运转，而赚钱的企业没有了现金流，就会立马死掉。我们记住一句话，企业破产耗尽的不是收入，也不是利润，而是现金。实际上，公司所有的经营活动都是围绕现金流展开的，报表可以作假，合同可以作假，运输单、仓储单都可以造假，唯独现金流造不了假。银行对账单上能够显示所有现金流的轨迹。现金流对维持企业生存起着至关重要的作用，一旦现金流断了，再好的企业、再好的产品都没有办法继续经营下去。

3.2 现金流量表的三个战场

能用钱解决的问题就不是问题，所以，钱是企业运转的源泉。但是，赚钱的企业可能没有钱，有钱的企业也可能不赚钱。现金流量表分为三大部分内容：经营活动、投资活动和筹资活动。对应在现金流量表中，经营活动是企业自己挣钱的行为；投资活动就是企业在经营过程中购买设备、车辆、房产或者将其出售的过程；筹资活动是企业借钱和股东投钱的行为，如表 3.1所示。

表 3.1 现金流量表示例 元

现金流量表		
项 目	本年金额	上年金额
一、经营活动产生的现金流量：		
1 销售商品、提供劳务收到的现金		
2 收到的税费返还		
3 收到其他与经营活动有关的现金		
经营活动现金流入小计		
4 购买商品、接受劳务支付的现金		
5 支付给职工及为职工支付的现金		
6 支付的各项税费		
7 支付其他与经营活动有关的现金		
经营活动现金流出小计		
经营活动产生的现金流量净额		
二、投资活动产生的现金流量：		
8 收回投资收到的现金		
9 取得投资收益收到的现金		
10 处置固定资产、无形资产和其他长期资产收回的现金净额		
11 处置子公司及其他营业单位收到的现金净额		
12 收到其他与投资活动有关的现金		
投资活动现金流入小计		
13 购建固定资产、无形资产和其他长期资产支付的现金		
14 投资支付的现金		
15 取得子公司及其他营业单位支付的现金净额		
16 支付其他与投资活动有关的现金		
投资活动现金流出小计		
投资活动产生的现金流量净额		
三、筹资活动产生的现金流量：		
17 吸收投资收到的现金		
18 取得借款收到的现金		
19 发行债券收到的现金		
20 收到其他与筹资活动有关的现金		
筹资活动现金流入小计		
21 偿还债务支付的现金		

续表

现金流量表		
项 目	本年金额	上年金额
22 分配股利、利润或偿付利息支付的现金		
23 支付其他与筹资活动有关的现金		
筹资活动现金流出小计		
筹资活动产生的现金流量净额		
24 四、汇率变动对现金及现金等价物的影响		
25 五、现金及现金等价物净增加额		
26 加：期初现金及现金等价物余额		
27 六、期末现金及现金等价物余额		

现金流量表的结构很清晰，科目描述也非常直白，从字面上我们也能猜到大概是什么意思。经营活动现金流入包括：销售商品、提供劳务收到的现金，收到的税费返还等；经营活动现金流出包括：购买商品、接受劳务支付的现金，支付给职工及为职工支付的现金，支付的各项税费等。投资活动现金流入包括：收回投资收到的现金，取得投资收益收到的现金，处置固定资产、无形资产和其他长期资产收回的现金净额，处置子公司及其他营业单位收到的现金净额等；投资活动现金流出包括：购建固定资产、无形资产和其他长期资产支付的现金，投资支付的现金，取得子公司及其他营业单位支付的现金净额等。筹资活动现金流入包括：吸收投资收到的现金，取得借款收到的现金，发行债券收到的现金等；筹资活动现金流出包括：偿还债务支付的现金，分配股利、利润或偿付利息支付的现金等。最终企业的现金活动也是体现在经营活动、投资活动和筹资活动这三个部分上。现金流量表从现金的流入和流出的角度描述了企业现金的来龙去脉，从这个角度我们总结了一张简表，如表 3.2 所示。

表 3.2　现金流量表简述

现金流量		现金流入	现金流出
经营活动	对外	销售收入、税费返还	购买商品、人工、税费
投资活动	对内	处置固定资产、无形资产等	购建固定资产、无形资产等
	对外	处置子公司	投入资金

续表

现金流量		现金流入	现金流出
融资活动	债务	融入资金	偿还本金
	股权	融入资金	分红

（1）经营活动现金流（主要来自利润表）。经营活动是企业最主要的现金流来源，经营活动现金流量净额的大小反映了企业经营活动持续能力的好坏，一般来说是越大越好。经营活动现金流＝经营活动现金收入－经营活动现金支出，我们通过经营活动净现金流来判断企业盈利的好坏。划重点：这里有一个公式，帮助大家判断。当企业利润为正的情况下，如果企业的经营活动现金净流量大于等于企业的净利润＋折旧＋财务费用，那么企业的利润情况很好；反之亦然。如果企业连续几个月净利润为正，而经营活动现金净流量为负，则说明该企业的资金运转可能存在问题，甚至可以怀疑该企业利润的真实性。

（2）投资活动现金流（主要来自资产负债表左边的科目，期末减期初）。一般情况下，投资活动的现金流量为负值，表明公司对今后的发展有信心，所以购入更先进的机械设备、扩建厂房等。投资活动是企业长期资产的购建和不包括在现金等价物范围内的投资及其处置活动。投资活动包括购建固定资产、无形资产和其他投资活动，如购买专利技术、土地使用权、长期股权投资，买卖交易性金融资产、债券，处置废旧的固定资产，处置下属公司等。如 Yoyo 小姐，她看好咖啡店的发展，购买了咖啡店，投资购买了 5 台咖啡机，这都属于投资活动。

（3）融资活动现金流（主要来自资产负债表右边的科目，期末减期初）。融资活动现金流流入，代表了公司从银行借款、发行债券或者向股东增资。融资活动现金流流出，代表了公司对银行还款、支付利息或者给股东分红。

最后，我们记住一个公式：期初现金＋经营活动净现金流＋投资活动净现金流＋融资活动净现金流＝期末现金，期初现金对应的是资产负债表中的货币资金的期初余额，分别加上经营活动、投资活动和融资活动的现金流净额，就等于资产负债表中的货币资金的期末余额。我们将公式变换一下，期末现金－期初现金＝经营活动净现金流＋投资活动净现金流＋融资活动净现金流，也可以将现金流量表理解为对资产负债表中货币或银行存款的变化的拆解。为便于理解，我们以 Yoyo 小姐的咖啡店 3 月的现金流量表为例，如表 3.3 所示。

表 3.3　Yoyo 小姐的咖啡店现金流量表示例

项　　目	金额/元	对应 Yoyo 小姐的咖啡店
期初现金	2 000	3 月 1 日的现金和银行存款
经营活动现金收入	50 000	销售咖啡和蛋糕的收入
经营活动现金支出	-40 000	支付工资、采购咖啡豆、牛奶等费用
投资活动现金收入	0	
投资活动现金支出	-16 000	购买了两台咖啡机
融资活动现金收入	100 000	向银行贷款 10 万元用于流动资金
融资活动现金支出	-400	支付当月利息 400 元
期末现金	95 600	3 月 31 日的现金和银行存款

3 月初，Yoyo 小姐的咖啡店有现金 2 000 元，到了月底 31 日，有 95 600 元在手，当月的现金增加了 93 600 元，这个金额是怎么来的呢？从现金流的角度看包括经营中挣的钱、借的钱以及投资的钱。其中，销售咖啡和蛋糕的收入是 50 000 元，支付工资、采购咖啡豆、牛奶等费用 40 000 元，经营活动产生的净现金流增加了 10 000 元；购买两台咖啡机花了 16 000 元，投资活动产生的净现金减少了 16 000 元；向银行贷款 10 万元用于流动资金，支付当月利息 400 元，融资活动产生的净现金流增加了 99 600 元。因此，3 月份当月咖啡店的净现金增加为 93 600 元。相应地，现金流量表也分别对应了资产负债表中货币资金余额，如表 3.4 所示。

表 3.4　与现金流量表对应的资产负债表中货币资金余额　　　　　　元

科目名称	期初余额	期末余额
现金和银行存款	2 000	95 600

接下来，我们再逐项简述一下各项的含义以及体现在资产负债表和利润表上与其对应的项目。

3 月销售咖啡和蛋糕的收入共计 5 万元，体现在现金流量表上的经营活动现金收入，体现在利润表上，对应的项目是销售收入。

3 月支付工资、采购咖啡豆、牛奶支付了 4 万元，体现在现金流量表上的经营活动现金支出。这项支出的变动，相应地体现在资产负债的应付工资和应付账款，同样也体现在利润表上，对应的项目是销售成本。

3 月 Yoyo 小姐的咖啡店购买了两台咖啡机花了 1.6 万元,体现在现金流量表上的投资活动现金支出。这项支出相应地体现在资产负债表上的固定资产。

3 月 Yoyo 小姐的咖啡店向银行借了 10 万元,一年期的贷款用于补充流动资金,体现在现金流量表上的融资活动现金收入,相应地体现在资产负债表上的货币资金(资产项)和短期借款(负债项)。

3 月支付当月利息 400 元,相应地体现在现金流量表上的融资活动现金支出。同样也体现在利润表上,对应的项目是财务费用。

至此,我们基本上了解和认识了资产负债表、利润表和现金流量表的结构及内容,以及这三张报表之间的相互关联。简言之,资产负债表是一个时点的概念,利润表是一个时间段的概念,资产负债表和利润表分别展示了这家企业有多少家底、有多少收益,而现金流量表描述了企业能否生存下去,审视了企业的资金流转情况和持续经营能力。这三张报表站在不同的维度,完整地描述了一家公司的所有经济活动。

3.3 重点回顾

- 拖垮企业的一定是现金流断了
- 企业破产耗尽的不是收入,也不是利润,而是现金
- 企业的现金活动体现在经营活动、投资活动和融资活动这三个部分
- 期初现金+经营活动净现金流+投资活动净现金流+融资活动净现金流=期末现金
- 一家没有利润甚至亏损的企业,只要现金流能运转,也可以活得很好
- 资产负债表是一个时点的概念,利润表是一个时间段的概念

第4章　重要的概念——权责发生制和复式记账法

本章整体介绍了什么是权责发生制、什么是复式记账法，权责发生制和复式记账法是会计学中非常重要的概念。理解在权责发生制下，当期的收入满足确认条件时，无论是否收到钱都要确认收入；当期的费用满足确认条件时，无论是否支出都要确认为费用。理解复试记账法的含义，要知道会计上的任何一项经济活动，都会至少影响两个会计科目。明白在复式记账过程中会产生两种账户：一种为借方余额，一种为贷方余额，这两种账户总额必须相等。

4.1　权责发生制

在介绍权责发生制之前，先说说会计假设，这是会计的基础。会计假设，最早出现于 1922 年威廉·安德鲁·佩顿（William Andrew Paton，1889—1991）所著的《会计理论》（*Accounting Theory*）。会计假设是在会计实践中被普遍接受的，且无须证明，是从事会计工作和研究的前提条件。

（1）会计主体假设。会计上假设企业是一个独立的实体，会计关注的中心是企业而不是人。会计主体假设产生的原因在于恰当地维护业主投入企业的资本的需要。

（2）持续经营假设。这一假设规定每一个企业在可以预见的未来，不会面临破产和清算，因而它所拥有的资产将在正常的经营过程中被耗用或出售，它所承担的债务也将在同样的过程中被偿还。若企业不能持续经营，就需要放弃这一假设，在清算假设下形成破产或重组的会计程序。《企业会计准则——基本准则》第六条规定：企业会计确认、计量和报告应当以持续经营为前提。

（3）会计分期假设。这一假设规定了会计对象的时间界限，将企业连续不断的经营活动分割为若干较短时期，以及提供会计信息，是正确计算收入、费用和损益的前提。《企业会计准则——基本准则》第七条规定：企业应当划

分会计期间，分期结算账目和编制财务会计报告。

（4）货币计量假设。这一假设规定了会计的计量手段，以货币为计量尺度反映企业的生产经营活动及其成果。《企业会计准则——基本准则》第八条规定：企业会计应当以货币计量。

会计假设是会计核算的前提条件，而权责发生制则是会计学的一个重要的基本原则，它是以权利或责任是否发生为依据来判定经济业务是否应计入本期。在权责发生制下，当期的收入满足确认条件时，无论是否收到钱都要确认收入；当期的费用满足确认条件时，无论是否支出都要确认为费用。《企业会计准则——基本准则》第九条规定：企业应当以权责发生制为基础进行会计确认、计量和报告。

权责发生制也叫应收应付制。它是以收入和费用应不应该计入本期为标准，即应得到的收入和应支付的费用，而不考虑是否在本期内收到或支付现金。这就意味着按照权责发生制，还没收到的钱有可能被确认为收入，但是收到的钱也可能不算作收入。在会计中，权责发生制和收付实现制是无处不在的，共同反映了一家公司的经营情况和现金流量。在利润表上体现出一个盈利情况很不错的利润总额，但可能在实际中却没有现金流入。

我们在利润表中确认收入与在现金流量表中收到的经营活动现金的金额是不一样的，不是企业收到多少现金就有多少收入，这是因为利润表是按照权责发生制原则确认收入和费用的，而现金流量表是按照收付实现制编制的。收付实现制是与权责发生制对应的，收付实现制的确认原则是企业收到钱时确认现金的增加，实际支出时确认现金的减少。收付实现制和权责发生制的比较如表 4.1 所示。

表 4.1　收付实现制和权责发生制的比较

确　　认	收付实现制	权责发生制(应收应付制)
确认收入	收到现金时	交付货物或提供了服务时,并不考虑是否已经收到现金
确认费用	支付现金时	为了实现收入而发生费用时

例如，Yoyo 小姐的咖啡店这个月销售了 2 000 杯咖啡，收入是 10 万元，咖啡成本是 5 万元，收回 9 万元，还有 1 万元作为应收账款（暂不考虑增值

税影响），收入和费用分别确认为多少呢？

答案：确认收入 10 万元和成本 5 万元。

又如，咖啡供应商收到了 Yoyo 小姐的订单，购买 100 袋咖啡豆，Yoyo 小姐预付了 10 000 元。供应商收到了钱，按照权责发生制，虽然供应商已经收到了钱，但是他不能确认为收入，因为这 10 000 元是预付账款，权利和责任没有发生转移，此时财务处理为

借：银行存款　　　　　　　　　　　　　　　　　10 000

　　贷：预收账款　　　　　　　　　　　　　　　　　　10 000

那么供应商什么时候可以确认为收入呢？当 100 袋咖啡豆发货的时候，就可以确认收入。这时候账务处理为（暂不考虑增值税）

借：预收账款　　　　　　　　　　　　　　　　　10 000

　　贷：销售收入　　　　　　　　　　　　　　　　　　10 000

4.2　复式记账法

复式记账法，是会计学中最重要的概念之一。复式记账起源于中世纪早期，后来意大利的商人从中东的犹太人那里学会了复式记账，在佛罗伦萨、热那亚、威尼斯等地广泛使用，这几个城市也是当时商业最发达的地方。1494年，意大利数学家卢卡·帕西奥利在威尼斯出版了一本数学教科书《算术、几何、比与比例概要》，他首次详尽阐述了复式记账系统，因此帕西奥利被尊为"会计学之父"。复式记账法在旧时的欧洲拥有神学和宇宙学的内涵，象征着"正义的天平和神创之世的对称性"，有点正义女神的意思，一手持剑、一手持天平。不过正义女神是摆放在律师事务所的，会计师事务所更适合摆放招财猫。

我们看财务报表，实际上是在看其中的科目明细，财务报表包括许多科目，而每一个科目都是会计系统的组成部分，通过不同的会计科目来进行分类汇总资产、负债、所有者权益以及利润表中的每一个项目的变动。无论是大公司还是小公司，销售收入是几百亿还是几百万，这些科目的设置都是统一的，如现金、应收账款、应付账款、收入、销售费用等，以分录形式记录发生的每一笔经济业务，每笔分录都会涉及三个要素，即借贷方向、对应的科目和金额。这

个过程涉及会计中一个非常重要的概念——复式记账法，也叫借贷记账法。复式记账法，我们用最精练的一句话概括就是，**会计上的任何一项经济活动，都会至少影响两个会计科目，有借必有贷，借贷必相等**。《企业会计准则——基本准则》第十一条规定：企业应当采用借贷记账法记账。

比如，Yoyo 小姐作为咖啡店的所有者投入现金，公司的资产增加，股东股权也相应增加。每一笔经济业务的发生至少同时在两个会计科目中进行记录，一个记录在借方（debit），另一个记录在贷方（credit），借贷双方总额相等，当我们计入借方一个账户 1 000 元时，我们必须计入贷方另一个账户金额 1 000 元，会计要求每项交易的借方金额等于贷方金额，复式记账的过程中保持会计等式的平衡。再如，Yoyo 小姐采购的咖啡豆已经收货，但还没有收到发票，也没有付款，那么此时存货多了咖啡豆，但是现金却没有减少，按照复式记账法原则，就应该加上应付账款，这样就平衡了科目，也反映了公司真实的资产负债情况。

通过一借一贷的动作，可以清楚明了地知道钱从哪里来，要到哪里去。我们经常说"有借必有贷，借贷必相等"，因此，如果记账出现错误，总账户就不会实现借贷平衡。所以一定要把表做平了，这是对财务人员最基本的要求。复式记账过程产生的两种账户，即借方余额和贷方余额，这两种账户总额必须相等。举个例子再说说复式记账法的逻辑，当 Yoyo 小姐买入纪念款手办咖啡杯的时候，存货增加 50 元，银行存款减少 50 元。如图 4.1 所示。

| 借： | 存货——咖啡杯 | 50 | 存货增加1个咖啡杯 |
| 贷： | 银行存款 | 50 | 银行存款减少 |

图 4.1　复式记账示例

当 Yoyo 小姐以每只 100 元的价格销售咖啡杯的时候（为便于举例说明，暂不考虑增值税影响），首先，存货中的咖啡杯减少 50 元，同时，成本增加 50 元，如图 4.2 所示。

| 借： | 主营业务成本 | 50 | 咖啡杯售出后，确认成本增加 |
| 贷： | 存货——咖啡杯 | 50 | 1只咖啡杯被销售的同时从存货中减去 |

图 4.2　复式记账示例

其次，咖啡杯售出后，确认营业收入。营业收入增加 100 元，同时现金增加 100 元，如图 4.3 所示。

| 借： | 银行存款 | 100 | 银行存款增加 |
| 贷： | 主营业务收入 | 100 | 咖啡杯售出后，确认收入增加 |

图 4.3　复式记账示例

主营业务收入（100 元）－主营业务成本（50 元）＝ 50 元，50 元就是营业利润。

此外，借方和贷方的增减是有规律的，图 4.4 是复式记账借贷增减演示，其中，资产、费用项增加计入借方，减少计入贷方，简称借正贷负。而负债、所有者权益和收入项，正好相反，减少计入借方，增加计入贷方，简称借负贷正。这个概念我们会贯穿全文。

会计要素	借方	贷方	快速记忆
资产	▲	▽	借正贷负
费用	▲	▽	
负债	▽	▲	借负贷正
所有者权益	▽	▲	
收入	▽	▲	

▲	增加
▽	减少

图 4.4　复式记账借贷增减演示

其实，我们还可以从资金的来源和资金的去向区分借与贷，还记得第 1 章我们说过钱从哪里来，要到哪里去吗？对，就是这句话，这句话用在复式记账法里同样适用，因为财务的实质就是处理与钱相关的事情，无论是什么形式，最终都体现为资金的变动。借、贷的最终含义还是资金的来和去。资产负债表中，资产＝负债＋所有者权益，负债和所有者权益是资金的来源，而资产是资金的去处。在利润表中，收入是资金的来源，成本费用是资金的去处。因此，对于资产和成本费用而言，借方为资金的去处和使用结果，借方为增加，贷方为减少。对于负债、所有者权益和收入而言，贷方为资金的来源，贷方为增加，借方为减少。总结为一句话即借方是资金使用结果，贷方是资金使用来源。

4.3　重点回顾

- 在权责发生制下，当期的收入满足确认条件时，无论是否收到钱都要确认收入；当期的费用满足确认条件时，无论是否支出都要确认为费用

- 会计上的任何一项经济活动，都会至少影响两个会计科目

- 复式记账过程产生的两种账户，即借方余额和贷方余额，这两种账户总额必须相等

- 借方是资金使用结果，贷方是资金使用来源

第二篇
资　产

第5章 流动资产——最重要的是速度

本章重点介绍了流动资产的主要科目，其内容包括货币资金、应收账款、坏账准备、预付账款、应收票据、其他应收款等，学习本章后知道货币资金是企业资金运转的起点和终点，现金流量表的结果就是货币资金的变动结果。应收账款一定是来自企业的销售环节，应收账款的金额和回收速度直接影响企业的现金流，而坏账则是企业无法收回或收回的可能性极小的应收账款。掌握坏账准备的计提方法。理解什么是预付账款，如何确定应收票据的到期价值，以及计算票据贴现。了解"其他应收款就是个筐，什么都能往里装"的含义。

5.1 货币资金

我们先看一下资产负债表中的资产项的结构，然后我们会在接下来的章节逐项介绍，如表5.1所示。

表 5.1 资产负债表——资产 元

项 目	期末金额	年初金额
流动资产：		
货币资金		
应收票据		
应收账款		
预付款项		
其他应收款		
存货		
其中：原材料		
库存商品（产成品）		
其他流动资产		
流动资产合计		
非流动资产：		
长期应收款		
长期股权投资		

续表

项　　目	期末金额	年初金额
投资性房地产		
固定资产		
在建工程		
无形资产		
开发支出		
商誉		
长期待摊费用		
递延所得税资产		
其他非流动资产		
非流动资产合计		
资　产　总　计		

在资产负债表中，排在首位的是货币资金（cash and bank），货币资金包括现金和银行存款，流动性是最好的。货币资金是企业资金运转的起点和终点，现金流量表的结果就是货币资金的变动结果，如图5.1所示。

图 5.1　资金流量表对应货币资金变动

期初现金余额＋现金净增加额＝期末现金余额，其中，期初现金余额对应的是资产负债表中货币资金的期初余额，期末现金余额对应的是资产负债表中货币资金的期末余额，而现金净增加额对应的是现金流量表中的三项之和，即经营性净现金流＋投资性净现金流＋融资性净现金流。

现金和银行存款同属于货币资金，因此，下面有两个二级明细科目：现金、银行存款。现金和银行存款说的都是钱，如何区分呢？打个比方，你钱包里的纸币、钢镚，这些是现金，你银行卡里的余额就是银行存款。对应到公司，公司的库存现金是指用于日常结算等小额支出的货币资金，银行存款是指企业存放在银行可随时支用的货币资金。

例如，Yoyo小姐的咖啡店最近推出了很多新品，生意很好，除了支付宝、微信收款之外，还收到了很多现金，如果当天Yoyo小姐没有来得及将现金存

到银行，就形成了账面的现金；第二天把现金存到了银行，就转为银行存款。

现金和银行存款这两个概念很容易理解，这里提一个问题，Yoyo 小姐经营的咖啡店每天的现金收入一定要存到银行吗？可以把收到的现金直接付款吗？先不着急回答，再举一个例子，今天 Yoyo 小姐卖了 200 杯咖啡，一杯 50 元，顾客都付的现金，那么今天收入是 10 000 元，没有存到银行，而是第二天用这 10 000 元现金直接付了 100 包咖啡豆的钱。看清楚，这整个过程全部没有入账，这叫作坐支，坐支就会脱离监管，很有可能利润未经纳税就转到 Yoyo 小姐手里了。那么正确的账务处理应当是将现金入账，并且要记收入 10 000 元（先不考虑增值税的影响）。采购咖啡豆的时候，从账户支付货款，账面要记存货增加 10 000 元，减少银行存款 10 000 元。

这实际上对应的就是现代企业中通用的收支两条线资金管理模式，基本原则是资金的收入和支出分开，一般都是集团公司或大型企业实行收支两条线管理，小公司不会分那么细，收支都在一个银行账户。

我们知道，企业的银行存款账户一般分为基本存款账户和一般存款账户。其中，基本存款账户是指企业办理日常转账结算和现金收付的账户，经营活动的日常资金收付以及工资、奖金和现金的支取都可通过这个账户办理。一家企业只能选择一家银行的一个营业机构开立一个基本存款账户。一般存款账户可以办理转账结算和现金缴存，但不能提取现金，一般存款账户主要是用来转账使用。一家公司可以分别在多个银行开立多个一般存款账户，但一般存款账户不能在存款人基本存款账户的开户银行（指同一营业机构）开立。

每个月底，银行都会提供银行对账单，也就是我们俗称的流水，银行对账单记载了每一笔资金的流入和支出。以前，有一些公司会通过伪造银行对账单、银行资金存取凭证等第三方证据的方式虚增资金余额，不过这种方式属于很低级的造假，现在上市公司几乎不会在货币资金上面作假，因为很容易被发现，审计的时候，审计师会直接给银行发询证函确认存款余额，银行收到询证函后会盖章确认，并直接邮寄给审计师。

货币资金虽然不会作假，但是可以隐藏。当然不是怕别人眼红账上钱太多，而是要考虑资金的利用效率。你看上市公司经常会发公告称，利用闲置资金购买银行的理财产品，一般是购买短期理财产品（1 年以内）或结构性存款，记在其他流动资产科目。这样可以降低财务费用，增加利润表的净利润。

如图 5.2 所示。

黑龙江国中水务股份有限公司
关于使用部分闲置募集资金购买银行理财产品的公告

本公司董事会及全体董事保证公告内容不存在任何虚假记载、误导性陈述或者重大遗漏，并对其内容的真实性、准确性和完整性承担个别及连带责任。

黑龙江国中水务股份有限公司(以下简称"国中水务"或"公司")于2021年4月21日召开第七届董事会第三十一次会议、第七届监事会第十九次会议审议通过了《关于使用部分闲置募集资金购买银行理财产品的议案》，同意公司及子/孙公司在保证募集资金项目建设和使用的前提下，计划使用不超过3.6亿元(含3.6亿元)闲置募集资金购买银行理财产品，适用于购买安全性高、流动性好、有保本约定的银行理财产品。在董事会审议通过之日起一年有效期限内，以上资金额度可以滚动使用，公司董事会授权董事长在有效期内和上述额度内行使投资决策权。现将相关事项公告如下：

......

图 5.2 购买银行理财产品公告示例

在公告上投资目的一般都会写："为提高闲置资金使用效率，保障公司和股东利益，在平衡好资金、不影响公司正常经营并能有效控制风险的前提下，进行管理，增加公司收益。"所以，你在看上市公司年报的时候，除了看货币资金一栏，还要关注一下其他流动资产，看看里面有没有理财产品，这些可都是真金白银。

另外，还有一点要注意，因为货币资金是期末余额，是时点数，所以有一些公司为了半年报或年报数字好看，会在 6 月 30 日或者 12 月 31 日这个时点去拆借资金。钱是拆借过来的，只在账上待一两天就还回去了。不过，这也就是个障眼法，只要你知道这个把戏是怎么玩的，一眼就能够看透。前面讲过复式记账法，会计上的任何一项经济活动，都会至少影响两个会计科目。如图 5.3 所示。

所以，货币资金增加的同时必然会在另外一个科目上体现，一般是通过其他应付款核算，只要报表上的其他应付款和货币资金双高，你再仔细看看其他应付款明细就知道货币资金是不是经过美化的了。就像开了十级美颜功能拍摄的美女照片一样，看着光彩亮丽，其实是被美化了的，实际情况，可能惨不忍睹。

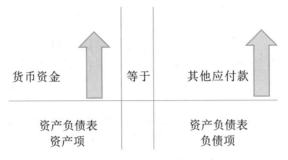

图 5.3 资金拆解的把戏

5.2 应收账款

如果企业在发货时没有收到货款或只收到部分货款，那么还没有收到的货款就是应收账款（account receivable）。应收账款一定是来自企业的销售环节，企业销售了商品或提供了劳务，但购买方并未支付与之对价的现金或票据，因而形成了应收账款。

应收账款对于中小企业而言非常重要，应收账款的金额和回收速度直接影响了企业的现金流。应收账款对应的是现金流量表中经营活动现金流入，很多企业为了加快回款，往往会给客户设定一个优惠账期，比如一家公司设定的应收账款的账期为 30 天，如果客户在 10 天之内付款的话，可以额外享受 5% 的优惠。比如这家公司的一个客户的应收账款是 50 万元，如果 10 天内付款的话，该客户只需支付 47.5 万元。如图 5.4 所示。

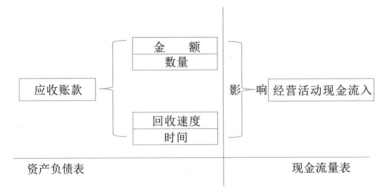

图 5.4 金额和回收速度影响现金流

咱们再回到 Yoyo 小姐的咖啡店，咖啡店都是一手交钱一手交货，卖咖啡的同时就收钱了，一般不会存在应收账款。如果有应收账款，那么恭喜你，有大客户了。最近 Yoyo 小姐很开心，她跟附近写字楼里的广告公司签了一个长期咖啡供应合同，每天给广告公司提供 100 杯咖啡，每杯咖啡 50 元，广告公司每月月底付款，按照每月 30 天计算，一个月的收入就是 $100 \times 50 \times 30 = 150\,000$ 元。对于大客户的长期订单，基本上是会有收款周期的。到了月底，广告公司才会支付这笔咖啡钱，这笔钱实际上是广告公司欠 Yoyo 小姐的钱，这就是应收账款。当然了，这笔款项是包括增值税的，为便于理解，暂时先不考虑增值税的影响。所以，当咖啡店提供咖啡的时候，Yoyo 小姐的会计处理是计入应收账款 150 000 元，同时确认了营业收入。

借：应收账款   150 000

    贷：销售收入   150 000

到了月底，收到广告公司咖啡款的时候，将应收账款 150 000 元转入银行存款。

借：银行存款   150 000

    贷：应收账款   150 000

对于这笔款项的会计处理，如图 5.5 所示。

图 5.5 应收账款的会计处理

图 5.5 把业务运转过程勾画得很清楚，也体现了复式记账法的原则，会计上的任何一项经济活动，都会至少影响两个会计科目。这还是前面我们所讲的，会计中借和贷"两条腿"的概念，应收账款和银行存款体现在资产负债表中，而营业收入体现在利润表中。当 Yoyo 小姐向广告公司提供咖啡的时候，还没有收到钱，这个时候增加了销售收入，同时也增加了应收账款，在月底收到广告公司付款的时候，钱已经收到了，所以增加银行存款的同时，减少应收账款。我们再将这一过程总结为一张图，如图 5.6 所示。

图 5.6　应收账款分录逻辑

如果大家对这个概念还不太熟悉，也没有关系，这个概念将贯穿于全书，反复出现。其实在实际工作中，应收账款和企业的生产、销售环节和现金流有很强的关联性。应收账款和现金流的关系前面已经说过了，再说说应收账款和销售收入的关系，有些企业的应收账款很高，有的企业的应收账款很低，单独来看意义不大，我们可以通过应收账款占销售收入的比重，并结合企业的实际情况来判断。如图 5.7 所示。

图 5.7　应收账款关联性

一些企业的应收账款占销售收入的比重一直都很低，如茅台酒公司，要求客户先款后货或现款现货，这类企业通常比较强势，不仅应收账款低，而且会对供应商形成大量的应付账款，先欠供货商的钱，这类企业的现金流就会非常好。也有很多企业的应收账款占销售收入的比重非常高，这又要分为以下几种情况来看。

（1）企业处于高速扩张期，销售收入和应收账款持续增加。高速扩张期的企业为了增加销售额，一般会采取激进的销售政策，提高客户的信用额度和回款账期，但采取激进销售政策的企业往往只是短期内实现了销售目标，从长期来看，应收账款周转天数的增加导致企业同期经营活动现金流量净值骤然下降，企业会因此陷入应收账款回款困难、增加坏账损失、资金短缺的财务困境。企业为了解决资金短缺的问题，又要增加借款，提高了资产负债率，从而面临较大的财务风险和短期偿债的压力。

（2）企业处于竞争激烈的行业，应收账款普遍偏高。在市场充分竞争的情况下，这类企业往往没有话语权，典型的买方市场，供给大于需求，买方在市场上处于主动地位，有选择、购买商品的主动权，那么企业只能接受较长的回款周期，这就造成了应收账款居高不下。

（3）企业的产品缺乏竞争力，只能加大赊销力度。这类企业的产品几乎没有竞争力，不仅账期长、金额高，而且收不回来的风险也越来越大，久而久之，就进入恶性循环。

（4）企业虚构收入。为了达到某种目的，虚增收入、虚增应收款是一种比较常见的做法，但实际并没有资金流入，其实这比较容易分辨，虚增应收账款必然要长期挂账，时间越长，应收账款余额越滚越大，长期挂账一直是审计师重点关注的内容，假的真不了，真的假不了，还是经不住查的。特别需要注意"应收账款 ÷ 总收入 ×100%"大于 30% 的企业，如果应收账款 ÷ 总收入的占比跟行业内的企业都差不多，那么，即便占比达到 50%，也没问题。如果其他企业的占比都是 15% 左右，那就有问题了。此外，还可以关注应收账款余额很高的新增客户，我们现在很容易在线查看一家公司的工商信息，主要看新增客户是不是最近新成立的公司，以及注册的人员、联系方式和办公地址与企业是否存在关联。

我们都知道，应收账款就是别人欠我的钱，钱在别人兜里，没收回来之前肯定有风险，而风险又具有不确定性，所以，钱放在别人手里的时间越短，风险就越小。应收账款的周期是越短越好，回款速度越快，企业的现金状况就会越好。

应收账款账期就是应收账款周转天数，也就是企业从应收账款变成现金所需要的时间。在同行业内，应收账款周转天数越短的企业，竞争力越强，应收账款周转天数的计算公式如下：

应收账款周转天数 = 360÷ 应收账款周转率

应收账款周转率 = 销售收入净额 ÷[（期初应收账款余额＋期末应收账款余额）÷2]

从公式中可以看出，如果应收账款周转率高，就表明公司应收账款的回收效率高，公司的优质客户比例高，能够快速偿还债务，公司的经营状况很好。

我们再换个角度理解应收账款，应收账款实际上可以理解为公司间接地向客户发放了一笔无息贷款。如果一家公司向客户销售产品，它的应收账款的账期是 60 天，那么意味着客户在这 60 天内是可以免费使用这笔资金的。银行短期借款还需要支付利息，但这 60 天是没有利息的。我们再举个例子，假设 Yoyo 小姐的咖啡店年度的财务业绩如下：

年净销售额是 42 万元；

1 月 1 日或年初应收账款余额是 3.4 万元；

12 月 31 日或年末应收账款余额是 3.6 万元。

根据公式计算出应收账款周转率的结果：42÷[（3.4 + 3.6）÷2] = 12。这个结果意味着 Yoyo 小姐的咖啡店当年将应收账款转为现金的比例为 12 倍。我们再用 360 除以 12 得到应收账款天数。平均应收账款周转天数为 360÷12，即 30 天。对于 Yoyo 小姐的咖啡店而言，客户平均需要 30 天来支付她的应收账款。这和实际情况是相符合的，因为广告公司就是每个月月底和 Yoyo 小姐结一次账。

我们再延伸一点，对于买卖的双方企业而言，应收账款和应付账款是相对应的，对于 Yoyo 小姐而言，广告公司的欠款是应收账款，但是对于广告公司而言，这笔咖啡款是应付账款，同一笔业务，站在不同的立场就代表了不同的科目，因此应收账款和应付账款是相对应的，类似的还有预收账款和预付账款。我们将其总结为：两种形式和四个科目。

先付款，后收货 { 对于买方企业而言，是预付账款，是资产项。

对于卖方企业而言，是预收账款，是负债项。

先收货，后付款 { 对于买方企业而言，是应付账款，是负债项。

对于卖方企业而言，是应收账款，是资产项。

这一过程如图 5.8 所示。

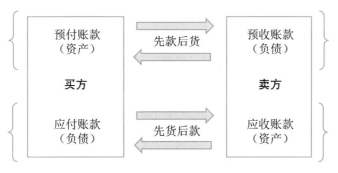

图 5.8 两种形式和四个科目

5.3 坏账准备

如果客户的钱一直收不回来怎么办呢？还能怎么办，只能凉拌了，应收账款就变成了坏账（bad debt）。坏账，顾名思义就是收不回来的钱，准确定义的话，坏账是指企业无法收回或收回的可能性极小的应收账款。不过，在坏账损失实际发生之前，我们要预估一下有多少钱收不回来，也就是公司最终可能无法收回的应收账款金额，这个预估金额会进入坏账准备（bad debt reserves）账户。

坏账准备是指企业针对预计无法收回的应收款项[①]而计提的金额。坏账准备的性质，和累计折旧是一样的，是一个备抵账户。备抵，顾名思义，抵减所对应资产科目的账面余额，坏账准备就是用来抵减应收账款的账面余额。在前面复式记账法中讲过，资产项是借正贷负，坏账准备是备抵账户，正好相反，因此，贷方表示增加，借方表示减少。如图 5.9 所示。

图 5.9 坏账准备

咱们再回到 Yoyo 小姐的咖啡店，写字楼里的广告公司开客户大会，向

---

① 应收款项和应收账款的区别。简单来说，应收款项的范围大，包括应收账款、其他应收款和预付账款。

Yoyo 小姐订了 10 000 元的咖啡，说好了月底结账，可是，月底的时候，公司财务说老板不在，没法签字，过一段时间再给 Yoyo 小姐结账。不久之后，Yoyo 小姐听说这家广告公司遇到了麻烦，可能要关门了，乐观来说，估计最多收回 4 000 元。那么，Yoyo 小姐应收账款是 10 000 元，还是 4 000 元？

对于 Yoyo 小姐来说，6 000 元很有可能是收不回来的，这 6 000 元基本上会变成坏账，这是大概率会发生的损失。于是，Yoyo 小姐将 6 000 元放在坏账准备这个科目。所以对于这笔业务，咖啡店的应收账款是 10 000 元，坏账准备是 6 000 元，4 000 元是应收账款的净额。如图 5.10 所示。

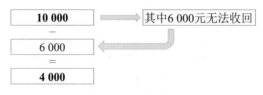

图 5.10　坏账准备

企业一般在每年年底的时候都会对应收款项进行审核，预计应收款项中可能发生的坏账金额，对预计不能收回的应收款项计提坏账准备。现行会计制度要求企业采用备抵法来进行坏账的会计处理，这是因为备抵法更符合权责发生制原则和谨慎性原则，企业计提坏账准备的方法由企业自行确定。

坏账准备的计提方法有三种，即余额百分比法、账龄分析法和个别认定法。

1. 余额百分比法

余额百分比法是指按照期末应收账款余额的一定百分比估计坏账损失的方法。百分比一般根据以往的数据或经验自行确定。计算公式：当期应计提的坏账准备＝期末应收账款余额 × 坏账准备计提百分比。

我们回到 Yoyo 小姐的咖啡店，2019 年开业，2020 年底店里的应收账款余额为 100 000 元，Yoyo 小姐估计坏账准备的提取比例为应收账款余额的 0.3%。那么 2019 年坏账准备：100 000 元 ×0.3% ＝ 300 元。

2. 账龄分析法

账龄分析法是指根据应收账款账龄的长短来估计坏账损失的方法。应收账款的账龄越长,发生坏账的可能性越大。所以企业对于应收账款的账龄会进行分组设置,一般分为 1 年以内、1 ~ 2 年、2 ~ 3 年和 3 年以上,分别确定不同的计提百分比估算坏账损失。

我们还是回到 Yoyo 小姐的咖啡店,2019 年 1 月开业,2022 年末店里的应收账款余额为 100 000 元,按账龄分析法计算出坏账准备金额为 1 700 元。计算过程为:60 000×0 + 20 000×1% + 10 000×5% + 10 000×10% = 1 700 元。如表 5.2 所示。

表 5.2 账龄分析法

应收账款账龄	余额/元	坏账准备率/%	坏账准备金额/元
1 年以内	60 000	0	0
1~2 年	20 000	1	200
2~3 年	10 000	5	500
3 年以上	10 000	10	1 000
合计	**100 000**		**1 700**

3. 个别认定法

顾名思义,个别认定法就是针对每个逾期的客户分别认定,坏账准备计提的依据不是总额,而是根据每一个客户的实际信用状况和偿还能力来进行估算的方法。而且,不是所有的欠款客户都用一个相同的计算比率,而是根据不同的信用状况采用不同的计算比率。比如,前面 Yoyo 小姐的顾客广告公司开客户大会,买了 10 000 元的咖啡,估计只能收回 4 000 元,那么坏账准备就是 6 000 元,这就是个别认定。如果已计提的客户的坏账又收回来了呢?第二年 6 月,广告公司最终挺过了危机,然后把剩余的 6 000 元的咖啡钱都付清了,这就意味着计提的坏账又收回来了,同时也相应增加了利润。这也是很多企业用来调整利润的方法,先通过计提坏账,然后在另一个年度再转回来。

5.4 预付账款

如果企业采用先付款再收货的方式,那么购买方就产生了一个向销售方收取货物的权利,这个权利就叫作预付账款(prepayment)。预付账款是指企

业按照购货合同的规定，预先以货币资金支付供应单位的款项。

很多初次接触会计的朋友，可能会将预付账款和预收账款弄混，不过预付账款是资产，而预收账款是负债。我们可以用一个简单的办法区分，就是别人欠我的是资产，我欠别人的是负债。预付账款一般包括预付的货款、预付的购货定金。预付账款也是一项流动资产，在日常核算中，预付账款按实际付出的金额入账，如预付的材料、商品采购货款等。

为便于理解，我们还是回到 Yoyo 小姐的咖啡店，最近咖啡卖得很好，附近的预订量越来越多，Yoyo 小姐担心咖啡豆断货，预订了 100 袋咖啡豆（每袋咖啡豆 100 元），并预付了 4 000 元给供货商。这时候 Yoyo 小姐已经付了钱，还没有收到咖啡豆，但不妨碍这 4 000 元对应的咖啡豆的所有权是属于Yoyo 小姐的，所以预付账款称为资产。当 Yoyo 小姐通过银行转账预付给咖啡供应商 4 000 元定购咖啡豆，会计处理：

借：预付账款——咖啡供应商   4 000

  贷：银行存款   4 000

两周后，咖啡豆送到了，包装完整，没有破损，Yoyo 小姐看没问题，就签收放到仓库了，发票列明咖啡豆价款（含运费）是 10 000 元（暂不考虑增值税额），会计处理：

借：存货——咖啡豆   10 000

  贷：预付账款——咖啡供应商   10 000

然后 Yoyo 小姐通过银行转账补付给咖啡供应商货款 6 000 元，会计处理：

借：预付账款——咖啡供应商   6 000

  贷：银行存款   6 000

对于这笔款项的会计处理，如图 5.11 所示。

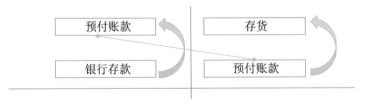

图 5.11 预付账款的会计处理

图 5.11 把业务运转过程勾画得很清楚，依旧体现了复式记账法的原则，

会计上的任何一项经济活动，都会至少影响两个会计科目。预付账款、银行存款和存货都体现在资产负债表中。当 Yoyo 小姐向供货商采购咖啡豆的时候，预付了 4 000 元，但还没有收到货物，这个时候增加了预付账款，同时减少了银行存款。两周后，当 Yoyo 小姐收到咖啡豆，并验收入库的时候，存货增加了 10 000 元，预付账款减少了 10 000 元，随后将余款付清，因为支付了 6 000 元的余款，所以此时银行存款减少 6 000 元，预付账款增加 6 000 元。这笔业务的预付账款就平了，实际上是存货增加了 10 000 元，银行存款减少了 10 000 元。我们再将这一过程总结为一张图，如图 5.12 所示。

Yoyo小姐的咖啡店预付4 000元订购咖啡豆

资产负债表		
预付给供应商4 000元定金 **预付账款**	补付尾款6 000元 **银行存款**	咖啡豆送达后 **存货**

借方：	贷方：	借方：	贷方：	借方：	贷方：
4 000			4 000		
	10 000				10 000
6 000			6 000		

图 5.12　预付账款分录逻辑

此外，还有两点需要注意。

一是预付账款的占比以及预付账款占营业收入的比例，如果这两个比例很高，说明企业在市场中的竞争力非常弱，尤其是当这两个比例持续上升时，要注意背后是否有合理的商业逻辑支撑，否则会有舞弊的风险。如已经退市的金亚科技（300028），2014 年年报中，预付给四川宏山 3.1 亿元的工程款用于建设金亚智能物联网产业园基地项目，此工程项目投资总额为 7.75 亿元，预付款占了总投资额的 40%，比例非常高。事实上，后来发现金亚科技虚构了该笔投资，也没有支付预付款，事发后，金亚科技进行追溯调整，全额调减该笔预付款。

二是预付账款的时间，因为预付账款本身的性质就是预付的货款或用于购货的定金，所以企业不会长时间挂账。我们可以查看预付账款的明细，如果账龄超过 1 年，就要多加留意了，因为没有一家企业会如此糊涂，把钱预付给供应商却不着急要货物，如果有这种情况，大概率不是采购，而是通过预付账款的名义把钱挪作他用了，而预付账款则是子虚乌有。比如已经退市

的神雾环保（300156），2017年的年报显示预付款项由2016年末的1.52亿元激增至2017年的15.52亿元，因为事务所无法获得预付款项的相关审计证据，因此出具了保留意见的2017年的审计报告。

5.5　应收票据

有的时候，企业销售产品后，并没有收到现金，而是收到一张汇票，这就是应收票据（notes receivable），如图5.13所示。

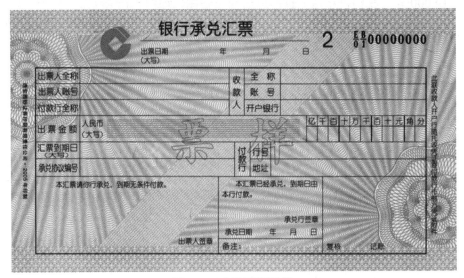

图5.13　应收票据票样

应收票据可以说是会计科目中除了货币资金以外最简单的了。应收票据是企业持有的还没有到期或尚未兑现的商业票据，是一种载有一定付款日期、付款地点、付款金额和付款人的无条件支付的流通证券。应收票据按承兑人不同分为商业承兑汇票和银行承兑汇票。采购方自己承诺支付的叫商业承兑汇票，采购方的银行承诺支付的叫银行承兑汇票。如表5.3所示。

表5.3　应收票据的分类

应收票据	商业承兑汇票	是采购方自己承诺支付的	有效期6个月
	银行承兑汇票	是采购方的银行承诺支付的	有效期2年

根据《商业汇票承兑、贴现与再贴现管理办法》的规定，商业汇票的付款期限自出票日起至到期日，最长不得超过6个月。银行汇票的期限会长一

些，自出票之日起两年内为有效期。汇票既可以背书转让，也可以向银行申请贴现。企业一般会设置"应收票据备查簿"，逐笔登记每一笔应收票据的种类、号码和出票日期、票面金额、票面利率、交易合同号和付款人、承兑人、背书人的姓名或单位名称、到期日、背书转让日、贴现日期、贴现率、贴现净额、未计提利息，以及收款日期和收回金额、退票情况等资料，应收票据到期结清票款或退票后，应当在备查簿内逐笔注销。

应收票据有两点需要记住：一个是到期价值的确定，另一个就是贴现。

（1）如何确定到期价值。应收票据的到期价值就是到期时应支付的金额，根据是否带息来确定。若是不带息票据，到期价值就是票面价值即本金；若是带息票据，到期价值为票据面值加上应计利息，计算公式为：票据到期价值＝票据面值 × （1 ＋ 票面利率 × 票据期限）。

在实际业务中，把一年定为 360 天。例如，一张面值为 10 000 元，期限为 180 天，票面利率为 10% 的商业汇票，到期价值：10 000×（1 ＋ 10%×180÷360）＝ 10 500（元）。

（2）票据贴现。持票人将未到期的应收票据，经过背书手续，银行按贴现率从票据价值中扣取贴现日起到票据到期日止的贴息。用应收票据向银行申请贴现时，持票人必须在票据上"背书"。票据到期值与贴现收到金额之间的差额，叫贴息或贴现息，通常记作财务费用。

应收票据贴现的计算过程为以下四个步骤。

第一步：计算应收票据到期价值。票据到期价值＝票面价值 × （1 ＋ 年利率 ÷360× 票面到期天数），如果是无息票据，那么到期价值＝面值。

第二步：计算贴现利息。贴现利息＝票据到期价值 × 贴现率 ÷360× 贴现天数，其中贴现天数＝票据期限－已持有票据期限。

第三步：计算贴现所得。贴现所得＝到期值－贴现利息。

第四步：会计分录如下：

借：银行存款 贴现所得金额

　　财务费用（贴现所得小于票据账面余额的差额）

　　贷：应收票据 票据账面金额

　　　　财务费用（贴现所得大于票据账面余额的差额）

为便于理解，我们举一个例子，Yoyo 小姐的咖啡店 10 月 1 日取得应收

票据，票据面值为 10 000 元，票面利率为 10%，6 个月期限；当年末已计提 3 个月的利息，第二年 1 月 1 日将该票据贴现，贴息率为 8%。那么我们按照上述的四步计算的结果如下。

第一步，票据到期值 = 10 000 + 10 000×10%÷12×6 = 10 500（元）。

第二步，计算贴现利息 = 10 500×8%÷12×3 = 210（元）。

第三步，贴现所得 = 10 500 − 210 = 10 290（元）。

第四步，会计分录如下：

借：银行存款   10 290

　　财务费用   210

　　贷：应收票据   10 500

这一节的内容比较简单，请大家记住这个计算过程。

在实际操作中，也会发生大股东通过虚开承兑汇票侵占上市公司资金的情况，企业一般会通过没有商业实质的购销业务，直接或间接向控股股东开具汇票供其贴现、背书，或是直接虚构汇票进行背书转入转出等，以掩盖控股股东占用上市公司资金的行为。比如某上市公司 2018 年发布的公告称，公司实际控制人、董事长指示上市公司财务人员开具虚假商业承兑汇票，并通过贴现转入指定的第三方占用上市公司资金，虚假承兑汇票共计 25 张。这部分内容大家略做了解即可。

5.6　其他应收款

有句话说，其他应收款是个筐，什么都能往里装。这句话的意思是除了应收票据、应收账款和预付账款以外的各种应收暂付款项，都可以放在其他应收款科目核算。其他应收款主要包括：①应收的各种罚款；②预付账款转入；③各种垫付款项；④备用金，一般指预付给员工的差旅费；⑤押金；⑥购买股票后应收的包括在股票价格中的已宣告发放的股利；⑦其他各种应收、暂付款项。

为便于理解，我们举个例子，Yoyo 小姐准备去广州参加一个咖啡行业的研讨会，预先领取了 5 000 元差旅费。会计处理如下：

借：其他应收款——备用金   5 000

　　贷：银行存款   5 000

一周后，Yoyo 小姐出差回来了，交来了住宿发票 3 000 元、餐饮发票 800 元。会计处理：

借：管理费用   3 800

  贷：其他应收款——备用金   3 800

那么此时，其他应收款的余额为 1 200 元。如果稍后，Yoyo 小姐又把剩下的 1 200 元也退回来了，会计处理：

借：银行存款   1 200

  贷：其他应收款——备用金   1 200

对于这笔款项的会计处理，如图 5.14 所示。

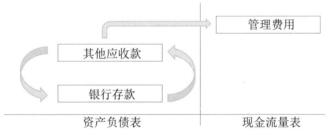

图 5.14 其他应收款的会计处理

图 5.14 把这笔款项的处理过程勾画得很清楚，依旧体现了复式记账法的原则，会计上的任何一项经济活动，都会至少影响两个会计科目。借贷关系中，其他应收款和银行存款都是资产负债表中的科目，Yoyo 小姐在预支 5 000 元差旅费的时候，那 5 000 元就从银行存款转到了其他应收款中，等到 Yoyo 小姐回来报销的时候，3 800 元就从其他应收款转入损益表。这个例子是一个比较常见的处理情况。

那么，为什么说其他应收款是个筐呢？因为经常放进去乱七八糟的东西：①比如为了转移资金，个人借款就会放到这里，尤其是股东挪用资金就是以"其他应收款"的名义进入会计账目，长期挂在其他应收款里的。不过这里强调一下，这部分被挪用的钱不是免费使用的，视同分红，需要缴纳个税。①②比如为了隐藏利润，有些公司还会通过其他应收款隐藏一些业务，将

---

  ① 《财政部 国家税务总局关于规范个人投资者个人所得税征收管理的通知》（财税〔2003〕158 号）规定：纳税年度内个人投资者从其投资的企业（个人独资企业、合伙企业除外）借款，在该纳税年度终了后既不归还，又未用于企业生产经营的，其未归还的借款可视为企业对个人投资者的红利分配，依照"利息、股息、红利所得"项目计征个人所得税。

销售收入、其他业务收入、营业外收入等挂在其他应收款里，收入就被企业悄悄地藏起来了，隐匿收入少交税。③比如为了隐藏费用，还有一些上市公司为了调高经营业绩，往往会在盈利较差的年度直接将费用列支在其他应收款里，使企业的费用虚减。所以，当其他应收款的金额很高的时候，我们就要注意了，看看具体的明细构成，虽然其他应收款是个筐，但还是要把筐子里的这些乱起八糟的都拿出来，你的账才是干净的。

5.7　重点回顾

- 货币资金包括现金和银行存款，是流动性最好的资产
- 应收账款一定是来自企业的销售环节，应收账款的周期越短越好
- 坏账是指企业无法收回或收回的可能性极小的应收账款
- 坏账准备是企业针对预计无法收回的应收款项计提的金额，坏账准备是备抵账户
- 坏账准备的计提方法有三种：余额百分比法、账龄分析法和个别认定法
- 预付账款是购买方采用先付款再收货的方式，产生了向销售方收取货物的权利
- 预付账款是资产，预收账款是负债
- 应收票据是企业持有的还没有到期或尚未兑现的商业票据，应收票据按承兑人不同分为商业承兑汇票和银行承兑汇票
- 其他应收款是个筐，什么都能往里装，但那也不能乱装

第6章 存货——要换成钱吗

本章重点介绍存货，存货的生产过程比较复杂，也是最难理解的部分，不仅包括各种在生产经营过程中使用的原材料，也包括处于生产过程中的在产品，还包括已生产完成待售的产成品。通过本章学习，读者可以明白什么是存货，并清楚地了解存货、成本和生产之间的关系，深刻理解产成品是一个生产过程的价值体现，产成品也是生产成本物化的形式，而产成品完美地将存货和生产成本融为一体，当产品被销售时，成本便从资产负债表的存货转为利润表中的成本了。了解什么是先进先出法和后进先出法，了解在什么时候计提存货减值准备，学会计算存货周转率，知道什么是安全库存，明白安全库存的重要性，并能够计算出安全库存量，明白"零库存"是不可能实现的。

6.1 存货

存货（inventory），是企业用于销售的产品，是企业在生产经营过程中为销售或耗用而储存的各种有形资产。不过，只有销售出去的存货才是好存货。比如，Yoyo 小姐的咖啡店中的咖啡豆、牛奶、糖块、巧克力、咖啡杯……这些都是存货。

存货包含的内容很多，既包括原材料（raw material）、在产品（work in process）和产成品（finished goods），也包括周转材料和外购商品等。原材料和产成品比较好理解，比如咖啡豆、牛奶都是原材料，制作好的咖啡就是产成品。周转材料比如包装物（比如外卖的一次性咖啡杯）、低值易耗品（比如吸管、纸袋）。外购的商品也是存货，比如 Yoyo 小姐购入一批纪念款的咖啡杯，可直接用于销售。

原材料，顾名思义即原料和材料，原材料是生产某种产品的基本原料，可分为原材料及主要材料、辅助材料、外购半成品、修理用备件、包装材料、燃料。原材料经过进一步的加工，变成最终产品的一部分。

在产品，是指正在加工、尚未完成的产品，包括正在加工的产品和准备进一步加工的半成品。一般制造企业才会有在产品。在生产制造过程中的一个时间节点，根据产品的状态来区分。比如，本月是6月，那么截至6月30日，这个产品已经完工了，我们称为产成品；6月30日还没有生产完成，我们称为在产品。但无论是在产品还是产成品，都是企业的产品，都是存货的一种。

产成品，是已完成全部生产过程并已验收入库，合乎标准规格和技术条件可以交付给客户或是可用于销售的各种商品。

原材料通过加工制造成为在产品，进而生产成为产成品，在这一生产制造过程中，耗费了原材料、人工、水电、能源、折旧，在耗费这些生产成本后我们得到了最终的产品，这就是产成品。这个过程就是从原材料到产成品，从存货到成本，从资产负债表到损益表，不同维度在一个过程中的映射。把这个过程总结在一张图里，如图6.1所示。

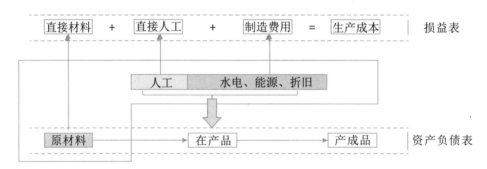

图 6.1 存货成本映射图

如果把图6.1理解透了，我们也就理解了存货、成本和生产过程的关系。原材料对应的是直接材料，然后将原材料通过生产制造环节，经过在产品这么一个状态，把人工成本、水电、能源，还有机器、厂房的折旧和原材料融合在一起，生产制造的最终结果呈现为产成品。产成品没有销售之前，是作为存货的；销售出去之后，作为主营业务成本。换句话说，损益表中的主营业务成本是指已销售的产成品的生产成本，即已销售的库存商品的账面价值。

根据图6.1，生产成本就是生产过程的成本，包括直接材料、直接人工和制造费用，成本是具体对象化了的费用。制造费用是企业为生产产品而发生的各项间接成本，包括水电、能源、折旧等，是不能直接归属于产品的费用。

什么是直接归属于产品的费用？生产成本中的直接材料和直接工资这两项是直接归属于产品的费用，除此之外的其余一切生产费用都是制造费用。随着生产结束，制造费用会分配给对应的产品，制造费用分配了以后，就成了对象化了的费用。这样，生产成本就结转进入库存商品，也就是产成品，即完成了整个生产过程，销售时再从库存商品转为主营业务成本。

所以，产成品是一个生产过程的价值体现，也是生产成本的一种物化的形式。因为我们没有办法具体描述出生产成本是什么样子，也说不出它的高矮胖瘦，但是产成品可以。在生产制造过程中，生产成本已经转化为产成品了，它既包括原材料，也包括人工、水电、折旧等。当产品被销售时，成本便从资产负债表中的存货转为利润表中的成本了。存货与资产负债表有关，而生产成本与利润表有关。产成品则完美地将存货和生产成本融为一体。这有点像一些机构编制，"一个机构，两块牌子"。[①]

6.2 先进先出法 vs 后进先出法

哪些商品先卖掉，哪些商品后卖掉，对成本的影响是不一样的。同一个商品，外观、规格完全一样，但因为购进的批次不一样、价格不一样，所以成本也不一样。存货的记账顺序是会影响存货的计价方法的。这里我们介绍两种存货的记账方法：先进先出法和后进先出法。

发出存货时，先进先出法是按照先购进先发出的原则进行计价。后进先出法是按照后购进先发出的原则进行计价。顺序不一样，计价的结果就不一样。企业会利用变更存货计价方法来调节当期利润水平。

当存货价格处于上涨时期，采用后进先出法，将最高价格的材料入账，使当期成本费用上升，减少当期利润；采用先进先出法，是将最低价格的材料入账，使当期成本费用下降，增加当期利润。若存货价格处于下降时期，则正好相反。

为便于理解，我们举个例子，Yoyo 小姐的咖啡店买入一批礼品款的咖啡杯。2019 年 2 月 1 日，Yoyo 小姐购买礼品咖啡杯 50 个，单价为 9 元；随后几天，Yoyo 小姐在朋友圈做了摸底调查，觉得可以再多买一些。2019 年 2 月

---

① 一个机构，就是一套领导班子和一个队伍。两块牌子，是指机构有两个名称，根据工作需要，以不同的名义对外使用相应的名称。

6 日，Yoyo 小姐购买礼品咖啡杯 100 个，单价为 7 元；5 天后，卖咖啡杯的业务员又找到 Yoyo 小姐，说现在做活动，购买满 200 个杯子，优惠价格为 5 元一个。于是，2 月 12 日，Yoyo 小姐又购买礼品咖啡杯 50 个，单价为 5 元。2019 年 3 月 1 日，卖出礼品咖啡杯 70 个。

那么，3 月 1 日卖出的这 70 个礼品咖啡杯的计价分别为以下两种。

（1）先进先出法：$50×9 + 20×7 = 590$（元）。

（2）后进先出法：$50×5 + 20×7 = 390$（元）。

不过，自从 2007 年正式实施的新会计准则取消了后进先出法，要求一律采用先进先出法，所有企业的当期成本反映的都是实际的历史成本，规避了人为调节因素。这里，我们简单地了解一下即可。

6.3 安全库存很重要，但也别压太多货

安全库存（safety stock）是指为应对不确定性因素而准备的缓冲库存，如大量突发性订货、供应商供货不足等，主要是为了降低缺货的风险。因此，安全库存也叫缓冲库存，维持企业持续经营、应对交货延期、订单量增加等不确定因素而设定的原材料的库存水平。一般情况下，各行业的安全库存各不相同，行业内的人心里都能估计安全库存的量。

通俗一点的解释，安全库存就是设定一个最高库存和最低库存。最高库存是数量的最高限制，防止造成压货占用资金，压的货越多，占用的流动资金就越多。最低库存是保持货物库存的一个最低数量，不能低于这个数量，以免缺货，这样既不会断货也不会压货。

设定安全库存需要考虑很多因素，主要包括交货周期、储存成本、存货需求量、原料种类、补货成本、生产周期及订单处理期等。安全库存非常重要，因此如何计算出安全库存是十分必要的，这里介绍给大家三个比较常用的参考公式。

（1）安全库存量＝预计每日的平均用量 ×（订单处理期＋供应商交货期＋企业生产周期）＋每日最低库存量

（2）安全库存量＝（预计最大消耗量－平均消耗量）× 采购提前期

（3）1.5 倍安全库存法则，这是可口可乐设定安全库存的方法，也是目前

很多销售公司都在使用的方法，用来计算合理的进货量，公式为

合理进货量＝［（上期库存量＋上期进货量）－本期库存量］×1.5 倍－本期库存量

为便于理解，我们回到 Yoyo 小姐的咖啡店，咖啡店里的咖啡豆的存货是 10 箱，Yoyo 小姐又从供应商那里采购了 4 箱，一周后，Yoyo 小姐的咖啡豆还有 11 箱，那么她还需要再进货吗？

不着急回答，我们用 1.5 倍安全库存法则计算一下，合理进货量＝［（10＋4）－11］×1.5＝4.5＜11。

咖啡店一周的实际销售量是 10＋4－11＝3 箱咖啡豆，按 1.5 倍计算是 4.5 箱，远远低于库存数 11 箱，所以咖啡豆目前并不缺货，不需要补货。

另外，还要对存货的账龄进行分析，原材料还好，产成品就不行了，毕竟不是所有的商品都是茅台，越放越值钱，大部分商品积压的时间一长，就有问题了。不受市场欢迎卖不出去，如果存货积压量太大、时间太长，很可能就不值钱了，甚至打折也卖不出去，最后只能砸手里了。或者市场上的价格持续下跌，市场价格远远低于存货价格，换句话说，按照市场公允价值，存货不值这么多钱了。谁也没有办法点石成金，只能计提存货减值准备了。

6.4 存货减值

前面我们讲过应收账款的坏账准备，如果应收账款收不回来的话就会变成坏账，从而发生减值。与此类似，存货长期放置，陈旧过时或是已经发生损毁，价值已经远远低于市场价的时候，存货发生减值。还记得著名的獐子岛吧，2014 年宣布来了"冷水团"，把公司海参、扇贝的种苗都冻死了，计提了减值准备。2018 年公司又发布了带有戏剧色彩的公告：扇贝，自己游走了，计提减值准备，"减值"简直都成了资本市场的"梗"了。

《企业会计制度》第五十四条规定：企业应当在期末对存货进行全面清查，如由于存货毁损、全部或部分陈旧过时或销售价格低于成本等原因，使存货成本高于可变现净值的，应按可变现净值低于存货成本部分，计提存货跌价准备。由于存货包括原材料、在产品和产成品，因此，存货减值也分为原材料减值、在产品减值和产成品减值。

那存货跌价准备确认的条件是什么呢？总不能拍脑袋看看，不值钱了就计提跌价准备，当然不是。《企业会计制度》第五十五条规定：当存在下列情况之一时，应当计提存货跌价准备：①市价持续下跌，并且在可预见的未来无回升的希望；②企业使用该项原材料生产的产品的成本大于产品的销售价格；③企业因产品更新换代，原有库存原材料已不适应新产品的需要，而该原材料的市场价格又低于其账面成本；④因企业所提供的商品或劳务过时或消费者偏好改变而使市场的需求发生变化，导致市场价格逐渐下跌；⑤其他足以证明该项存货实质上已经发生减值的情形。

为便于理解，我们还是回到 Yoyo 小姐的咖啡店，年初 Yoyo 小姐购买了2 000 袋咖啡豆，结果销售并不好，到年底的时候，有 1 000 袋咖啡豆快要过期了，那么这 1 000 袋咖啡豆就要计提减值准备。会计处理如下：

借：管理费用——计提的存货跌价准备

　　贷：存货跌价准备

可能有人还问，市场价格下降了，将会计提减值准备，要是价格上升了呢？会不会在报表上增加它的账面价值？这个问题问得好，这就要引出会计学中的另一个基本原则——谨慎性原则，即会计只记减值，不记增值。但是最后会在利润表中体现的，因为在当下的市场环境中，原料的价格上涨了，售价也会上涨，但是当初采购的价格比较低，这样增值部分就会在最终确认销售时反映在利润表中。

另外，如果存货的市场价格上涨，是允许存货跌价准备转回的，在财务处理上，存货跌价准备转回会让资产的价值增加，同时也会增加利润。会计处理正好相反：

借：存货跌价准备

　　贷：管理费用——计提的存货跌价准备

6.5　存货周转率

和应收账款周转率一样，存货也有周转率。存货周转率是衡量企业在一定时期内存货资产的周转速度，反映了企业采购、生产、销售的周转效率。存货周转率越高，表明企业存货资产变现能力越强，存货及占用在存货上的资金周转速度越快，赚的钱也就越多。再通俗一点的解释就是，一年中存货给公司做了几轮生意，就像餐馆的翻台率，当然是越多越好了。

存货周转率和存货周转天数的计算分别如下：

存货周转率＝营业成本÷［（年初存货余额＋年末存货余额）÷2］

存货周转天数＝360÷存货周转率

从公式中我们可以看出存货周转天数的含义，就是从原材料购入开始，经过储存、生产加工、再入库，直到产成品售出那一天，其间总共用了多少时间。

举个例子，Yoyo 小姐一次性购入一批动漫周边的咖啡杯，成本为 2 万元，全部销售完需要 30 天时间，销售收入为 5 万元，这批咖啡杯的毛利为 3 万元。我们可以很容易知道这批动漫咖啡杯一个月的周转次数为 1（30 ÷ 30 ＝ 1），那么 Yoyo 小姐在这一个月实现的总毛利为 3 万元，存货周转天数为 30，一个月内的存货周转率则为 1。假设理想状态下，Yoyo 小姐每个月都能实现这个销售目标，那么 Yoyo 小姐在动漫咖啡杯上实现的年毛利总额为 3×12 ＝ 36 万元，存货周转天数为 30，存货周转率则为 12。

同时，这个城市另外一家礼品店也一次性购入同样一批动漫周边的咖啡杯，成本也是 2 万元，但是因为这家礼品店在当地不是很大，也没有 Yoyo 小姐网红咖啡店的名气，所以销售得很慢，全部卖完需要 60 天，但是最后和 Yoyo 小组一样销售收入为 5 万元，毛利总额为 3 万元。那么，礼品店的这批动漫咖啡杯的存货周转天数为 60 天，一个月的周转次数为 0.5（30÷60 ＝ 0.5），同样，假设理想状态下，按照这个销售速度，那么礼品店在动漫咖啡杯上实现的年毛利总额为 3×6 ＝ 18 万元，存货周转天数为 60，存货周转率则为 6（0.5×12）。

我们通过这个例子再去理解存货周转率和存货周转天数就容易多了，周转天数越长，意味着存货的变现速度越慢。在一个相同的财务周期内，周转天数越短，周转率就会越高，存货销售的速度就越快，盈利能力越强。

同理，由于存货包含了原材料、在产品和产成品，那么我们也可以分别计算原材料周转天数、在产品周转天数和产成品周转天数。单独分析存货在每一个环节的周转速度，每一个环节的周转天数加起来，跟总的存货周转天数差不多。

　　一般情况下，存货周转率越高越好，因为周转率越高，意味着商品的销售速度越快，市场对该商品的需求就越大。存货周转率越高，存货周转天数就越少，意味着企业投入存货的资金从投入到完成销售的时间越短，存货转换为货币资金的速度越快，资金的回收速度越快。存货占用资金越低，流动性越强。

　　同样，如果存货周转率低，那就意味着商品的销售疲软，市场的需求量下降，资金的回收速度缓慢，毛利率也会随之下降。如果你在看一家公司报表的时候，发现它的存货周转率在下降而毛利率却在上升，最大的可能是这家公司在财务报表上动了手脚。

　　另外，前面我们讲过应收账款周转率，应收账款周转率和存货周转率这两个指标可以放在一起看，这样更为客观。如图6.2所示。

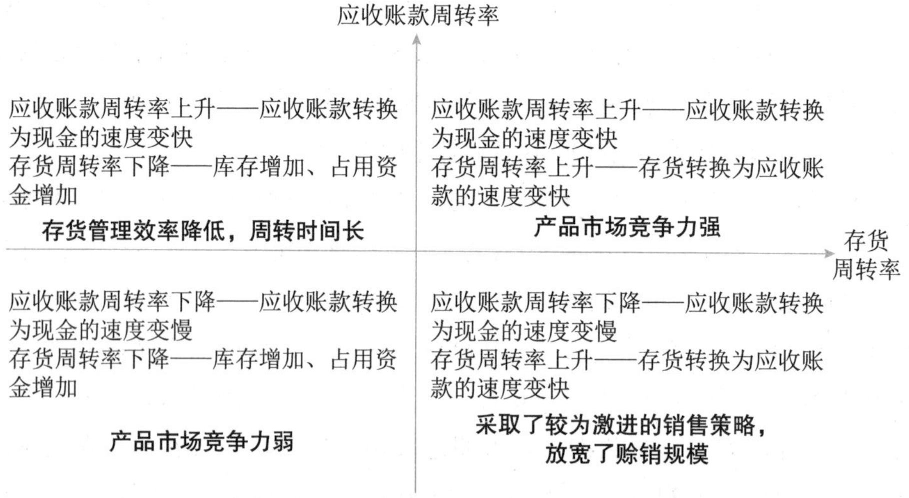

应收账款周转率

应收账款周转率上升——应收账款转换为现金的速度变快 存货周转率下降——库存增加、占用资金增加 **存货管理效率降低，周转时间长**	应收账款周转率上升——应收账款转换为现金的速度变快 存货周转率上升——存货转换为应收账款的速度变快 **产品市场竞争力强**
应收账款周转率下降——应收账款转换为现金的速度变慢 存货周转率下降——库存增加、占用资金增加 **产品市场竞争力弱**	应收账款周转率下降——应收账款转换为现金的速度变慢 存货周转率上升——存货转换为应收账款的速度变快 **采取了较为激进的销售策略，放宽了赊销规模**

存货周转率

图 6.2　应收账款周转率和存货周转率

　　应收账款周转率和存货周转率同时上升，意味着产品市场竞争力增强；应收账款周转率上升，存货周转率下降，意味着存货管理效率下降，存货周转时间长；应收账款周转率下降，存货周转率上升时，意味着企业可能采取了较为激进的销售策略，放宽了赊销规模；应收账款周转率和存货周转率同时下降，意味着产品市场竞争力减弱。此外，不同行业的存货周转率也是不一样的。通常来说，零售行业的存货周转率是最高的，制造业的存货周转率会低一些。也有一些特殊行业，没法用存货周转率来判断，比如茅台酒，放的时间越长，价值越高。

我们在这里提一个问题，在计算存货周转率的时候，如果存货已计提了跌价准备，那么在计算的时候是否要将跌价准备加回去？

先不着急回答，我们再回到 Yoyo 小姐的咖啡店，咖啡豆、牛奶、黄油等存货价值为 20 万元，忽然赶上了一场暴雨，库房漏水，很多货物被水泡了，Yoyo 小姐清点了一下，发现有一半的货物不能再用了，计提了 10 万元的存货跌价准备。这时存货减少了 50%，但从数字上看，存货周转率马上就变快了，存货周转天数也减少了。但事实并不是这样，存货周转率虽然提升了，但并不是因为咖啡店的经营变好了，而是因为暴雨浸泡，咖啡店损失了一半的存货。所以，我们一定要弄明白存货周转率变化背后的原因，这才有实际意义，不然就是个数字游戏了。

那么，如何改善存货周转率呢？大体来讲主要涉及三个环节。

（1）采购环节，通过协商或更换新的供应商，将交付周期缩短。

（2）生产环节，通过流程优化，缩短生产周期。

（3）合理预测，进一步加强预测的准确性和合理性，在不缺货的情况下减少安全库存。

安全库存我们在前面讲过，如果还不是很清楚，可以返回去再复习一下。但是无论怎么提高存货周转率，"零库存"也是不可能实现的，这只能是一种美好的追求。

6.6 重点回顾

- 存货是企业用于销售的产品，只有销售出去的存货才是好存货
- 存货包括原材料、在产品和产成品
- 产成品是一个生产过程的价值体现，也是生产成本物化的形式
- 直接材料＋直接人工＋制造费用＝生产成本
- 当产品被销售时，成本便从资产负债表中的存货转为利润表中的成本了
- 产成品完美地将存货和生产成本融为一体
- 安全库存量＝（预计最大消耗量－平均消耗量）× 采购提前期

- 先进先出法是按照先购进先发出的原则进行计价的
- 当市场价格远远低于存货价格，就要计提存货减值准备
- 存货周转率越高，表明企业存货资产变现能力越强，存货及占用在存货上的资金周转速度越快，赚的钱也就越多

第7章 看得见摸得着——这是资产

本章重点介绍固定资产（fixed assets），通过本章的学习，读者可以明白什么是固定资产、什么是折旧（depreciation），并学会计算折旧。理解折旧是固定资产在使用过程中因损耗而转移到产品中去的那部分价值，折旧并不是消失，而是转移到产品中去了。记住固定资产的折旧方法一经确定不得随意变更，已提足折旧仍在继续使用的固定资产不用继续计提折旧。理解什么是租赁业务，并能够区分什么是经营性租赁、什么是融资性租赁。明白什么是在建工程、什么是投资性房地产，知道在建工程是不需要计提折旧的，投资性房地产在持有期间也不需要计提折旧。理解固定资产减值，并知道资产计提减值后，哪些资产是可以转回的、哪些是不可以转回的。

7.1 固定资产和折旧

固定资产是什么？厂房、设备、土地、汽车、电脑、家具，这些都是固定资产。那么用了 3 年的咖啡杯、托盘、刀叉，这些算是固定资产吗？这些就不是，因为价值太低，固定资产通常是大件物品。

我们看看会计准则中对固定资产是怎么定义的吧，固定资产是指同时具备以下特征的有形资产：①为生产商品、提供劳务、出租或经营管理而持有；②使用年限超过 1 年；③单位价值较高，准则只是强调"单位价值较高"，并没有给出具体的价值判断标准，在实际操作中，一般 2 000 元是一个门槛，高于 2 000 元的叫作固定资产，低于 2 000 元的列为低值易耗品。所以，用一句话概述，固定资产是指使用期限超过 1 年的房屋、建筑物、机器、机械、运输工具以及其他与生产经营有关的设备、器具和工具等。固定资产是有形资产，与之对应的是无形资产，无形资产我们会在后面讲。

另外，同一种物品在不同的企业状态下的性质是不一样的，有时候是存货，有时候是固定资产。有没有觉得这是一个有趣的问题。我们举个例子，在资产负债表日，某品牌汽车 4S 店的库房中停放着 2 辆汽车，每辆车的成本为 15 万元，销售价格为 20 万元。一周后，Yoyo 小姐的咖啡店以 40 万元的价格购买了这 2 辆汽车。那这 2 辆汽车作为资产如何显示在各自的资产负债表上呢？答案是：汽车没有被售出前，在品牌 4S 店中是存货，其账面价值按照成本列示，账面价值为 30 万元。而在 Yoyo 小姐的咖啡店购买了这 2 辆汽车后，在咖啡店的账上，汽车则变成了固定资产，按购置成本入账，账面价值为 40 万元。如图 7.1 所示。

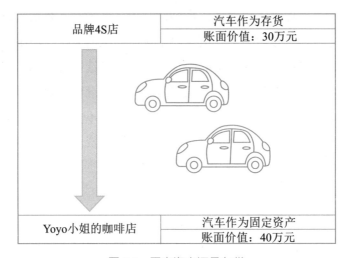

图 7.1　固定资产还是存货

　　汽车作为存货是不需要计提折旧的，但是当 Yoyo 小姐的咖啡店购买 2 辆汽车后，需要对这 2 辆汽车计提折旧。那么折旧又是什么呢？在解释什么是折旧之前，我们先说一说公司行为的最终目的，公司行为作为一种商业行为，其目的肯定不是做慈善，要不然股东投入那么多资本，忙活半天，挣个寂寞吗？毫无疑问，企业行为的最终目的是获利，而企业的获利是通过一个循环实现的，这个循环就是投入资金、采购、生产、销售，这也是企业最基本的循环。企业通过购买原材料，生产制造成产品，销售后获得利润。在这个循环中，现金购买原材料后又变成了现金。而在这个过程中，生产设备在生产过程中会有磨损，我们会将它磨损的那一部分价值转化为产品的一部分。

　　因为生产设备在使用过程中有损耗，所以它的价值会逐年降低。比如在 Yoyo 小姐的咖啡店，房产和咖啡机是购入的，那么它们被耗费掉的那部分在会计上叫作折旧。折旧可以看作固定资产在一段时间之内被消耗掉的那部分的价值。所以，折旧就是固定资产（厂房、设备、汽车、电脑、家具等）在使用过程中因损耗而转移到产品中去的那部分价值。我们也可以这么理解，折旧并不是消失了，而是转移到产品中去了。如图 7.2 所示。

图 7.2 折旧向产品中转移

折旧也是权责发生制一个非常典型的体现，因为折旧并不需要实际支付，只是会计上记录的一项成本或费用。折旧要在利润表中扣除，会减少当期利润，但不减少现金流。在计算折旧时会涉及三个因素：①资产成本，指公司购买这项资产所花费的资金。②预计净残值，指公司在这项资产预计使用寿命结束时将其卖出后可得到的资金。③预计使用寿命，指公司估计能够使用资产的时间。使用寿命是一个估计的数。使用寿命也可根据公司的政策估计。

最常见的计算折旧的方法主要有两类：直线法和加速折旧法。

直线法是企业最常用的折旧方法，也叫年限平均法，将固定资产的折旧额平均分摊到固定资产使用寿命内，计算的每期折旧额相等。具体的计算是用固定资产在购买时所支付的实际价款（即原值）减去固定资产最终报废时所预计的残值，就得到了折旧的数额，再按照估计的使用年限来均摊这个折旧的数额，于是得到了每期的折旧金额。其计算公式如下：

固定资产年折旧额 =（资产成本－预计净残值）÷ 预计使用寿命

固定资产月折旧额 = 年折旧额 ÷12

举个例子，Yoyo 小姐的咖啡店花了 25 万元购买了一辆汽车，预计汽车的净残值为 10 000 元，汽车的预计使用寿命为 10 年。根据直线法折旧公式，计算汽车的年折旧额为年折旧额 =（250 000 － 10 000）元 ÷10 年 = 24 000 元，

月折旧额应为年折旧额的 1/12，因此，汽车每月的折旧费为 24 000 元 ÷ 12 月 = 2 000 元。

加速折旧法，顾名思义，折旧的速度更快，固定资产的成本在使用年限内更快地转移到成本费用中的一种折旧计算方法。加速折旧法又分为两种：年数总和法和双倍余额递减法。

（1）年数总和法的计算公式如下：

固定资产年折旧率 =（折旧年限 - 已使用年数）÷[折旧年限 ×（折旧年限 + 1）÷2]

固定资产月折旧率 = 年折旧率 ÷12

固定资产月折旧额 = 固定资产账面净值 × 月折旧率

（2）双倍余额递减法的计算公式如下：

固定资产年折旧率 = 2÷ 折旧年限 ×100%

固定资产月折旧率 = 年折旧率 ÷12

固定资产月折旧额 = 固定资产账面净值 × 月折旧率

但不是所有的企业都可以使用加速折旧法，根据会计制度的规定，只有在国民经济中具有重要地位、技术进步快的企业，如电子生产企业、船舶工业企业、生产"母机"的机械企业、飞机制造企业、汽车制造企业、化工生产企业和医药生产企业等可申请采取加速折旧法。无论是采用直线法还是加速折旧法，我们可以明显地看到，残值和预计使用年限对折旧计提的影响都很大，资产价值随着时间的推移下降，尤其是对重资产行业的影响非常大，因为重资产行业折旧的数额大，对公司的利润影响较大。如图 7.3 所示。

然后，我们讲一下固定资产的折旧年限，不同类型资产的使用年限不同，比如，计算机和飞机的使用年限不一样，房屋和汽车的使用年限也不一样。通常来说，固定资产计算折旧的最低年限分类如下：①房屋、建筑物，为 20 年；②飞机、火车、轮船、机器、机械和其他生产设备，为 10 年；③与生产经营活动有关的器具、工具、家具等，为 5 年；④飞机、火车、轮船以外的运输工具，为 4 年；⑤电子设备，为 3 年。表 7.1 是一个公司年报的例子，可以对照参考一下。

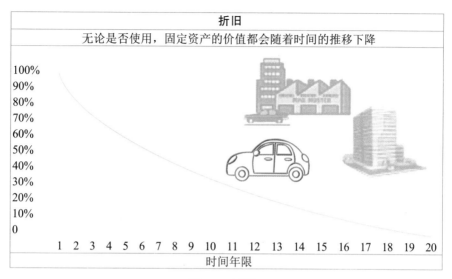

图 7.3 折旧

表 7.1 固定资产折旧年限示例

类　别	折旧方法	折旧年限/年	残值率/%	年折旧率/%
房屋及建筑物	年限平均法	20	5	4.75
电子设备	年限平均法	3	5	31.67
机器设备	年限平均法	10	5	9.50
运输工具	年限平均法	4	5	23.75
其他设备	年限平均法	5	5	19.00

固定资产属于非流动资产，固定资产在使用过程中被损耗，产生折旧，折旧金额进入利润表中。折旧可以按照直线法计算，也可以按照加速折旧法计算。固定资产原值减去累计折旧和计提的减值准备等于固定资产净值，固定资产净值也可以理解为固定资产的账面价值，即固定资产在报告日时点的价值。为便于理解，我们将固定资产、折旧和利润表之间的关联内容总结为一张图，如图 7.4 所示。

固定资产随着时间产生损耗，即折旧，折旧按照不同的性质，会相应地计入利润表中的成本项或费用项。生产部门使用的固定资产，计提的折旧计入制造费用，管理部门使用的固定资产，计提的折旧计入管理费用，销售部门使用的固定资产，计提的折旧计入销售费用。在图 7.4 中，机械设备的折旧计入生产成本，办公楼、高管配车、销售部门的电脑的折旧分别计入管理费

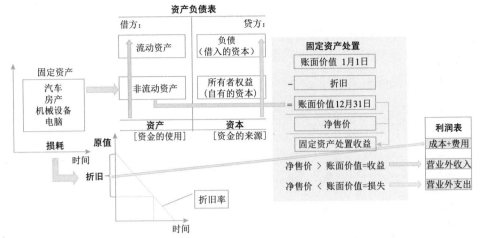

图 7.4　固定资产、折旧和利润表之间的关联

用、销售费用。当固定资产已提足折旧后仍继续使用的，不再计算折旧，这一点对重资产的制造业企业很重要，因为折旧不会影响经营性现金流，只影响当期利润。如果折旧已经全部提完，资产仍继续使用，直接效果就是降低了成本。2010 年左右，中小尺寸显示屏的价格一路走低，中国生产显示屏的企业基本都是亏损的，订单报价也没有竞争力，但同期，韩国生产显示屏的企业受到的影响却很小。这是因为韩国企业的生产线基本上已经提完折旧了，成本大幅下降，报价也有竞争力。反观中国的企业，基本上是两年前新建的厂房和生产线，总体投资额高，折旧在成本中所占比例就很高，尽管是拿到同样价格的订单，韩国企业是盈利的，我们却是亏损的，这就是高额折旧造成的。

有些企业还会选择变更折旧年限，比如，宁德时代在 2019 年 4 月的董事会上决议，"公司拟对基于早期技术开发的动力电池生产设备的折旧年限进行变更，年限由 5 年变更为 4 年"。从财务表上看，宁德时代 2018 年的折旧是 21.3 亿元，占当期净利润的 63%，折旧年限变更后，折旧金额占当期归属净利润的比重上升到 86%。折旧政策的变更并不会影响企业的经营性现金流，但会导致当期报表的利润偏低，不过由于折旧年限缩短，折旧全部计提后，最终会在后续报表中体现出盈利增厚的结果。

当处置固定资产时，出售价格高于固定资产的账面价值时，收益计入利润表的营业外收入；当出售价格低于固定资产账面价值时，损失计入利润表的营业外支出。

为便于理解折旧的计算，我们再回到 Yoyo 小姐的咖啡店，Yoyo 小姐 70 000 元购入的餐桌和椅子，折旧年限 5 年，预计残值为 10 000 元，购入时会计处理如下：

借：固定资产——家具   70 000

  贷：银行存款   70 000

年折旧额为（70 000 － 10 000）÷5 ＝ 12 000 元；月折旧额为 12 000÷12 ＝ 1 000 元。从固定资产入账的下月开始提折旧，每月折旧会计处理如下：

借：管理费用——折旧费   1 000

  贷：累计折旧   1 000

一年后，餐桌和椅子的账面价值为 70 000 － 1 000×12 ＝ 58 000 元，这 58 000 元就是在这个时点餐桌和椅子的固定资产净值，也是尚未转化为费用的固定资产。对于这笔款项的会计处理，如图 7.5 所示。

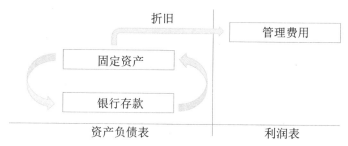

图 7.5 固定资产折旧的会计处理

图 7.5 把固定资产折旧的过程勾画得很清楚，也体现了复式记账法的原则，会计上的任何一项经济活动，都会至少影响两个会计科目。Yoyo 小姐用现金购入固定资产（餐桌和椅子），从购入这一刻开始，固定资产的价值就会随着时间的推移而减少，减少的金额就是折旧，然后将折旧作为一项费用分配到资产寿命的每一个会计期，这样固定资产通过折旧进入管理费用，完成了从资产向成本费用转移的过程，在利润表中记录折旧费用。

每一个期间的折旧费用会通过累计折旧科目进行统计，与减值准备一样，累计折旧也是一个备抵账户，备抵账户是资产负债表中相关资产的减少项。

累计折旧在资产负债表中是作为固定资产的备抵账户记录的，它记录了从资产获得日开始至资产负债表日计提的所有折旧。因此，固定资产原值减去累计折旧作为资产的账面价值，称为固定资产净值。固定资产净值也可以理解为尚未被分配到费用中去的固定资产成本。固定资产净值计算公式为

固定资产净值＝固定资产原值－累计折旧

此外，固定资产的折旧方法一经确定，不得随意变更，如需变更，应当符合固定资产准则的规定，于每年底对固定资产的使用寿命、预计净残值和折旧方法进行复核，按复核的结果进行处理。固定资产使用寿命、预计净残值和折旧方法的改变应当作为会计估计变更。[①] 固定资产折旧按月计提，对于当月增加的固定资产，当月不计提折旧，从下月起计提折旧。当月减少的固定资产，当月仍需要计提折旧，从下月起停止计提折旧。如果固定资产的折旧已经全部提完，即固定资产的账面价值等于预计净残值（净残值也可以为零），也不再需要提折旧。如表 7.2 所示。

表 7.2　计提折旧时点

当　　月		下个月
增加的固定资产	不计提折旧	开始计提折旧
减少的固定资产	计提折旧	停止计提折旧
已提足折旧的固定资产	不再计提折旧	

最后，说一下固定资产减少的方式可以是出售、抵债，或者是报废。其中，固定资产出售所产生的收入不算营业收入，我们称其为营业外收入，营业外收入不仅与营业活动无关，而且还具有不可持续性，因为固定资产只能卖一次。

7.2　资产变轻的戏法——租赁

通过 7.1 节的学习，我们知道了固定资产折旧会影响当期利润，尤其是重资产行业的折旧对利润的影响更大。那么有没有什么办法可以让资产变轻呢？有，如售后回租业务，一种常见的把资产由重变轻的方式。把固定资产

[①]　按照《企业会计准则第 28 号——会计政策、会计估计变更和差错更正》处理。

卖给租赁公司，然后再租回，支付租金给租赁公司。在这一过程中，固定资产甚至不需要发生任何改变，只是一种财务上的安排。

租赁分为经营性租赁（operating leasing）和融资性租赁（financial leasing），通过租赁减少对资金的占用。其中，融资性租赁又分为直租和回租。

（1）经营性租赁，承租人只获得了资产的使用权，并没有获得资产的所有权。且租赁合同可撤销，在合同期间，承租人可中止合同，退回设备。经营性租赁租入的固定资产不进入资产负债表，支付租金时计入相应的费用，如果租的是厂房设备，计入生产成本；如果租的是营业场所，计入销售费用；如果租的是办公设备，计入管理费用。

（2）融资性租赁，无论是直租还是回租，承租人都获得了资产的所有权。租赁合同不可撤销，签订租赁合同，实质上意味着购入固定资产，确认固定资产的同时增加负债。融资性租赁租入的固定资产进入资产负债表，资产项增加，同时增加负债项，相同的金额进入长期应付款，租入的固定资产要计提折旧，支付的租金用于偿还长期应付款。

我们用通俗一点的话来解释，经营性租赁是你租房子住，按月支付房租，房子可以使用，但房子的产权不是你的。融资性租赁的直租是你按揭购买房子，按月支付按揭款，但是房子的产权是你的；融资性租赁的回租是你把房子抵押后贷款，然后按月分期还款。经营性租赁和融资性租赁主要的区别是所有权是否转移。经营性租赁与融资性租赁的特点如表 7.3 所示。

表 7.3　经营性租赁与融资性租赁的特点

租赁	经营性租赁	不拥有这项资产，经营性租赁是通过支付使用费来获得资产的使用权
		租金费用进入当期损益或相关生产成本科目
	融资性租赁	拥有这项资产，融资性租赁本质是通过分期付款购买一项资产，获得资产所有权
		租入的资产作为企业自己的固定资产核算

为便于理解，我们通过三个例子解释，我们回到 Yoyo 小姐的咖啡店，由于咖啡店的风格独特，咖啡的味道好、店内环境好，颇受年轻人的欢迎，因此：

（1）Yoyo 小姐计划再给店里增添 2 台高级咖啡机和 1 台冰柜，但是 Yoyo

小姐不想一次性支付，把流动资金都压在设备上，于是她找到设备供应商，希望签订一份租赁合同，租期3年，按月支付租金，当租赁期满之后，这3台设备归还给供应商，这个就是典型的经营性租赁业务。在这个业务中，只涉及出租人和承租人两方。如图7.6所示。

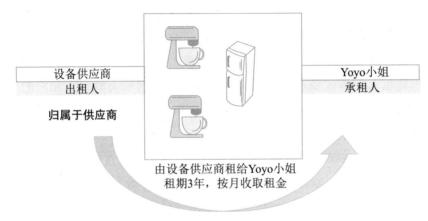

图 7.6　经营性租赁示例

（2）Yoyo小姐计划再给店里增添2台高级咖啡机和1台冰柜，但是Yoyo小姐不想一次性支付，把流动资金都压在设备上，于是她找到了咖啡用品租赁公司，由咖啡用品租赁公司先购买这3台设备，然后再租给Yoyo小姐，租赁公司和Yoyo小姐签订一份租赁合同，租期3年，Yoyo小姐按月支付租金，当租赁期满之后，这3台设备归属于Yoyo小姐，这个就是典型的融资租赁的直租业务。在这个业务中，涉及出卖人、出租人和承租人三方。如图7.7所示。

（3）Yoyo小姐店里有2台高级咖啡机和1台冰柜，但是Yoyo小姐手头的现金不够了，于是她找到了咖啡用品租赁公司，先把自己的这3台设备卖给咖啡用品租赁公司，得到一笔现金，然后双方签订一份租赁合同，租赁公司再把这3台设备租给Yoyo小姐，租期3年，Yoyo小姐按月支付租金，当租赁期满之后，这3台设备以很低的价格（残值）卖给Yoyo小姐，这个就是典型的融资租赁的回租业务。在这个业务中，还是涉及出卖人、出租人和承租人三方，只不过Yoyo小姐既是出卖人又是承租人。如图7.8所示。

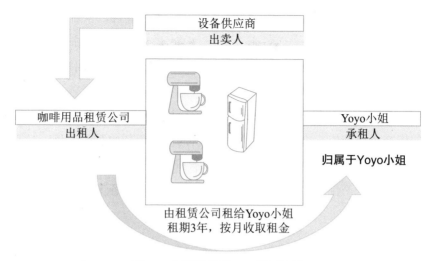

图 7.7　融资性租赁——直租示例

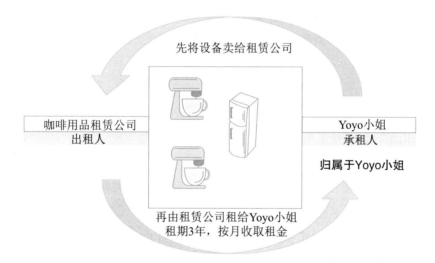

图 7.8　融资性租赁——回租示例

通过前面三个示例，我们已经能够理解什么是经营性租赁、什么是融资性租赁。接下来就是要确认租赁业务的性质。根据《企业会计准则第 21号——租赁》的规定，以下五个条件满足任何一个就可以将其认定为融资租赁，否则就是经营性租赁。

（1）在租赁期届满时，租赁资产的所有权转移给承租人。

（2）承租人有购买租赁资产的选择权，所订立的购买价款预计远低于行

使选择权时租赁资产的公允价值，因而在租赁开始日就可以合理确定承租人将会行使这种选择权。

（3）即使资产的所有权不转移，但租赁期占租赁资产使用寿命的大部分。（一般不低于设备使用年限的 75%）

（4）承租人在租赁开始日的最低租赁付款额现值，几乎相当于租赁开始日租赁资产公允价值；出租人在租赁开始日的最低租赁收款额现值，几乎相当于租赁开始日租赁资产公允价值（大于等于 90%）

（5）租赁资产性质特殊，如果不做较大改造，只有承租人才能使用。

7.3　在建工程和投资性房地产

是不是所有的固定资产都要计提折旧？不是。在会计处理中，有几类固定资产是不需要提折旧的，分别是：①已提足折旧继续使用的固定资产。②单独计价作为固定资产入账的土地。③以经营租赁方式租入的固定资产。④以融资租赁方式租出的固定资产。⑤持有待售的固定资产。⑥处于更新改造过程中的固定资产。

分别解释一下，前四个比较好理解。

（1）已提足折旧继续使用的固定资产。这个很容易理解，固定资产已经提足折旧了，后面就不用再继续计提折旧了。

（2）单独计价作为固定资产入账的土地。因为土地是没有折旧的。

（3）以经营租赁方式租入的固定资产。经营租赁的方式，并不实际拥有固定资产，只发生了租赁费用。

（4）以融资租赁方式租出的固定资产。融资承租方拥有固定资产并计提折旧，相应地，出租方只获取租金收益，无须计提折旧。

（5）持有待售的固定资产。这个稍微复杂一点，我们先用一句话解释一下持有待售的固定资产的特点："公司已经决定了固定资产在什么时间卖给谁。"这句话涉及三个要素：①公司已对处置该固定资产作出了决议（公司通过董事会或类似权力机构作出了出售的决议，确定要卖了）；②签订不可撤销的转让协议（双方签订协议，并且是不可撤销的。确定了卖给谁）；③转让在 1 年内完成（确定了转让期限）。满足这三个条件就可以确定为持有待售固定资产，持有待售固定资产不需要提折旧，并按照账面价值与公允价值减去处置费用后的净额孰低进行计量。

为便于理解，我们回到 Yoyo 小姐的咖啡店。由于咖啡店的生意不太好，客流量下降了很多，之前购买的几台豪华咖啡机闲置下来，2020 年 5 月 5 日，Yoyo 小姐的咖啡店与当地一家西餐厅签订了一项不可撤销的转让合同。协议约定，Yoyo 小姐于 2020 年 12 月 15 日将其 3 台经营用的咖啡机出售给西餐厅。3 台咖啡机的账面价值为 30 万元，其中原值为 35 万元，已计提折旧 5 万元。那么：

①如果以 30 万元（公允价值）的价格出售，发生处置费用 3 万元，此时公允价值减去处置费用后的净额为 27 万元，小于账面价值，因此，需要计提减值准备。

借：资产减值损失 　　　　　　　　　　 3 万（30 － 27）
　　贷：固定资产减值准备 　　　　　　　　　 3 万

即转为持有待售固定资产后，3 台咖啡机的账面价值为 27 万元。

②如果以 40 万元（公允价值）的价格出售，发生处置费用 3 万元，此时公允价值减去处置费用后的净额为 37 万元，大于账面价值。因此，按照账面价值与公允价值减去处置费用后的净额孰低计量，即转为持有待售固定资产后，3 台咖啡机的账面价值为 30 万元。

（6）**什么是处于更新改造过程中的固定资产**？简单说就是用新的技术装备对原有的技术装备进行改造，通过改造能使机械设备延长使用寿命或增加产能。公司对固定资产进行更新改造时，应将更新改造的固定资产的账面价值转入在建工程，在这个期间，不用计提折旧，当升级改造完成后，机械设备达到可使用状态再转回固定资产，并在此基础上确定更新改造后固定资产的价值。

除上述六项固定资产之外，资产负债表中还有两类资产也不需要计提折旧，一是在建工程，二是投资性房地产。最后，我们把不需要提折旧的资产总结在一张图上，如图 7.9 所示。

固定资产

已提足折旧继续使用的固定资产

单独计价作为固定资产入账的土地

以经营租赁方式租入的固定资产

以融资租赁方式租出的固定资产

持有待售的固定资产
处于更新改造过程中的固定资产

决议：出售
协议：卖给谁
期限：一年内

在建工程

投资性房地产

图7.9　不需要提折旧的资产

接下来我们说一说在建工程（construction in process），顾名思义，就是正在建设中，尚未完工的固定资产，具体是指企业固定资产的新建、改建、扩建，或技术改造、设备更新和大修理工程等尚未完工的工程支出。在建工程就像是一个中转站，未完工前是在建工程，完工后就要转为固定资产。在建工程是不需要提折旧的，一旦转为固定资产，则开始计算折旧。

在制造业企业中，在建工程是比较重要的一个科目。因为制造业企业想要利润，就要增加订单，订单增加了，就要匹配相应的产能和生产规模，那么就必须增加厂房、设备、生产线。这些生产项目的建设会在在建工程的科目中反映，当建设完成，竣工投产的时候，就转为固定资产。所以我们在看一些制造业企业的时候，既要看它的现在，也要看它的未来。在建工程会反映这家公司未来的产能。

此外，很多公司还会通过在建工程调节利润，这是因为会计准则允许一部分费用通过在建工程进行资本化，一部分费用就直接费用化了。另外，未达到使用状态的在建工程不需要计提折旧，这就留下了人为调节的空间。费用资本化就是把与项目相关的费用在施工过程中一并计入在建工程。有些经营困难的公司会故意拖延在建工程的进度，尽量把费用资本化，并推迟转固时间，减少折旧费用。也有一些公司为了满足业绩指标，会通过费用资本化和推迟转固来调节利润。如图 7.10 所示。

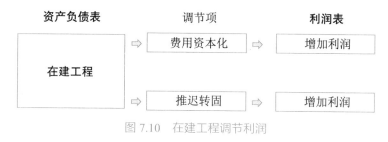

图 7.10　在建工程调节利润

投资性房地产（investment real estates）也不需要计提折旧，投资性房地产是指那些既不是企业自用的厂房、办公楼，也不是地产公司作为存货的房地产，而是用来出租给他人获利，或者持有待售的房屋。投资性房地产不是用于销售，而是为了获取租金收益或获得资本增值。投资性房地产不是按照购买价格来记录的，而是按照当前的市场价格记录，也就是公允价值。

投资性房地产在持有期间不需要计提折旧，而是在每年年末计算公允价值时，将公允价值和上一年年末的账面价值之间的差额计入公允价值变动损益科目。公允价值计价，就是指每年年底做报表时，都要根据该房屋所在地域的价格水平来估算它的市场价值，然后把资产的价值调整成按市价估算的公允价值。公允价值的上涨或者下跌，同时也会体现在利润表中，计入公允价值变动损益这个科目。收益可以是正的，也可以是负的。

当公允价值变动的时候，计入公允价值变动损益，会计处理为

借：投资性房地产——公允价值变动（或贷方）　【资产负债表】

　　贷：公允价值变动损益（或借方）　　　　　　　【利润表】

另外，如果用途发生变化，那么投资性房地产的性质也会相应进行转换。比如：①原来出租的仓库到期后不再出租，改为自己使用，那么由投资性房地产转换为自用的房地产（固定资产）。②房地产开发公司开发建造的房子是作为存货的，但是公司把这些房产通过经营租赁的方式出租，存货相应地转换为投资性房地产。③将自用的仓库出租出去，那么自用的房地产（固定资产）转换为投资性房地产。如表 7.4 所示。

表 7.4 投资性房地产性质转换

转换前	性 质	转换后	性质
投资性房地产	投资性房地产	自用房地产	固定资产
作为存货的房地产	存货	出租	投资性房地产
自用房地产	固定资产	出租	投资性房地产

7.4 固定资产减值

我们知道应收账款要计提坏账准备，存货要计提跌价损失准备。那么同样，也有固定资产减值准备、长期投资减值准备、无形资产减值准备、在建工程减值准备，这些都属于资产的减值。

固定资产减值是技术进步导致的固定资产需要提前更新，或因为固定资产丢失或意外毁损，导致其可收回金额低于其账面价值。企业每年年末在做报表时，需要对固定资产进行减值测试。如果认为发生了减值，就要减少固定资产的价值，同时还要在利润表上记录资产减值损失。因此，固定资产的减值一方面反映在资产负债表上，减少资产价值；另一方面反映在利润表上，减少当期利润。会计处理一般为

借：资产减值损失

贷：××××准备（××××：坏账、存货跌价、固定资产减值、长期投资减值、无形资产减值、在建工程减值）

资产计提减值后，是否可以转回呢？有一些是可以转回的，有一些是不能转回的，这个比较好区分，主要记住一句话：长期资产不可以转回，短期资产可以转回，但出售和转让除外。比如，应收账款的坏账或存货跌价准备可以转回，但是固定资产的减值准备一旦计提就不得转回。前面的是短期资产，后面的是长期资产。简要分类如下：长期资产不可转回包括长投减值准备、固定资产减值准备、无形资产减值准备、在建工程减值准备、商誉减值准备等；短期资产可以转回包括存货跌价准备、应收账款坏账准备等。

举个例子，我们回到 Yoyo 小姐的咖啡店，Yoyo 小姐有一台进口的古董咖啡机，有一个关键的零件发生故障，也没有办法维修，而且已经出了质保

期，咖啡机的账面原值是 15 万元，因为没法再使用了，预计 1 万元处理卖掉，因此计提 14 万元减值准备。在准备出售的时候，忽然有一个咖啡机收藏家找到了 Yoyo 小姐，愿意以 10 万元的价格购买这台咖啡机。

那么计提减值的时候，利润会减少 14 万元，咖啡机（固定资产）的账面价值就变成 1 万元了（账面原值 15 万元－减值准备 14 万元），账面价值为 1 万元的咖啡机以 10 万元卖掉，又会产生 9 万元的账面利润。

所以，计提减值对利润的影响为－14 万元；出售资产对利润的影响为 10－1＝9 万元；最终，对利润的影响只有 5 万元（－14＋9＝－5）。

如果固定资产在技术上落后了，需要对其升级改造后才能继续使用，那么升级改造的费用支出怎么处理呢？如表 7.5 所示。

表 7.5　固定资产升级改造与维护保养

项目	描　　述
升级改造	自有固定资产：改造支出部分在符合条件时计入固定资产的价值
	经营性租入的固定资产：非企业所持有，改造部分不能单独计入一项固定资产，改造支出通常计入长期待摊费用，然后分期分摊
维护保养	修理、维护、保养等费用支出不计入固定资产的价值，而是列为费用

7.5　重点回顾

- 固定资产通常是指使用期限超过 1 年的房屋、建筑物、机器、机械、运输工具等
- 折旧是固定资产在使用过程中因损耗而转移到产品中去的那部分价值
- 常见的两种折旧方法：直线法和加速折旧法
- 固定资产的折旧方法一经确定，不得随意变更
- 已提足折旧但仍继续使用的固定资产不用继续提折旧
- 固定资产净值 ＝ 固定资产原值 – 累计折旧
- 固定资产净值也可以理解为尚未被分配到费用中去的固定资产成本
- 租赁分为经营性租赁和融资性租赁
- 两类固定资产是不需要提折旧的：一是在建工程，二是投资性房地产
- 在建设工程是不需要提折旧的，一旦转固，开始计提折旧

- 投资性房地产在持有期间不需要计提折旧，在每年年末计算公允价值，将公允价值和上一年年末的账面价值之间的差额计入公允价值变动损益科目

- 固定资产的减值准备一旦计提，就不得转回

- 不仅是固定资产，会计准则有明确的规定，长期资产的减值准备一旦计提就不得转回，但出售和转让的情况除外

第 8 章　看不见摸不着——这也是资产

机器、厂房、设备、汽车，这些都是资产，那么专利、商标、著作呢？这些也是资产，只不过看不见、摸不着而已。本章重点介绍无形资产（intangible assets），通过本章的学习，读者可以深刻理解那些看不见却可以给企业带来利益资源流入的资产。明白什么是无形资产，以及无形资产的取得方式，了解研发支出在会计上分为研究和开发两个阶段。明白什么是商誉，知道商誉只有在发生并购的情况下才存在，商誉是购买企业投资成本超过被并企业净资产公允价值的差额，了解商誉减值测试。明白什么是长期股权投资、长期股权投资的分类，知道每年末企业要对成本法计算的长期股权投资进行减值测试，长期股权投资减值一旦计提就不能转回。知道长期待摊费用是资产而不是费用，理解资产是尚未摊销的费用，费用是已摊销的资产。

8.1　无形资产

无形资产就是那些看不见却可以给企业带来利益资源流入的资产，具体指企业拥有或者控制的没有实物形态的可辨认的非货币性资产。无形资产包括专利权、非专利技术、商标权、著作权、商誉、特许经营权、土地使用权等。

不过土地使用权是中国特色，在国际会计准则中，土地就是固定资产，但是在中国，土地归国家所有，任何企业和个人只拥有土地的使用权而无所有权，企业取得的土地使用权应作为无形资产入账。当我们在一定时间内拥有对土地的使用权利时，土地使用权就变成了一种无形资产。

通常有较多的研发支出和专业技术的行业，拥有的无形资产也就较多。比如高科技行业、制药行业、传媒影视行业、出版行业、软件行业等。所以，知识就是金钱，是有一定道理的。无形资产到底多值钱，咱们看一个例子，2014 年，隆平高科发公告，以 5 151 万元买断"袁隆平冠名权及肖像权"，以便在经营活动中独占袁隆平院士的姓名权和肖像权，包括"袁隆平""隆平"与相应的中英文名称，以及任何关于袁隆平院士肖像的图片、照片。公告同时称，此次与袁隆平院士的协议方式为独占许可。袁隆平的冠名权及肖像权已由袁隆平本人承诺不再有偿或无偿许可隆平高科及其子公司以外的其他第三人作为商业目的使用。你看，金字招牌岂止是一字万金，袁隆平就是隆平高科的无形资产。很多时候，无形资产的账面价值不能反映其实际价值，需要借助外力来验证，即通过交易实现其价值确认。

无形资产可通过购入、授权使用、自行研发、收购拥有无形资产的企业和接受无形资产入股五种方式取得，如表 8.1 所示。

表 8.1 无形资产的取得方式

分 类		描 述
无形资产	购入	直接购买无形资产
	授权使用	通过支付授权使用费来获得无形资产的使用权。在支付授权使用费时，将其作为费用记录
	自行研发	研究支出——研究费用计入管理费用
		开发支出——满足条件的开发费用计入无形资产
	收购	通过收购其他企业获得被收购企业的无形资产
	无形资产入股	实际上是公司用自己的股份购买对方的无形资产

（1）购入是最简单的方式，直接购买，会计处理上，借：无形资产；贷：银行存款。

（2）企业也可以通过支付授权使用费来获得无形资产的使用权，比如获得专利授权、版权授权，或者获得特许经营权等。会计处理上，借：费用；贷：银行存款。

（3）无形资产既可以购买，也可以自己研发。研发支出（research and development expenditure）包括在研究与开发过程中所使用资产的折旧、消耗的原材料、直接参与开发人员的工资及福利费、开发过程中发生的租金以及借款费用等。但是研发支出不会全部计入无形资产。研发过程在会计上分为两个阶段：一个是研究，另一个是开发。研究阶段的支出，计入管理费用；开发阶段的支出，可以计入无形资产。开发支出是反映企业研发无形资产过程中能够资本化，形成无形资产成本的支出部分。

《企业会计准则第 6 号——无形资产》应用指南[①]中对于哪些活动属于研

[①] 《企业会计准则第 6 号——无形资产》应用指南－财政部财会〔2006〕18 号。

究阶段、哪些活动属于开发阶段做了描述，其中，**研究阶段**包括：意在获取知识而进行的活动，研究成果或其他知识的应用研究、评价和最终选择，材料、设备、产品、工序、系统或服务替代品的研究，新的或经改进的材料、设备、产品、工序、系统或服务的可能替代品的配制、设计、评价和最终选择等。研究阶段是探索性的，为进一步开发活动进行资料及相关方面的准备，已进行的研究活动将来是否会转入开发、开发后是否会形成无形资产等均具有较大的不确定性。相对于研究阶段而言，**开发阶段**应当是已完成研究阶段的工作，在很大程度上具备了形成一项新产品或新技术的基本条件。开发阶段包括：生产前或使用前的原型和模型的设计、建造和测试，不具有商业性生产经济规模的试生产设施的设计、建造和运营等。

我们再看看会计准则上是如何规定研发费用资本化的：

- 完成该无形资产在技术上具有可行性；
- 具有完成该无形资产并使用或出售的意图；
- 证明该无形资产产生的经济利益很可能流入企业；
- 有足够的技术、财务资源和其他资源支持，以完成该无形资产的开发，并有能力使用或出售该无形资产；
- 归属于该无形资产开发阶段的支出能够可靠地计量。

也就是说，满足上述条件的内部开发的无形资产，企业可以将其开发支出资本化，资本化部分包括可以可靠计量的材料、人工、材料间接费用，以及生产间接费用和固定资产折旧的适当部分。而费用化则是除了上述之外其余的人工、材料、差旅费、软件使用费、认证费、折旧费等非直接归集到具体项目的开发支出的费用。如图 8.1 所示。

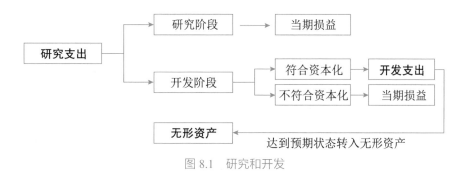

图 8.1 研究和开发

研发支出也是很多企业用来调节利润的手段之一，如果企业的利润高，则

倾向于将研发支出都计入当期费用，这样可以少缴税；如果企业利润低，经营一般，则倾向于将研发支出都计入无形资产，摊销费用会逐年计入利润表。

（4）有时候，你希望直接购入你想要的技术、专利、版权，但是如果对方企业不同意出售这些无形资产怎么办？那么干脆一点，直接把这个公司买下来，通过收购企业进而获得被收购企业的无形资产。因为有时间成本，即便我们可以通过自我研发再投入使用，但很可能已经错过了企业发展的最佳时机，这个时候，企业不愿意去等，往往通过并购迅速获得资源，实现战略意图和跳跃式发展。

从财务角度来看，并购还产生两类资产：一类是可辨认的资产，主要包括技术、专利、版权等无形资产；另一类则是不可辨认的资产，为商誉（goodwill），是收购价格超过被收购企业账面可辨认净资产的金额。因为无形资产的一个特点是可辨认的非货币性资产，而商誉的存在无法与企业自身分离，不具有可辨认性，所以商誉不是无形资产。[①]

（5）无形资产入股在企业中也是很常见的，以专利或版权等无形资产入股，在会计处理上与购入比较相似。借：无形资产；贷：实收资本（投资者在企业注册资本中应享有的份额）。

与固定资产的折旧一样，固定资产需要折旧，而无形资产需要摊销。折旧与摊销，叫法不一样，实质是一样的。与折旧类似，无形资产摊销计入当期损益，会影响企业的当期利润，但不会导致现金的流出。通常情况下，企业在取得无形资产时判断其使用寿命，使用寿命有限的无形资产应当摊销，使用寿命不确定的无形资产则不应摊销。无形资产按使用寿命（年限）计算摊销，方法与固定资产计算折旧类似，一般采用直线法摊销。

为便于理解，我们回到 Yoyo 小姐的咖啡店，年初的时候，Yoyo 小姐购入一项商标权，用于自己的咖啡周边产品，支付价款 45 万元，估计该商标权的使用寿命为 15 年。假定这项无形资产的残值为零，并按直线法摊销。因为商标权的使用寿命为 15 年，说明这是一项使用寿命有限的无形资产，摊销金额计入当期管理费用。会计处理为：

（1）取得无形资产时，

---

① 根据《企业会计准则第 6 号——无形资产》的规定：无形资产，是指企业拥有或者控制的没有实物形态的可辨认非货币性资产。商誉不可辨认，所以在会计上不是无形资产。

借：无形资产——商标权　　　　　　450 000

　　贷：银行存款　　　　　　　　　　　　450 000

（2）按年摊销时，

借：管理费用——商标权　　　　　　30 000

　　贷：累计摊销　　　　　　　　　　　　30 000

此外，与固定资产类似，无形资产也会计提减值，减值损失应计入当期损益，无形资产减值损失确认后，无形资产摊销费用也应进行相应的调整，重新计算分摊调整后的资产账面价值。而且无形资产的减值不得转回。

8.2　商誉

商誉是一个很微妙的东西，它并不存在，却又实实在在地体现了价值。因为，商誉只有在发生并购的情况下才存在。根据《企业会计准则第20号——企业合并》的定义，非同一控制下的企业合并，买方对合并成本大于合并中取得的被购买方可辨认净资产公允价值份额的差额，应当确认为商誉。商誉实际上是企业整体价值的组成部分。商誉最初的意义就是美好的意愿，对于商誉而言，是在购买企业时，因对标的企业的发展远景有着美好的意愿而付出的超额对价。

什么是美好的意愿？就是消费者的意愿，消费者喝什么品牌的酒、买什么牌子的车、喝什么饮料、穿什么衣服……消费者的这种喜爱实际上就是企业的商誉，如果有公司想要并购这些公司，支付的价格一定是要远远超过报表上的净资产，因为消费者的喜爱是不会体现在资产负债表中的，但是收购的溢价就体现了消费者的喜爱，这也会是商誉的来源之一。当然了，商誉对应的不仅是消费者的喜爱，还包括品牌、客户关系、供应链管理、上下游的议价能力、独特的商业模式等，具有独特性和排他性。商誉是难以量化的，但是却能创造实际的经济效益。

商誉通常有三个显著特点。

（1）没有实物形态。

（2）在企业合并时予以入账。

（3）是企业整体的一部分，不能单独出售。

我们把企业并购过程中支付对价超过净资产的部分确认为商誉。比如

Yoyo 小姐准备收购另外一家网红咖啡店，成交价格为 500 万元，但实际这家网红咖啡店的净资产公允价值仅为 300 万元，那么这个差额的 200 万元就是商誉，会被当作资产记录到报表中。换句话说，如果这家咖啡店不是网红咖啡店，那么 Yoyo 小姐也不会溢价购买的。收购后，商誉就和企业的运营能力息息相关了，特别需要大家注意的是，商誉是一项资产，但不需要提折旧和摊销，且每年必须做减值测试。① 商誉是否计提减值要通过减值测试来决定，最终要看所收购公司的业绩表现。

如果测试后不需要提减值，则账面价值不变。否则的话，要提减值准备，这要计入当期损益，要从利润表中扣除，因此商誉减值影响当期利润表。而且，跟固定资产减值一样，一旦商誉做了减值处理，以后年度也不可以再转回。但是可以通过出售无形资产的方式，将计提的减值转回。

我们看商誉的时候，主要看商誉的金额和商誉占净资产的比重，如果商誉的金额不高，那么对企业的影响很小。另外，如果商誉占净资产比重在 10% 以内，即便发生了减值，产生的风险也不大；但如果商誉占净资产比重超过 30%，那么相应的风险水平就比较高了。甚至还有一些公司的商誉超过了净资产，Wind（万得）数据统计显示，"截至 2020 年三季度末，商誉占净资产比例超过 100% 的有 21 家"。

最近几年，由于商誉减值的问题频繁出现，每当预报年报业绩的时候，A 股市场就是"雷声滚滚"。上市公司商誉频繁爆雷，主要还是由于企业盲目并购、高溢价并购、跨界收购导致的。比如，2020 年 12 月 23 日，数知科技（现已退市）发布公告："公司将出现商誉减值，对数知科技的经营管理产生不利影响，预计减值金额为 56 亿元至 61 亿元。"要知道，此时数知科技的市值也仅仅 63.58 亿元。议价收购产生的商誉主要是由于公司收购 BBHI 形成的，商誉余额约 56.3 亿元，这次商誉计提减值的主要是 BBHI。暴风集团（现已退市），刚刚登陆 A 股市场时股价最高达到 123 元 / 股，不过后来因为溢价收购了一家名为 MPS 的意大利公司，稀里糊涂地做了一笔失败的收购，最终导致退市。

---

① 《企业会计准则第 8 号——资产减值》明确规定，因企业合并所形成的商誉和使用寿命不确定的无形资产，无论是否存在减值迹象，每年都应当进行减值测试。

8.3 长期股权投资

长期股权投资，是企业为了获取另一企业的股权所进行的投资，而且是长期持有的，投资企业作为被投资企业的股东。其目的不是为了短期的投资收益，而是着眼于长期发展，以实现对自己最为有利的结果。长期股权投资是企业在生产经营活动之外持有的非流动资产。重点强调两点：一个是股权，一个是长期。股权代表一种终极的所有权，比如参与被投资企业的重大决策、控制被投资企业的利润分配等。

长期股权投资不同于持有的随时可出售的股票、债券等金融资产，持有股票承担的是价格变动的风险，持有债券承担的是兑付风险，而长期股权投资承担的是被投资企业的经营风险。长期股权投资分为三类，分别是：①有控制权的投资；②有重大影响的投资；③没有控制权又不具有重大影响的投资。具体如图 8.2 所示。

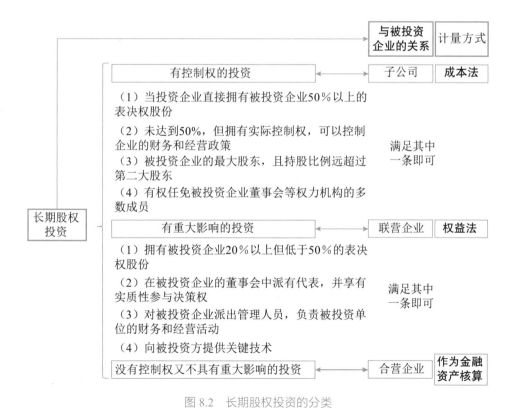

图 8.2 长期股权投资的分类

首先，什么是有控制权？满足下列条件之一即可：①形式上的控制权，拥有表决权股份超过 50%。②实质上的控制权，虽然未达到 50%，但是拥有实际控制权，可以控制企业的财务和经营政策。③被投资企业最大的股东，而且持股比例远超过第二大股东。④有权任免被投资企业董事会等权力机构的多数成员。有控制权的投资，一般是子公司，以成本法核算。

其次，什么是有重大影响？满足下列条件之一即可：①形式上的重大影响，拥有被投资企业 20% 以上但低于 50% 的表决权股份。②实质上的控制权，比如在被投资企业的董事会中派有代表，并享有实质性参与决策权。③对被投资企业派出管理人员，负责被投资单位的财务和经营活动。④向被投资方提供关键技术。有重大影响的投资，一般是联营企业，以权益法核算。

除了控制权和重大影响之外的，都属于既没有控制权又不具有重大影响的投资，一般是合营企业，作为金融资产核算。控制权和重大影响是判断长期股权投资采用成本法还是权益法进行核算的标准，具体判断标准如图 8.3 所示。

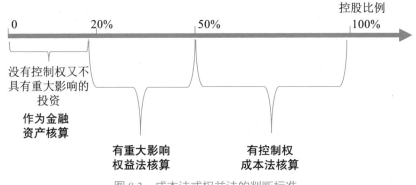

图 8.3　成本法或权益法的判断标准

对拥有控制权的企业，按照成本法来记录这项投资。在成本法下，投资的账面价值等于最初的投资成本，被投资企业产生的盈利或亏损不会反映在投资方的报表上。也就是说，长期股权投资的账面价值不受被投资单位盈亏的影响，只有当被投资企业分红的时候，才确认为当期投资收益。分红不影响长期股权投资的账面价值。

但成本法计算的长期股权投资存在减值问题，每年末企业都需要对长期股权投资进行减值测试。比如，Yoyo 小姐在其他城市投资了一家网红面包店，控股比例 60%，账面价值 60 万元，后来这家店出了卫生问题，停业整顿一年，于是 Yoyo 小姐将其账面价值的 50% 计提了减值准备，账面价值就减至 30 万元。

与固定资产和无形资产的减值一样，长期股权投资减值一旦计提就不能转回，但是可以通过将计提减值的长期股权投资卖掉的方式把计提的减值转回来。比如，一年半后，Yoyo 小姐将这家网红面包店以 50 万元出售了，那么 Yoyo 小姐在计提减值的时候，第一年的账面价值减少了 30 万元，第二年卖掉后产生了 20 万元的投资收益。第二年的投资收益是由于第一年计提的减值准备产生的。第一年的利润减少了 30 万元，第二年的利润增加了 20 万元。

对于没有控制权，但拥有重大影响的企业，按照权益法来记录这项投资。在权益法下，长期股权投资的账面价值是变动的，被投资企业产生的盈利或亏损会影响长期股权投资的账面价值和投资收益，分红只影响长期股权投资的账面价值，不影响投资收益。只要被投资企业在年底有利润，无论是否分红，都按照持股比例确认投资收益，调整长期股权投资的账面价值，如果亏损，则做相反调整。

我们举个例子，Yoyo 小姐还投资了另外一家食品贸易公司，持有 25% 的股权。如图 8.4 所示。

图 8.4 长期股权投资计算示例

如果被投资的食品贸易公司当年盈利 100 万元，那么 Yoyo 小姐应该记录 25 万元的投资收益（100×25%=25），同时长期股权投资的价值也应该增加 25 万元，相当于 Yoyo 小姐对食品贸易公司增资了 25 万元。被投资单位实现利润时，会计处理如下：

借：长期股权投资——损益调整　　　　　　　　250 000

　　贷：投资收益　　　　　　　　　　　　　　　　　　250 000

如果食品贸易公司拿出利润中的 20 万元进行分红，那么按照 25% 的股权，Yoyo 小姐可以分到 5 万元，长期股权投资的账面价值在增资 25 万元的基础上再减少 5 万元的分红款。收到分红时，会计处理如下：

借：银行存款　　　　　　　　　　　　　 50 000
　贷：长期股权投资——损益调整　　　　　　　 50 000

此外，在权益法下，如果被投资企业一直亏损，累计亏损的金额超过了初始投资，那么长期股权投资的账面价值最多减至零。

我们换个角度再说明一下成本法和权益法的区别。假如你持有一家公司的股权比例很高，那么你一定是关注这家企业的长远发展，而不是短期盈利和分红，这体现的就是成本法，企业无论是盈利还是亏损都不影响长期股权投资的账面价值，只有分红才会影响其长期股权投资的投资收益。但如果你持有一家公司的股权比例不高，那么你一定关注这家企业的短期盈利和分红，这体现的就是权益法，无论是盈亏还是分红，都会影响长期股权投资的账面价值。

为便于理解，总结为一张表，如表 8.2 所示。

表 8.2　成本法和权益法的总结

长期股权投资	成本法	盈亏	不调整长期股权投资的账面价值，账面价值始终等于初始投资成本
		分红	不影响长期股权投资的账面价值；分红计入投资收益
		减值	每年年末企业需要对长期股权投资进行减值测试，减值一旦计提，不可转回
	权益法	盈亏	影响长期股权投资的账面价值和投资收益；当年盈亏乘以持股比例，作为投资收益，同时调整长期股权投资的账面价值
		分红	调整长期股权投资的账面价值；分红不计入投资收益
		减值	如果被投资企业持续亏损，累计亏损超过初始投资，那么长期股权投资的账面价值最多减至零

8.4　长期待摊费用

伊索寓言中有一则故事叫《披着羊皮的狼》，用来形容长期待摊费用（long-term prepaid expenses）很形象。长期待摊费用就是披着费用外衣的资产。因为长期待摊费用虽然叫费用，但实际上却是资产。不过，虽然是资产，但是随着时间的流逝，最终的去处还是利润表。读着有点绕口，却是恰如其分。

资产和费用的共同点就是，在购买时，我们都需要花钱。比如，购买原材料，会产生存货；购买律师的咨询服务，会产生管理费用。区别是，如果这笔钱可以换来一个对未来有用，并且可以产生价值的东西，那它就是资产。如果这笔钱花完就完了，那它就是费用。有句话用来描述资产和费用之间的关系颇为传神：资产是尚未摊销的费用，费用是已摊销的资产。

《企业会计准则——基本准则（2014）》中，对资产的定义是：资产是指企业过去的交易或者事项形成的、由企业拥有或者控制的、预期会给企业带来经济利益的资源；对费用的定义是：费用是指企业在日常活动中发生的、会导致所有者权益减少的、与向所有者分配利润无关的经济利益的总流出。

所以，从定义上也能很好地理解资产和费用的区别。从本质来说，购买的标的是判断其资产还是费用的标准，不仅从当期消耗，还可以以后按各期消耗来判断，而且要根据能否给以后带来经济利益来判断。比如，购买固定资产和无形资产，按照年限进行摊销，可以给企业的未来带来预期的经济利益，而广告投放则是一次性费用支出，不是资产，而是费用。

长期待摊费用兼容了资产和费用的特点，它不是企业的一次性费用，需要在未来的 n 年内进行摊销，但也不属于固定资产和无形资产。换句话说，长期待摊费用就是公司已经花了钱但不又能算到当期费用里的那一部分支出，这部分费用要在以后若干年里摊销。这其实也体现了会计的配比原则，某一期的费用要与该期的收入有关，与该期无关的费用应当分期摊销，长期待摊费用就是用来归集不能算在当期的费用。

说了这么多，大家对长期待摊费用应该有一个比较清楚的理解，长期待摊费用就是指企业已经支出，但摊销期限在 1 年以上（不含 1 年）的各项费用，包括固定资产修理支出、租入固定资产的改良支出及摊销期限在 1 年以上的其他待摊费用。

我们举个例子，回到 Yoyo 小姐的咖啡店，由于经营有方，咖啡店的生意越来越好，Yoyo 小姐计划再开一家店，于是又租了一家店铺，租期 5 年，租入后对其进行了装修改造。那么这笔装修费其实是应该在未来 5 年内摊销的，不能算在当期的费用里。而装修费用又不能算作固定资产，我们就将其放在长期待摊费用科目核算。

会计处理如下：

借：长期待摊费用——装修费

　　贷：银行存款

分摊时：

借：管理费用——装修费

　　贷：长期待摊费用——装修费

再比如，Yoyo 小姐又以经营租赁的方式租入一台蛋糕烘焙机（固定资产），租赁期限为 5 年，尚可使用年限为 10 年。为了提高蛋糕烘焙机的生产效率和优化烘焙流程，Yoyo 小姐对租赁的蛋糕烘焙机进行了改良，并支出了48 000 元的改良费用。会计处理为

改良支出时：

借：长期待摊费用　　　　　　　　　　　　48 000

　　贷：银行存款　　　　　　　　　　　　48 000

每月摊销时：

借：管理费用　　　　　　　　　　　　　　800

　　贷：长期待摊费用　　　　　　　　　　800

其中，年摊销额 48 000÷5 = 9 600（元），月摊销额 9 600÷12 = 800（元）。

8.5　其他非流动资产

其他非流动资产也是一个筐，指不能列入前述各项非流动资产项目以外的其他周转期超过 1 年的长期资产，也就是找不到合适地方的长期资产都放到这个科目里了，一般包括预付设备等采购款、预付工程款、预付土地款、预付股权投资款、购买其他资产标的预付款、预付版权款、待抵扣进项税、政府借款、银行冻结资产（含存款、物资等其他资产）、涉及诉讼的财产、待处理抵债资产、特种储备物资等。这个科目比较简单易懂，一般来说，这个科目的余额在总资产中占的比重比较小，而且也不会长期保持较大规模。但是如果金额过高，或是长期挂账，就要重点关注，并查看具体组成明细，以及公司的财务报表中的注释对各项明细的具体描述。

8.6 重点回顾

- 无形资产包括专利权、非专利技术、商标权、著作权、商誉、特许经营权、土地使用权等

- 无形资产既可以购买，也可以股东投入，还可以自己研发

- 开发支出，研究阶段的支出，计入管理费用；开发阶段的支出，计入无形资产

- 商誉只有在发生并购的情况下才存在，是购买企业投资成本超过被并企业净资产公允价值的差额

- 商誉是一项资产，但不需要提折旧和摊销，每年要做减值测试

- 公允价值就是以活跃的市场价格成交的价格

- 长期股权投资是企业为了获取另一企业的股权所进行的长期投资

- 长期股权投资分为三类，分别是有控制权的投资、有重大影响的投资、没有控制权又不具有重大影响的投资

- 拥有控制权的企业，按照成本法来记录这项投资。没有控制权，但拥有重大影响的，按照权益法来记录这项投资

- 每年年末，企业要对成本法计算的长期股权投资进行减值测试，长期股权投资减值一旦计提就不能转回

- 在权益法下，如果被投资企业一直亏损，累计亏损的金额超过了初始投资，那么长期股权投资的账面价值最多减至零

- 长期待摊费用是资产不是费用

第三篇
负债和所有者权益

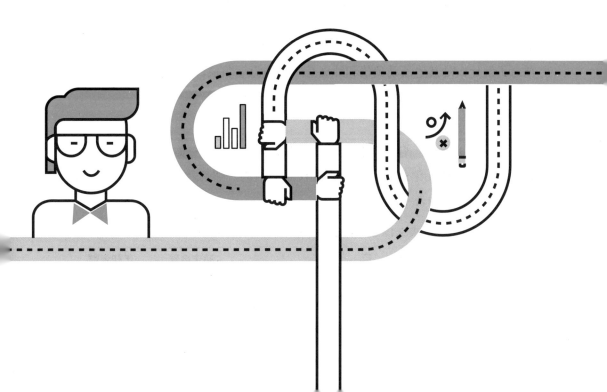

第9章 负债——也是外部资源

负债是指由于过去的交易或事项所引起的公司、企业的现有债务，这种债务需要企业在将来以转移资产或提供劳务加以清偿，从而引起未来经济利益的流出。换句话说，负债就是企业欠别人的钱。按照流动性来分，企业的负债由两部分组成：一部分是流动负债，另一部分是非流动负债。这一章我们主要介绍负债的主要科目，包括短期借款、应付账款、预收账款、其他应付款、应付职工薪酬、应交增值税、其他流动负债、长期借款、长期应付账、预计负债、其他非流动负债等。学习本章后了解短期借款以及借短用长的风险，理解应付账款以及相应的供应商的开发和管理，理解预收账款是一个不需要用钱去偿还的债务，理解其他应付款跟其他应收款类似，也是一个什么都能往里装的筐。理解应付职工薪酬，了解应付税款的内容，并弄清楚什么是增值税。了解长期借款的特点，知道长期借款是指从银行或其他金融机构借入的期限在1年以上（不含1年）的借款。了解长期应付款包含的内容，知道如果长期应付款很高意味着这家企业可能很缺钱。区分确定性负债、预计负债和或有负债，预计负债是因或有事项可能产生的负债，是可以预见的负债，而预计负债是确认了的负债，或有负债是不能确认的可能会发生的事项。了解什么是其他流动负债和什么是其他非流动负债。

9.1 短期借款

学习完了资产，咱们再来看看资产负债表的右边——负债和所有者权益。看一下资产负债表中的负债和所有者权益的结构，然后我们会在接下来的章节中逐项介绍。如表9.1所示。

表9.1 资产负债表——负债和所有者权益 元

项 目	期末金额	年初金额
流动负债：		
短期借款		

项　　目	期末金额	年初金额
应付票据		
应付账款		
预收款项		
应付职工薪酬		
应交税费		
其他应付款		
一年内到期的非流动负债		
其他流动负债		
流动负债合计		
非流动负债：		
长期借款		
应付债券		
长期应付款		
长期应付职工薪酬		
预计负债		
递延所得税负债		
其他非流动负债		
非流动负债合计		
负　债　合　计		
所有者权益：		
实收资本（或股本）		
资本公积		
其他综合收益		
盈余公积		
未分配利润		
归属于母公司所有者权益（或股东权益）合计		
少数股东权益		
所有者权益（或股东权益）合计		
负债和所有者权益（或股东权益）总计		

短期借款（short-term loans）排在负债项的第一列，短期借款和长期借款有什么区别呢？最简单的判断标准就是还款期限。还款期限在 1 年以内的为短期借款，还款期限在 1 年以上的为长期借款。短期借款，是指企业根据生产经营的需要，从银行或其他金融机构借入的偿还期在 1 年以内的借款，包括生产周转借款、临时借款等。

企业借入各种短期借款时的会计处理：

借：银行存款

　　贷：短期借款

短期借款很好理解，对企业而言，短期借款的优势是利率低，因为短期贷款的时间要短，贷款机构的资金回笼比较快，而且，短期贷款比长期贷款更容易申请，也更加灵活，很多企业就通过滚动还款的方式实现了低利率的短期贷款作为长期借款的效果。简言之就是 4 个字："借短用长"，有时候也叫短贷长投。当然，企业经营情况正常的时候，短期借款滚动续借作为长期使用的模式是没有问题的，如果遇到经营困难或者发生系统性的危机，银行不愿意继续借款，企业的资金链条就会突然中断。很多时候，中小企业就是倒在了短期贷款到期而无法续贷上。

巴菲特在 2010 年报致股东的信中，特别提到了短期借款带来的风险："财务杠杆对企业也可能是致命的。背负巨大债务的企业经常设想：负债到期时，自己肯定能够再融资而不用全部还本付息。这些假设经常是合理的，但是，在一些特别情况下，或者是由于企业自身出现特别问题，或者是全球性的贷款短缺，到期债务必须还本付息。而这时，只有现金才管用。借债者直到那时才会明白，信用如同氧气一样。信用和氧气非常丰富时，你感觉不到它的存在。但是信用和氧气一旦消失，你就会面临生存的危险。即使是很短一段时间缺少信用，也会摧毁一家企业。事实上，2008 年 9 月，在美国经营的很多行业由于信用缺失而几乎摧毁整个美国。"[①] 所以，很明显短期借款最重要的特点是：期限短、利率低、有续贷风险。如图 9.1 所示。

---

① 引自巴菲特在 2010 年报致股东的信

人民币贷款基准利率表		
日期： 2015年10月24日 ▼	年利率/%	
项目	调整前利率	调整后利率
一、短期贷款		
六个月以内（含六个月）	4.600	4.350
六个月至一年（含一年）	4.600	4.350
二、中长期贷款		
一至三年（含三年）	5.000	4.750
三至五年（含五年）	5.000	4.750
五年以上	5.150	4.900
三、贴现	以再贴现利率为下限加点确定	以再贴现利率为下限加点确定
四、个人住房公积金贷款		
五年以下（含五年）	2.750	2.750
五年以上	3.250	3.250

图 9.1　交通银行人民币贷款基准利率表示例

短期借款的会计处理也很简单，为便于理解，我们举个例子，Yoyo 小姐的咖啡店于 2019 年 1 月 1 日向银行借入 40 万元短期借款，期限 9 个月，年利率 4.5%，该借款的利息按季支付，本金到期归还。处理如下：

（1）1 月 1 日借入款项时：

借：银行存款　　　　　　　　　　400 000

　　贷：短期借款　　　　　　　　　　400 000

（2）1 月末预提当月利息 400 000×4.5%÷12 ＝ 1 500

借：财务费用　　　　　　　　　　1 500

　　贷：应付利息　　　　　　　　　　1 500

2 月末预提当月利息的会计处理相同。

借：财务费用　　　　　　　　　　1 500

　　贷：应付利息　　　　　　　　　　1 500

（3）3 月末支付本季度应付利息时：

借：财务费用　　　　　　　　　　1 500

　　应付利息　　　　　　　　　　3 000

　　贷：银行存款　　　　　　　　　　4 500

第二季度、第三季度的处理同上。

（4）10 月 1 日偿还借款本金时：

借：短期借款   400 000

  贷：银行存款   400 000

9.2　应付账款

应付账款（account payable），就是企业因购买材料、物资和接受劳务供应等而付给供货单位的账款。字面上很好理解，就是应该付给别人但是没给人家的钱，作为流动负债的一项。应付账款是围绕采购业务发生的，先收货，后付款，企业就产生了一项未来需要给供应商付款的义务，是我们欠供应商的货款，对应的就是应付账款。不过注意，应付账款是从负债发生那一刻就记为债务，而不是等到要支付钱的那一刻才登记，这也符合权责发生制的原则。

应付账款也是企业信用的体现，比如，茅台公司向你采购一批原材料，3 个月后付款，你肯定是毫不犹豫地答应，因为你相信对方有这样的信用。但是如果一家欠了很多外债的小企业说，你先把货发给我，第二天把钱转给你，你会答应吗？所以你看，应付账款的产生实际上来源于企业的信用，是供应商对客户的一种信任。企业的实力越强，信用就越高，也是一种市场竞争力的体现。应付账款在会计处理上，增加计入贷方，减少计入借方。

我们回到 Yoyo 小姐的咖啡店，广告公司向 Yoyo 小姐购买了 100 杯咖啡，一共 4 000 元，月底一起结账。对于 Yoyo 小姐来说，这 4 000 元是应收账款。但对于广告公司来说，4 000 元就是应付账款。

再比如，月初的时候，Yoyo 小姐又采购了一批咖啡豆，总共 10 000 元（不考虑增值税），未付款，待月底一起结账。

此时，会计处理如下：（资产增加，负债增加）

借：存货——咖啡豆   10 000

  贷：应付账款   10 000

月末给供应商结账，会计处理：（资产减少，负债减少）

借：应付账款   10 000

贷：银行存款   10 000

对于这笔款项的会计处理，如图 9.2 所示。

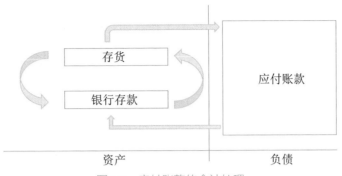

图 9.2 应付账款的会计处理

图 9.2 把业务运转过程勾画得很清楚，也体现了复式记账法的原则，会计上的任何一项经济活动，都会至少影响两个会计科目。存货、应付账款和银行存款体现在资产负债表里，Yoyo 小姐月初采购咖啡豆，当收到咖啡豆的时候，没有付款，所以存货（资产）增加的同时，应付账款（负债）也增加了。月底 Yoyo 小姐向供应商付款的时候，应付账款（负债）减少的同时，银行存款（资产）也减少了。我们再将这一过程总结，如图 9.3 所示。

Yoyo小姐的咖啡店预采购10 000元咖啡豆

图 9.3 应付账款分录逻辑

如果 Yoyo 小姐收到咖啡豆，当时就付款，而不是等到月底再结账，那么存货（资产）增加的同时，银行存款（资产）就减少了。会计处理就直接变成：（资产增加，资产减少）

借：存货——咖啡豆   10 000

贷：银行存款   10 000

其实，应付账款不仅是一个负债科目，如果企业对供应商的应付账款高于行业内的平均水平，还代表其议价能力强，有更多的现金周转。在公司供应商比较多的情况下，应付账款也是一个管理工具，对供应商进行管理，供应商的开发和管理是采购部门的核心工作。如一些大型企业都会有《供应商准入管理规定》《供应商现场考察评估表》《供应商年度考核表》等一系列的流程制度。从供应商准入开始，将每个提供物料的供应商信息分类汇总，如付款条件、付款方式、付款银行、信用状态、联系人、地址等。一般会围绕供应商的财务情况、采购成本、交货情况和质量几个维度进行评价。如表9.2所示。

表 9.2　供应商评价维度

序号	评价描述	评价维度
（1）	供应商的财务能力是合作的基础	财务情况
（2）	采购成本、付款周期、提前付款的折扣	采购成本
（3）	交付周期、交货率	交货情况
（4）	质量、检验合格率、次品率等	质量

其实，无论是供应商管理，还是应收账款管理、存货管理等，都是财务管理的一种手段。在现在的企业管理中，公司一般都会使用 ERP（企业资源计划）系统，ERP 就是将客户、项目、销售、报价、订单、合同、采购、库存、生产、发货、售后、财务、内控合规等所有信息集中起来进行统一管理，一般会包括集中功能，如财务会计管理、预算管理、销售管理、采购管理、库存管理、项目管理、供应链管理、顾客管理、员工管理、市场管理等。除此之外，还可以根据不同公司的需求定制不同的功能，ERP 最大的特点就是在一个系统中统一管理了所有信息，保持信息一致性的同时也共享了信息，各部门通过 ERP 系统输入与业务相关的数据，反映在数据库中，保证数据的即时更新，减少成本，提高效率，因为已经包含了大量的数据，可以很方便地进行数据的统计和分析。

9.3　预收账款

应付账款是先收货，后付款。如果是先收款再发货，就是预收账款

（advances from customers）。预收账款是以买卖双方协议或合同为依据，由购货方预先支付一部分（或全部）货款给供应方而发生的一项负债，这项负债要用以后的商品或劳务来偿付。一般包括预收的货款、预收购货定金等。换句话说，企业在收到这笔钱时，商品或劳务的销售合同尚未履行，所以不能作为收入入账，只能确认为一项负债，计入预收账款贷方，待商品实际出售或者提供劳务时再行冲减。预收账款是流动负债，期限一般不超过 1 年。

我们再回到 Yoyo 小姐的咖啡店，咖啡店收到广告公司预付的咖啡款 5 000 元。2 天后，Yoyo 小姐向广告公司提供了 250 杯咖啡，总价为 10 000 元（暂不考虑增值税影响）。

（1）收到广告公司预付的咖啡款时，会计处理为

    借：银行存款　　　　　　　　　　　5 000

      贷：预收账款——广告公司　　　　　　　5 000

（2）2 天后咖啡店向广告公司提供了 250 杯咖啡时，会计处理为

    借：预收账款——广告公司　　　　　10 000

      贷：主营业务收入　　　　　　　　　　10 000

（3）月底，咖啡店收到广告公司补付的咖啡款时，会计处理为

    借：银行存款　　　　　　　　　　　5 000

      贷：预收账款——广告公司　　　　　　　5 000

货还没发出去的时候，钱就先收进来了，但是预收账款是一个不需要用钱去偿还的债务，到时候发出产品就可以了，发出商品时，确认销售收入，同时冲减预付账款，我们也可以把它理解为未来的收入。对于这笔款项的会计处理，如图 9.4 所示。

图 9.4　预收账款会计处理

图 9.4 把业务运转过程勾画得很清楚，也体现了复式记账法的原则，会计上的任何一项经济活动，都会至少影响两个会计科目。银行存款和预收账款体现在资产负债表里，而营业收入体现在利润表中。当咖啡店收到广告公司预付的咖啡款 5 000 元，增加了银行存款的同时也增加了预收账款，2 天后，咖啡店向广告公司提供 250 杯咖啡时，确认收入，增加销售收入 10 000 元的同时相应增加预收账款，在月底收到广告公司补付的咖啡款时，这笔业务结束，增加银行存款 5 000 元的同时，相应减少预收账款。我们再将这一过程总结，如图 9.5 所示。

Yoyo小姐的咖啡店给广告公司提供咖啡业务

	资产负债表		利润表
广告公司向Yoyo小姐支付 **银行存款**		向广告公司提供咖啡 **预收账款**	**主营业务收入**

借方：	贷方：	借方：	贷方：	借方：	贷方：
5 000			5 000		
		10 000			10 000
5 000			5 000		

图 9.5　预收账款分录逻辑

而且，预收账款也是判断一家企业竞争力和经营持续性的重要指标。比如茅台酒公司，即便是先收款后发货，经销商也都拼了命地往酒厂打款。但如果一家企业预收账款很少，或是大幅下降，那意味着这个产品的竞争力下降。比如，我们发现一家企业资产负债率是 85%，且远高于同行，但如果扣除预收账款后资产负债率则为 40%，远低于同行。那么这家企业的偿债压力其实很小，因为大量的预收账款实际上是无息占用下游客户的资金，且无须用现金偿还，只需要交付产品即可。

9.4　其他应付款

其他应付款跟其他应收款类似，也是一个什么都能往里装的筐。应付账款的性质一般都很明确，而其他应付款的性质就五花八门了。其他应付款是企业除了购买商品、材料物资和接受劳务供应以外，应付、暂收其他单位或个人的款项，如应付的保证金和押金。这个科目虽然杂，但是通常余额不会很高，如果过高，就要看看构成明细了，估计会有特殊项目。

为便于理解其他应付款这个科目，我们举个例子，Yoyo 小姐的朋友也开了一家咖啡店，可突然咖啡机坏了，进口周期太长，于是就跟 Yoyo 小姐商量租借一台，支付了押金 5 000 元。

Yoyo 小姐的咖啡店收到租用押金 5 000 元，账务处理如下：

借：银行存款　　　　　　　　　　　　　　5 000

　　贷：其他应付款　　　　　　　　　　　　5 000

租期结束退还该咖啡机，Yoyo 小姐的咖啡店退还押金，账务处理如下：

借：其他应付款　　　　　　　　　　　　　5 000

　　贷：银行存款　　　　　　　　　　　　　5 000

再比如，为了方便洽谈业务出行之便，Yoyo 小姐以经营租赁的方式租入一辆小汽车，按照合同约定，每月的租金在下月月底支付，月租金为 3 500 元，本月计提租金 3 500 元，账务处理如下：

借：管理费用　　　　　　　　　　　　　　3 500

　　贷：其他应付款——应付租金　　　　　　3 500

第二个月通过银行转账支付租金，账务处理如下：

借：其他应付款——应付租金　　　　　　　3 500

　　贷：银行存款　　　　　　　　　　　　　3 500

9.5　应付职工薪酬

应付工资和应付职工薪酬一样吗？答案是：不一样。因为根据《企业会计准则第 9 号——职工薪酬》的规定，应付职工薪酬下设短期薪酬、离职后福利、辞退福利、其他长期职工福利四个一级明细。在短期薪酬下设职工工资、职工福利费、医疗保险费、住房公积金、工会经费、职工教育经费、非货币性福利等二级明细进行会计核算。

所以应付职工薪酬不仅是工资，还包括各种奖金、补贴，和货币化或实物化的福利，以及为员工支付的各种保险、住房公积金、工会经费、职工教育经费等。如表 9.3 所示。

表 9.3　应付职工薪酬分类

序　号	分　　类
（1）	工资、奖金、补贴
（2）	职工福利费
（3）	非货币形式的福利
（4）	住房公积金
（5）	社保：医疗、养老、失业、工伤、生育
（6）	工会经费、职工教育经费
（7）	解除劳动关系的补偿
（8）	其他与获得职工提供的服务相关的支出

　　但无论是货币形式还是实物形式，对于企业来说，所有为员工支付的工资或福利都需要进行相应的会计记录。不论是否在当月支付，都应当通过本账户核算。应付职工薪酬实际上分别计入三个科目，分别为生产成本、销售费用和管理费用。如图 9.6 所示。

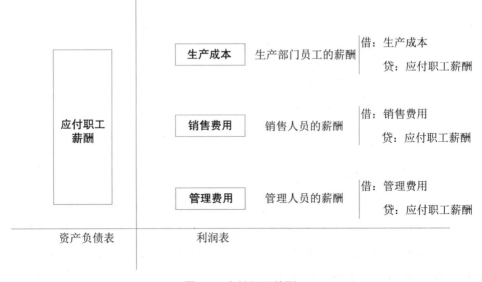

图 9.6　应付职工薪酬

　　生产成本中包含了生产部门员工的薪酬，销售费用中包含了销售人员的薪酬，管理费用中包含了所有管理部门人员的薪酬。计提职工薪酬：一方面会影响负债，即应付职工薪酬这个科目；另一方面也会影响成本和费用项目，从而对利润产生影响。为便于理解，我们将应付职工薪酬简单地分为两类，一类是货币形式的，另一类是非货币形式的。这也符合复式记账法原则，在同一经济活动发生时，至少在两个会计科目中进行记录。

（1）对于货币形式，在确认应付职工薪酬时，会计处理如下：

借：生产成本 / 销售费用 / 管理费用

　　贷：应付职工薪酬——短期薪酬（工资）

发放职工薪酬时，会计处理如下：

借：应付职工薪酬——短期薪酬（工资）

　　贷：银行存款

　　　　其他应收款（或其他应付款）——社保费

　　　　应交税费——应交个人所得税

（2）对于非货币形式，如果企业以自己生产的产品作为实物形式的福利发放给职工，确认应付职工薪酬时，会计处理如下：

借：生产成本 / 制造费用 / 管理费用

　　贷：应付职工薪酬——非货币性福利

发放职工薪酬时，会计处理如下：

借：应付职工薪酬——非货币性福利

　　贷：银行存款

　　　　主营业务收入

　　　　应交税费——应交增值税（销项税额）

同时结转成本：

借：主营业务成本

　　贷：库存商品

职工薪酬进入不同的部门，相应的也可以按照人均指标来衡量。如生产部门人均产量和部门的人均薪酬逐月分析比较，销售部门的人均销量和部门的人均薪酬逐月分析比较。另外，我们在看财务报表的时候，往往关注营业收入、利润总额、货币资金、借款情况等信息，其实，我们也要关注资产负债表中的应付职工薪酬的合理性，跟同行业的其他公司做比较，跟往年的金额做比较，看是否具有一定的可比性。如果出现异常的数字，往往意味着背后有问题了。

比如，大族激光从 2017 年到 2021 年的财务报告显示，2017 年至 2021 年

的应付职工薪酬余额分别为 11 亿元、10.97 亿元、9.08 亿元、12.73 亿元和
14.59 亿元。而 2017 年至 2021 年的现金流量表中，公司为职工支付的现金分
别为 16.1 亿元、20.20 亿元、22.24 亿元、23.26 亿元和 30.58 亿元。我们看到
应付职工薪酬余额连年较高，而且应付职工薪酬的期末余额占当期薪酬总额
的 50%。如果从"会计"角度来看，相当于公司答应发给员工的钱当年只发放
了一半。

9.6　应交税费——应交增值税

　　企业有纳税的义务，对于经营所得要缴纳各项税费。在权责发生制下，
这些税费在尚未缴纳之前暂时留在企业，形成一项负债，叫作应交税费。应
交税费可以理解为应该上缴国家而暂未上缴的税费。应交税费包括增值税
（VAT）、消费税、企业所得税、资源税、土地增值税、城市维护建设税、房
产税、土地使用税、由企业代收代缴的个人所得税、车船税、教育费附加等。
一句话概括就是：按照一定的计税方法计提的应交纳的各种税费。

　　其中，应交税费中最重要的一项就是增值税，很多人都觉得增值税很复
杂、很神秘，其实，一点也不复杂。为便于理解，我们举个例子，Yoyo 小姐
的咖啡店花了 1 130 元购买咖啡机，然后将产品以 2 倍的价格出售，销售价
格是 2 260 元。我们通过图 9.7 来演示增值税的过程，用最简单的方法给大家
解释。

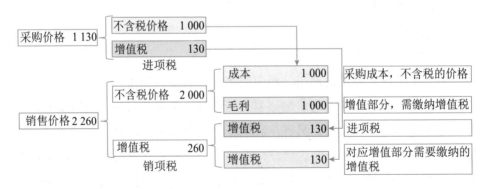

图 9.7　增值税逻辑

　　我们采购时，支付的增值税叫进项税，当我们对外销售时，代为税务局
收取的是销项税。当 Yoyo 小姐采购商品时，采购价格 1 130 元，包含了两部

分：不含税价格 1 000 元，增值税 130 元，这里的 130 元增值税是进项税。但对于销售咖啡机的企业而言，它是替税务局收了增值税，这里的 130 元增值税是销项税，这笔钱并不是收入，而是暂时替税务局收的，最终是要上交给税务局的。

当 Yoyo 小姐将咖啡机以 2 倍的价格出售时，销售价格是 2 260 元，还是包含两部分：不含税价格 2 000 元，增值税 260 元，这里 260 元的增值税是销项税。但是请注意，这里不含税价格 2 000 元又由两部分组成：成本 1 000 元，也就是你的采购成本，另外的 1 000 元是毛利，是在出售过程中增值的部分。相应的，260 元增值税也包括两部分，分别对应 1 000 元成本计算的增值税 130 元，实际上就是进项税，另外对应 1 000 元增值部分需要缴纳的增值税 130 元。而销项税与进项税之差就是企业应缴纳的税款。公式为应交增值税＝销项税 – 进项税。所以，销项税（260 元）– 进项税（130 元）＝应交增值税（130 元）。

增值税是以商品在流转过程中产生的增值额作为计税依据而征收的一种流转税。从计税原理上说，增值税是对商品生产、流通、劳务服务中多个环节的新增价值或商品的附加值征收的一种流转税。对应商品增值过程的每个环节，缴纳自己增值部分的税款，即销售价格与采购价格的差额部分。增值税是价外税，由消费者负担，有增值才征税，没增值不征税。

9.7　其他流动负债

其他流动负债也是个筐，顾名思义，"其他"的意思就是，这些流动负债不足以占据企业的业务范围。所以不能归属于短期借款、应付短期债券、应付票据、应付账款、应付所得税、其他应付款、预收账款这七类项目的流动负债，都是其他流动负债。其他流动负债主要包括短期应付债券和产品质保金（对已出售产品预计会承担的产品保修费）。一般情况，企业的其他流动负债的金额会比较小，有的企业甚至没有其他流动负债。

如果企业的其他流动负债的余额很高，就要看看明细账了。如果是上市公司，在财务报表注释中可以找到其他流动负债的披露信息，一般包括其他流动负债的具体来源和明细、短期应付债券的增减变动，和其他的注释说明。

短期应付债券，也叫短期融资券，是在 1 年期限内还本付息的有价证券。

短期应付债券是企业在银行间债券市场发行的，并不面向社会发行，只是由各金融机构购买。短期应付债券是有息负债，如果金额很大，说明企业的现金流紧张；如果长期存在，说明企业在不断地借新还旧，短期应付债券不断地滚动，存在短债长用的问题，说明企业非常缺钱。

9.8　长期借款

相对短期借款而言，长期借款（long-term loans），主要体现在长期这两个字上，指从银行或其他金融机构借入的期限在 1 年以上（不含 1 年）的借款。长期借款主要用于企业投资扩大生产、建厂房、买机器，需要投入大量的长期占用的资金，一般情况下自有资金是不足以支撑这种行为的。所以都会选择从金融机构借入长期借款。

长期借款的特点就是时间长，利率相对短期贷款而言比较高。一般而言，贷款期限越长，贷款利率越高。按照付息方式与本金的偿还方式，可分为分期付息到期还本长期借款、到期一次还本付息长期借款、分期偿还本息长期借款。

其实，从股东的观点来看，长期借款才是最好的负债，尤其是分期付息到期还本的长期借款和到期一次还本付息长期借款，因为在一个比较长的期限内，无论借款金额多高、借款人的经营情况多差，只要还能继续支付利息，就不能要求提前归还。如果能够拿到 10 年、20 年的长期借款，那就更好了。另外，其实公司发行的长期债券也是长期借款的一种形式，信用评级机构会根据公司财务状况的好坏对这家公司的债券进行提高或者降低评级。

9.9　长期应付款

长期应付款是除了长期借款和应付债券以外的付款期限在 1 年以上的应付款项。包括：融资租入固定资产的租赁费、具有融资性质的分期付款方式购入固定资产发生的应付款项、应付售后回租款，以及采用补偿贸易方式而发生的应付引进设备款。一般来说，企业不会有太多的长期应付款，如果长期应付款很高，那么只能说明一个问题，这家企业真的很缺钱了。我们将各种情况分别解释一下。

（1）融资租入固定资产的租赁费就是融资性质。

（2）具有融资性质的分期付款方式购入的固定资产，还是融资性质的。

（3）应付售后回租款，一个企业先把固定资产卖出去，然后再租回来，肯定是缺钱，其实这也是一种融资方式。

（4）采用补偿贸易方式而发生的应付引进设备款，顾名思义，没钱买设备，先欠着，然后用生产出来的产品来抵账。

如果你在看要买的股票的年报时，突然发现当年的长期应付款增加很多，你就要仔细地看看了。

9.10　预计负债

负债按照发生的可能性，一般分为三类。

（1）确定性负债，即经济利益会流出企业，且金额能够确定的。

（2）预计负债（estimated liabilities），即经济利益可能会流出企业，且金额不能够完全确定。

（3）或有负债（contingent liabilities），即经济利益流出企业的可能性和金额都不能确定。

从发生的可能性来看，预计负债是介于能够明确确认负债和无法确认负债之间的一种状态。确定性负债比较好理解，比如应付账款、预收账款、银行借款都是确定性负债，预计负债和或有负债则是可能会发生的，但发生的概率不一样，前者概率高，后者概率低。因此，预计负债需要在会计报表附注中做相应的披露，而或有负债需要根据事项发生可能性的大小来决定是否需要披露。

根据《企业会计准则第 13 号——或有事项》的规定，预计负债是因或有事项可能产生的负债，顾名思义，即可以预见的负债。如果用一句话概括，那就是：预计负债是确认了的负债，或有负债是不能确认的可能会发生的事项。预计负债主要包括对外提供担保、未决诉讼、产品质量保证、重组义务以及待执行的亏损合同等产生的预计负债。我们具体讲一讲几种情况。

（1）如果是因为对外提供担保、未决诉讼、重组义务产生的预计负债，那么会计处理是借：营业外支出；贷：预计负债。其中，因为重组义务产生的

预计负债，还要满足两个条件：第一个条件要有详细、正式的重组计划，包括重组涉及的业务、主要地点、需要补偿的职工人数及其岗位性质、预计重组支出、计划实施时间等；第二个条件是该重组计划已对外公告。

（2）如果因为产品质量产生的预计负债，那么会计处理是借：销售费用；贷：预计负债。

（3）如果是因为待执行合同^①变为亏损合同^②，那么此时，又分为两种情况。第一种情况，合同存在标的资产，应当对标的资产进行减值测试并按规定确认减值损失，此时不确认预计负债。第二种情况，当合同不存在标的资产，此时确认为预计负债。

为便于理解，我们举个例子，2020 年 11 月，小熊公司跟 Yoyo 小姐的咖啡店签订了一份合同，向咖啡店销售 10 台果汁机，价格是每台 10 000 元（不含税），10 台设备将在 2021 年 1 月交货。到 2020 年底，小熊公司已经生产了 6 台果汁机，但是由于主要零件价格上涨，每台果汁机的成本就已经是 13 000 元，预计剩余 4 台的成本也是 13 000 元，合同已经可以预见成为亏损合同了。

此时，小熊公司对有标的资产的部分确认减值损失，会计处理为

借：资产减值损失   18 000

  贷：存货减价准备   18 000（3 000×6 = 18 000）

小熊公司对没有标的资产的部分确认预计负债，会计处理为

借：营业外支出   12 000

  贷：预计负债   12 000（3 000×4 = 12 000）

在产品生产出来后，将预计负债冲减成本：

借：预计负债   12 000

  贷：库存商品   12 000

2020 年底，小熊公司的销售合同变成亏损合同的时候，实际损失就已经在当期的损益表中体现了，计提了 6 台果汁机的存货跌价准备为 18 000 元；当 10 台果汁机全部生产完后，预计负债 12 000 元，同时冲减成本，因此全

---

  ① 待执行合同，是指合同各方尚未履行任何合同义务，或部分地履行了同等义务的合同。企业会计准则第 13 号

  ② 亏损合同，是指履行合同义务不可避免会发生的成本超过预期经济利益的合同。企业会计准则第 13 号

部损失为 30 000 元。在利润表上，主营业务收入 100 000 元，主营业务成本 130 000 元，也是亏损 30 000 元。

9.11 其他非流动负债

我们先看一下非流动负债，主要包括长期借款、应付债券、长期应付款、预计负债和专项应付款等。那么其他非流动负债就是除了上述项目以外的非流动负债。其他非流动负债主要包括可换股的债券、股东借给公司的款项、应付保理费用。其他非流动负债的金额一般不会很大，如果金额很大，就要看看明细组成了。尤其是发生大股东借钱给公司的情况，说明公司不仅缺钱，而且信誉已经差了，因为正常情况下，公司都会通过发债和银行借款进行融资，如果已经需要向股东借款了，就说明公司已经很难从银行借到钱了。

9.12 重点回顾

- 应付账款是企业因购买材料、物资和接受劳务供应等而付给供货单位的账款
- 从负债发生开始就记为债务而不是钱从己方流出才登记
- 预收账款一般包括预收的货款、预收购货定金等
- 应付职工薪酬实际上分别计入三个科目：生产成本、销售费用和管理费用
- 增值税是以商品在流转过程中产生的增值额作为计税依据而征收的一种流转税
- 采购时，支付的增值税叫进项税；销售时，代为税务局收取的是销项税
- 应交增值税＝销项税－进项税
- 其他应付款、其他流动负债是个筐，什么都能往里装
- 短期借款是从银行或其他金融机构借入的偿还期在 1 年以内的借款
- 长期借款是指从银行或其他金融机构借入的期限在 1 年以上（不含 1 年）的借款

- 长期应付款是较长时间内应付的款项，付款期限在 1 年以上的长期负债
- 预计负债是确认了的负债，或有负债是不能确认的可能会发生的事项
- 预计负债是因或有事项可能产生的负债，是可以预见的负债
- 非流动负债按筹措方式分类：长期借款、应付债券、长期应付款和专项应付款等

第10章 所有者权益——到底有多少家底

本章重点介绍所有者权益的主要科目，包括实收资本、资本公积、盈余公积、未分配利润、其他综合收益。学习本章后知道实收资本是股东实际认缴到位的资本，但实收资本不一定等于注册资本，知道资本公积是超过注册资本的出资，了解资本公积的来源包括股本溢价、接受现金捐赠、外币资本折算差额、拨款转入、债权人豁免的债务和资产评估增值。理解资本公积的逻辑。理解盈余公积包括法定盈余公积金和任意盈余公积金。清楚未分配利润是企业未做分配，留待以后年度进行分配的利润。了解其他综合收益明明叫收益，却不是损益类科目，而是属于所有者权益。知道净利润表明企业当期赚了（亏损了）多少钱，其他综合收益表明企业未来可能会赚（亏损）多少钱，两项相加是"综合收益总额"。

10.1 实收资本

实收资本，可以理解为股东出资，有限责任公司叫实收资本，上市公司叫股本。叫法不同，但本质是一样的。实收资本就是股东实际认缴到位的资本。但实收资本不一定等于注册资本，因为自2014年3月1日起，公司注册资本实行认缴制。在注册公司时，市场监管部门只需登记公司股东认缴的注册资本总额，而不需要登记实收资本，也不需要提供验资的证明文件。

实缴的注册资本在公司注册时甚至可以是零，可能在很长时间内才能认缴到位。所以实收资本一定是小于或者等于注册资本的。比如，你查一家公司的工商注册情况，很可能看到注册资本是1 000万元，注册日期是2020年10月，实缴出资额为0，认缴出资额1 000万元，认缴出资日期是2040年10月，实际出资在20年后才认缴。

当然，如果你的公司实缴出资为0，也就跟皮包公司差不多了。那么我们是不是可以认缴出资1个小目标都可以？反正认缴日期自己定，几十年后的事了。这里普及一个概念，在有限责任公司中，注册资本是一家企业对外承

担的全部偿付责任的金额。

比如公司发生破产，无论负债多少，按照清算后的净资产进行偿付，但最多不会超过注册资本金额进行偿付，不足以偿还的那部分，也不会要求公司股东用个人财产来为公司偿债。从这个角度看，注册资本越少，股东的法律责任也就越小。

如果股东的认缴资本是 500 万元，而只到位了 50 万元，这时公司破产了，出现了 600 万元的债务，公司清算后的资产只够偿还其中的 100 万元，那么还剩下 500 万元债务。此时，股东就需要将未认缴到位的 450 万元注册资本认缴到位，用于偿还该负债。认缴到位偿还后，仍然剩余 50 万元债务，这 50 万元债务就无须再进行偿付了。为便于理解，我们用一张图对实收资本在资产负债表中的关系进行解释，如图 10.1 所示。

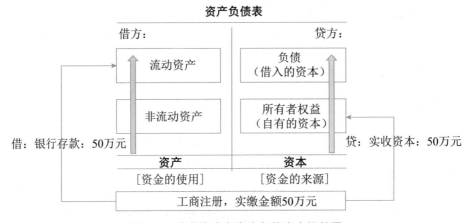

图 10.1　实收资本在资产负债表中的关系

公司注册资本是 50 万元，实缴出资 50 万元，那么，实收资本就是 50 万元。会计处理为

　　借：银行存款　　　　　　　　　　　　500 000

　　　　贷：实收资本　　　　　　　　　　　　500 000

实收资本这个科目最直接地展示了前面我们提到的逻辑，资产是资金的使用，资本是资金的来源。50 万元的实收资本是所有者权益，来自股东。同时也反映在资产项下的银行存款中，代表了资金的使用。

10.2　资本公积

资本公积是指投资者或者他人投入企业、所有权归属于投资者，并且投入金额超过法定资本部分的资本。资本公积的英文表述特别形象：additional paid-in capital，字面翻译过来即额外注入的资本。简言之就是超过注册资本的出资。

一般来说，资本公积的来源主要包括股本溢价、接受现金捐赠、外币资本折算差额、拨款转入、债权人豁免的债务和资产评估增值。如表 10.1 所示。

表 10.1　资本公积的来源

分　类		描　述
资本公积	股本溢价	公司发行股票的价格超出票面价格的部分
	接受现金捐赠	公司因接受现金捐赠而增加的资本公积
	外币资本折算差额	公司因接受外币投资所采用的汇率不同而产生的资本折算差额
	拨款转入	公司收到国家拨入的专门用于技术改造、技术研究等拨款，按规定转入资本公积的部分
	债务豁免	债权人豁免的债务
	资产评估增值	如公司 10 年前以 1 000 万元购入的办公楼，现在重新评估后价值 5 000 万元，增值部分

从字面上比较好理解，股本溢价就是股票的发行价格超过票面价格的部分。接受现金捐赠，公司接受现金捐赠而增加的资本公积，比如，2015 年 12 月 23 日，ST 博元（600656）发布公告，"ST 博元收到上市公司董事长高中同学的 8.59 亿元资产无偿捐赠，理由是不忍看到老同学的公司退市"。外币资本折算差额，是因为接受外币投资所采用的汇率不同而产生的资本折算差额。拨款转入，是公司收到国家拨入的专门用于技术改造、技术研究等拨款，按规定转入资本公积的部分。债务豁免，是债权人豁免了公司的债务。资产评估增值，比如公司 10 年前以 1 000 万元购入的办公楼，现在重新评估后价值 5 000 万元，增值部分。

其中，对于股本溢价，我们举一个例子，Yoyo 小姐的咖啡店成为一家上市公司，发行了 1 亿股股票，每股 1 元钱，总共即 1 亿元的注册资本。在实际发行股票时，按照 5 元的价格发售，这样 1 亿元的股票实际可以筹集到的资金是 5 亿元。其中 1 亿元就是股本，也就是实收资本（认缴资本），剩余的

4 亿元的溢价就是资本公积。为便于理解，如图 10.2 所示。

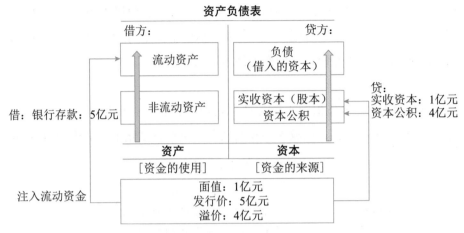

图 10.2　资本公积－股本溢价

现在很多创业公司都会进行融资，这个过程就是产生资本公积的过程，我们经常会听到天使轮、A 轮融资、B 轮融资等。那么，种子轮、天使轮、A 轮、B 轮、C 轮、D 轮……F 轮都是什么意思呢？简要来说，就是创业项目找钱的过程，初创期的项目可能是一个想法或者是一个概念，需要投入资金才能启动。这个阶段的投资人和投资机构基本上会投给自己熟悉的人、朋友介绍的人，或者在行业内有一定知名度的人。种子轮的融资额介于 10 万和 100 万元人民币之间。当创业团队建立了一套可以验证而且预计盈利的商业模式，并积累了一定的用户基础，就进入天使轮了，天使轮的融资额介于 100 万和 1 000 万元人民币之间。创业团队一般会让渡给投资人 10% 左右的股份。当公司进入发展期，运营良好，拥有一定体量的用户，盈利模式清晰完整、商业模式可复制，在行业内已经具备了一定的名气。此时，公司需要通过不断地复制成功的商业模式快速扩张，并需要大量的资金支撑企业的快速扩张。这个阶段就是 A 轮，A 轮的融资额介于 1 000 万和 1 亿元人民币之间。然后就是 B 轮、C 轮。到了这个阶段，公司已经拥有大体量的用户，具备了非常成熟的商业模式和盈利能力，为上市做准备。一般来讲 C 轮是公司上市前的最后一轮融资，主要作用是给上市定价。B 轮的融资额约 2 亿元人民币，C 轮的融资额不低于 5 亿元人民币。D 轮、E 轮、F 轮融资就是 C 轮的升级版。

为便于理解，举个例子，知乎上市前进行从天使轮到 F 轮的融资，从

2011 年 1 月，完成 100 万元天使轮融资开始。如表 10.2 所示。

表 10.2　融资示例

融资历史	日　期	投资方	金　额
天使轮	2011/1/1	创新工场	150 万元人民币
A 轮	2012/1/1	启明创投	100 万美元
B 轮	2014/6/1	启明创投 赛富基金	2 200 万美元
C 轮	2015/11/5	腾讯产业共赢基金；搜狗；赛富基金；启明创投；创新工场	5 500 万美元
D 轮	2017/1/12	今日资本；腾讯；搜狗；赛富基金；启明创投；创新工场	1 亿美元
E 轮	2018/7/19	今日资本 高盛 腾讯	2.7 亿美元
F 轮	2019/8/12	快手 百度	4.5 亿美元

随着每一轮融资的推进，估值都会大幅增加，估值就是在没有挂牌或者上市之前，投资人对公司的价值估算。每一轮融资都会释放一部分的股权，在这个过程中都会产生资本公积。但并不是所有的投资款都进入实收资本，溢价投资的部分进入资本公积。通常来说，如果投资人看好，估值远远高于公司的净资产。

为便于理解溢价投资，再举个例子，我们回到 Yoyo 小姐的咖啡店，由于咖啡口味纯正、经营得当，咖啡店异常火爆，逐渐成为这个城市的网红店，于是 Yoyo 小姐又投资 20 万元成立了一家咖啡店。新咖啡店经营了一段时间后，在当地也非常受欢迎，一家投资机构非常看好 Yoyo 小姐的咖啡店，愿意投资，所以，这一轮融资时，投资人投入 100 万元，占投资后咖啡店股份的 20%。此时，我们把股本增加到 25 万元，其中 20 万元属于 Yoyo 小姐，5 万元属于投资人。投资人投入咖啡店的 100 万元中，除了上面的 5 万元进入股本之外，剩下的 95 万元都进了资本公积。因为投资人投资后占投资后咖啡店股份的 20%，所以进入资本公积的 95 万元中的 80%，也就是 76 万元，在投资之后归属于 Yoyo 小姐，剩余的 19 万元归属于投资人。把这个过程分解，如图 10.3 所示。

这就意味着，投资人投入咖啡店的 100 万元立刻就少了 76 万元。投资人之所以愿意这样做，是因为他对 Yoyo 小姐的咖啡店的前景十分看好，愿意溢

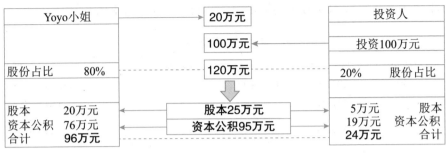

图 10.3　资本公积逻辑

价投资，用更多的资金来换取这 20% 的股份。

10.3　盈余公积和未分配利润

我们先提个小问题，如果公司今年的净利润是 60 万元，可以都分给股东吗？我们先不着急回答，带着问题继续往下看。我们知道盈余公积和未分配利润都是公司积累的利润。其中，盈余公积包括法定盈余公积金和任意盈余公积金，"法定"是必须提取的，"任意"是自己决定是否提取。而未分配利润，顾名思义，就是企业未做分配，留待以后年度进行分配的利润。在未分配之前，属于所有者权益的组成部分。

公司当年实现的利润总额先要缴纳所得税，缴税后作为当年净利润，即本年净利润＝利润总额－所得税。但是本年净利润并不完全等于未分配利润，因为还要考虑本年提取的盈余公积、上年未分配利润等因素。

为便于理解，我们举个例子，我们回到 Yoyo 小姐新开的那家咖啡店，咖啡店去年的净利润是 30 万元，没有进行分配，所以这 30 万元成为期初未分配利润。今年的净利润是 60 万元，因为咖啡店去年盈利，所以本年净利润不需要弥补上一年亏损。此时，可用分配的利润总额为 30 万元＋ 60 万元＝ 90 万元。

根据《中华人民共和国公司法》（以下简称《公司法》）的规定，企业的盈利不能全部分掉，公司当年的净利润需要提取 10% 的法定盈余公积[①]，即 $60×10\% = 6$ 万元，这 6 万元就是法定盈余公积。此外，Yoyo 小姐决定再预

---

① 《公司法》规定，公司分配当年税后利润时，应当提取利润的百分之十列入公司法定公积金。公司法定公积金累计额为公司注册资本的百分之五十以上的，可以不再提取。公司的法定公积金不足以弥补以前年度亏损的，在依照前款规定提取法定公积金之前，应当先用当年利润弥补亏损。

留 14 万元用于以后给老员工的福利，这 14 万元就是任意盈余公积。

那么，此时可供咖啡店股东分配的利润就剩下 70 万元。Yoyo 小姐跟投资人商量，明年还要扩大经营，投资购买几台新的咖啡机，所以决定今年只拿出 20 万元进行分红，剩下的钱继续投在企业中。此时，剩下的 50 万元就是期末未分配利润，且将作为下一年的期初未分配利润进入资产负债表。

期初未分配利润＋本年净利润－法定盈余公积－任意盈余公积－分红＝期末未分配利润。我们用表格汇总一下，如表 10.3 所示。

表 10.3 　未分配利润变动表　　　　　　　　　　　元

公式符号	期初未分配利润	300 000
＋	本年净利润	600 000
－	法定盈余公积	60 000
－	任意盈余公积	140 000
＝	可供股东分配的利润	700 000
－	分红	200 000
＝	期末未分配利润	500 000

我们现在可以回答开头的问题了，答案是：不可以。因为《公司法》规定，企业的盈利不能全部分掉，至少保留 10% 计入盈余公积。除此之外的 90%，公司可以决定是否要提取任意盈余公积，这个就不是必须的，那么剩余的部分公司股东有权决定如何分配，分红的部分股东拿走了，未分配掉的部分继续留在公司计入未分配利润。同时，未分配利润会体现在资产负债表的所有者权益中，这也很好地体现了未分配利润在资产负债表和利润表的钩稽关系，如图 10.4 所示。

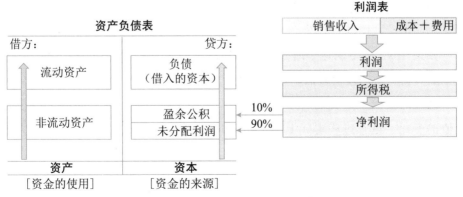

图 10.4 　资产负债表与利润表的钩稽关系

最后，为便于理解，我们将盈余公积和未分配利润总结为：盈余公积是法律不允许公司分配的利润，而未分配利润是公司自己决定不分配的利润。

10.4 其他综合收益

其他综合收益（other comprehensive income），明明叫收益，却不是损益类科目，而是属于所有者权益。按照会计准则的定义，其他综合收益是指企业根据相关会计准则的规定未在当期损益中确认的各项利得和损失。既然是利得和损失，为什么各项利得和损失不在当期损益表中确认，而是要放在资产负债表中的其他综合收益呢？这是因为这些利得和损失并不能真实客观地反映企业的情况，这些利得和损失是不确定的，如果当期确认损益的话，就会导致当期利润的虚增或虚减，为了防止企业操纵利润，就先把这些利得或损失放在其他综合收益中过渡，当这些利得和损失实现的时候，再把它转出去。

为便于理解，我们举个例子，比如 Yoyo 小姐的咖啡店利用闲置的资金长期持有一只股票 1 000 股，买入价是 100 元 / 股，年末的市价是 200 元 / 股，那么在年底这个时点 Yoyo 小姐看起来赚了 10 万元，但实际上股票并没有卖出，没有产生实际收益，真正卖出去的时候可能就不是这个价格，因此，收益和损失都是不确定的。我们常说落袋为安，其实就是这个意思，这 10 万元能否实现还是未知数，因此不会进入当期损益，我们把它放在其他综合收益中。该股票变动额为 20 － 10 ＝ 10（万元），计入权益账户"其他综合收益"中，对当年损益的影响为零，会计处理为

借：可供出售金融资产——公允价值变动　　　　　100 000

　　贷：其他综合收益　　　　　　　　　　　　　　　　100 000

如果 Yoyo 小姐在这个时点选择出售这只股票，将 10 万元赚到手，这才是企业真正实现的投资收益，可以直接计入当期损益。

通过这个例子，我们可以清楚地明白，股票的涨跌实际上反映的是公允价值的变化，这个过程实际上是按照公允价值来调整资产的价值，但因为还没有卖出去，没有实现利得或损失，但是企业又确实出现了利得或损失，所以公允价值的变动不计入利润表，而是记录在资产负债表中的其他综合收益这个科目。

但是有一点要注意，Yoyo 小姐的咖啡店持有股票，如果她打算经常性买卖，那持股价值的波动就可以计入公允价值变动损益，进而影响当期损益。如果打算长期持有，那价值波动就不会影响当期损益，而是计入其他综合收益，因为是权益性科目，会对公司的所有者权益产生影响。

我们再进一步解释，比如，Yoyo 小姐的咖啡店利用闲置的资金购入价值10 万元的股票，股价一直下跌，过 1 个月后就剩下 6 万元了，但是 Yoyo 小姐并不打算"割肉"，提出持有的股票是长线投资，不计划短期卖出，那么这4 万元就计入其他综合收益。所以这里的一个关键点就是是否长期持有。

此外，除了持有如股票这类可出售金融资产会影响其他综合收益之外，外币报表折算差额也会影响。外币报表折算差额主要是持有境外公司，由于汇率折算时产生的差异造成的。

其他综合收益的最终去处是哪里？毫无疑问，一定是利润表，资产负债表中的"其他综合收益"反映的是企业未实现的损益。净利润，表明企业当期赚了（亏损了）多少钱。其他综合收益，表明企业未来可能会赚（亏损）多少钱。净利润＋其他综合收益税后净额＝综合收益总额；其他综合收益税后净额＝其他综合收益期末余额－其他综合收益期初余额。这个关系如图 10.5 所示。

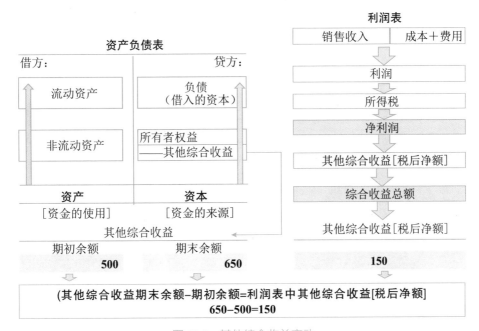

图 10.5　其他综合收益变动

10.5　重点回顾

- 实收资本是股东实际认缴到位的资金，实收资本不一定等于注册资本

- 注册资本越少，股东的法律责任也就越小

- 资本公积，即超过注册资本的出资

- 盈余公积和未分配利润都是积累的利润

- 盈余公积是法律不允许公司分配的利润，未分配利润是公司自己决定不分配的利润

- 其他综合收益不是损益类科目，而是属于所有者权益

- 净利润表明企业当期赚了（亏损了）多少钱，其他综合收益表明企业未来可能会赚（亏损）多少钱，两项相加是"综合收益总额"

第11章 合并报表——万变不离其宗

本章重点讲解合并报表（consolidated statements），在会计实操中，合并报表是一项比较复杂的工作，学习本章后，读者可以深刻地理解合并报表的基本逻辑，化繁为简，学会如何合并报表。理解母公司报表实际上就是一个简化版的合并报表。母公司报表是以投资活动的方式来表现被投资企业。母公司报表中包含了被投资企业，只不过是按成本法核算的被投资企业。合并报表资产等于母公司资产加被投资企业资产，负债也是一样，但合并报表的股东权益等于母公司的股东权益加被投资企业的少数股东权益。同理，合并报表的收入等于母公司的收入加被投资企业收入，成本费用也是一样，但是合并报表的利润等于母公司的利润加被投资企业利润的少数股东损益。

11.1 合并资产负债表

合并报表是将具有实际控制权的子公司纳入合并报表的范围内，在会计实操中，合并报表是一项比较复杂的工作。但是，大道至简，无论再复杂，万变不离其宗，我们只需理解最基本的逻辑，化繁为简，弄明白基本逻辑，合并报表的难点便迎刃而解。财政部会计司编写的《企业会计准则讲解2010》第三十四章规定：合并报表准则也允许企业直接在对子公司的长期股权投资采用成本法核算的基础上编制合并报表，但是所生成的合并报表应当符合合并报表准则的相关规定。我们要站在母公司和少数股东的角度上直接编制合并财务报表。

为便于理解，我们还是通过 Yoyo 小姐的咖啡店来了解合并报表的基本逻辑。Yoyo 小姐除了拥有一家咖啡店，还投资拥有了一家网红蛋糕店，持股比例是 80%，具有实际控制权。Yoyo 小姐的咖啡店总资产是 200 万元，其中持有对网红蛋糕店的长期股权投资 40 万元，负债总额是 120 万元，股东权益是 80 万元。网红蛋糕店的总资产 100 万元，负债总额 50 万元，股东权益 50 万元。如表 11.1 所示。

表 11.1　合并报表之资产负债表　　　　　　　　万元

项　目	咖啡店(母公司)	网红蛋糕店(子公司)	合 并 报 表
资产总计	200	100	260（200＋100－40）
其中：对蛋糕店的投资	40（持股80%）		
负债总计	120	50	170（120＋50）
股东权益总计	80	50	90[80＋50×（1－80%）]

　　首先，在没合并之前，咖啡店和蛋糕店是两家独立的公司，资产分别为 200 万元和 100 万元；合并之后，咖啡店（母公司）对蛋糕店（子公司）的投资视为内部持股，因此母公司对子公司投资持股的 80%（40 万元），属于内部交易，要被抵销掉。合并资产时，两家公司的总资产之和减去对蛋糕店的股权投资，通过计算，合并之后的资产为 260 万元。然后，合并负债，即两家公司的负债之和，合并之后的负债是 170 万元。最后，合并股东权益，可以用会计恒等式推算出来：资产＝负债＋所有者权益，通过计算，合并之后的股东权益是 90 万元（260 － 170）。

　　我们也可以直接在股东权益层面合并，这里需要记住一个公式：合并股东权益＝母公司股东权益＋少数股东权益。蛋糕店的股东权益是 50 万元，其中咖啡店持股 80%，对应的股权投资是 40 万元，所以最后股东权益合并时，将内部持股的 40 万元股东权益抵销掉，另外 10 万元对应的就是持有 20% 股份的少数股东。换句话说，就是按持股比例计算的咖啡店享有蛋糕店的权益 40 万元（蛋糕店权益总额 50 万元 × 持股比例 80%），和咖啡店（母公司）40 万元的长期股权投资相互抵销了。所以，合并的股东权益实际上就是等于母公司权益加上少数股东权益。

　　如果，我们在此基础上，再增加内部往来的债权债务，蛋糕店给 Yoyo 小姐的咖啡店提供网红蛋糕，但是一直没有结算，Yoyo 小姐都在咖啡店的账上挂了应付账款，总共余额是 10 万元。相应的，在蛋糕店的账上就记录了应收账款 10 万元。内部往来是需要抵消的，我们看看合并过程。如表 11.2 所示。

表 11.2　合并报表之资产负债表（内部往来）　　　　万元

项　目	咖啡店（母公司）	网红蛋糕店（子公司）	合 并 报 表
资产总计	200	100	250（200＋100－40－10）
其中：对蛋糕店的投资	40（持股80%）		

项　　目	咖啡店 (母公司)	网红蛋糕店 (子公司)	合　并　报　表
对咖啡店的应收账款		10	
负债总计	**120**	**50**	**160**（120＋50－10）
其中: 对蛋糕店的应付账款	10		
股东权益总计	**80**	**50**	**90**［80＋50×（1－80%）］

没合并之前，咖啡店和蛋糕店是两家独立的公司，咖啡店应付蛋糕店 10 万元，作为负债项。而蛋糕店应收咖啡店 10 万元，作为资产项。合并之后，咖啡店和蛋糕店之间的债权债务视为内部往来，因此要被抵销掉。在合并报表下，将 10 万元的内部往来分别在资产和负债中剔除。合并后的总资产为 250 万元，负债为 160 万元，股东权益不变，仍为 90 万元。

11.2　合并利润表

我们再看看如何合并利润表。咖啡店的营业收入 500 万元，成本 200 万元，费用 200 万元，利润总额 100 万元，收到蛋糕店的分红款 40 万元，那么咖啡店全年的利润为 140 万元。蛋糕店营业收入 200 万元，成本 60 万元，费用 80 万元，利润总额为 60 万元。给股东分红支出 50 万元后，剩余净利润 10 万元。咖啡店收到子公司网红蛋糕店的分红 40 万元，合并利润表的过程如表 11.3 所示。

表 11.3　合并报表之利润表　　　　　　　　　万元

项　　目	咖啡店(母公司)	网红蛋糕店(子公司)	合　并　报　表
营业收入	500	200	700
成本	200	60	260
费用	200	80	280
利润总额	100	60	160
分红	40（收到蛋糕店分红）	50（给咖啡店80%的分红）	
净利润	**140**	**10**	**120**（100＋60－40）

首先，合并营业收入，即两家公司的营业收入之和，合并之后的营业收入是 700 万元。其次，合并两家公司的成本和费用，合并之后的成本是 260 万元，费用是 280 万元，合计 540 万元。然后合并两家公司的利润总额，

合并之后利润总额为 160 万元。最后，抵销分红。咖啡店收到蛋糕店的 40 万元分红款，合并后，分红属于内部交易，因此需要被抵销掉。因此，合并后的净利润为 120 万元（100 ＋ 60 － 40）。

我们换个角度，也可以从母公司加上少数股东的角度理解。咖啡店作为母公司，利润是 100 万元，分红后的网红蛋糕店利润是 10 万元，少数股东的分红款为 10 万元（50×20%），因此合并后的净利润为 100 ＋ 10 ＋ 10 ＝ 120（万元），答案是一样的。

11.3 合并报表的精髓

从 Yoyo 小姐的咖啡店的合并报表的案例中，我们再提炼精简出报表合并的一些要点。

（1）母公司报表实际上就是一个简化版的合并报表。母公司报表是以投资活动的方式来表现被投资企业。母公司报表中包含被投资企业，只不过是按成本法核算的被投资企业。在母公司报表中，不会体现被投资企业的资产、负债，也不体现被投资企业的收入与成本费用，而是用长期股权投资代替被投资企业的资产负债表，用投资收益代替被投资企业的利润表和利润分配。母公司报表与合并报表的核算主体是一样的，都是母公司和被投资企业加在一起，只是表现方式不同。如图 11.1 所示。

图 11.1 母公司与被投资企业关系

（2）合并报表是一个加总的过程。合并报表资产等于母公司资产加被投资企业资产，负债也是一样，但合并报表的股东权益等于母公司的股东权益加被投资企业的少数股东权益。同理，合并报表的收入等于母公司的收入加被投资企业收入，成本费用也是一样，但是合并报表的利润等于母公司的利润加被投资企业的少数股东损益。如图 11.2 所示。

合并报表		母公司		被投资企业
资产	=	资产	+	资产
负债	=	负债	+	负债
股东权益	=	股东权益	+	少数股东权益
收入	=	收入	+	收入
成本费用	=	成本费用	+	成本费用
利润	=	利润	+	少数股东损益

图 11.2 合并报表的加总过程

（3）内部往来需要抵销。在 Yoyo 小姐的咖啡店中，我们做了基本的演示，其中涉及了最基本的抵销，但实际情况会更复杂，因为母公司和子公司之间的所有交易都要抵销，而且抵销还需包括对所得税的影响。内部交易抵销主要包括长期股权投资与子公司的所有者权益，应收、应付等内部债权债务，内部存货交易，调整抵销盈余公积和提取的盈余公积，投资收益与子公司的利润分配，内部固定资产交易。如表 11.4 所示。

表 11.4 内部交易抵销

序 号	具 体 描 述
（1）	长期股权投资与子公司的所有者权益的抵销
（2）	往来款等内部债权与债务的抵销
（3）	内部存货交易
（4）	内部固定资产交易
（5）	投资收益与子公司的利润分配的抵销
（6）	调整抵销盈余公积和提取的盈余公积

最后，还是那句话，无论实际操作中多么复杂，万变不离其宗，合并报表的基本逻辑是一样的，需要大家理解、掌握、运用、再学习。

11.4 重点回顾

■ 合并报表就是一个加总的过程

- 合并报表资产等于母公司资产加被投资企业资产，负债也一样
- 合并报表的股东权益＝母公司的股东权益＋少数股东权益
- 合并报表的收入等于母公司的收入加被投资企业收入，成本费用也一样
- 合并报表的利润＝母公司的利润＋少数股东损益
- 母公司报表实际上就是一个简化版的合并报表
- 母公司报表是以投资活动的方式来表现被投资企业
- 合并报表时，母公司和子公司之间的所有交易都要抵销

第四篇

利润表和现金流量表

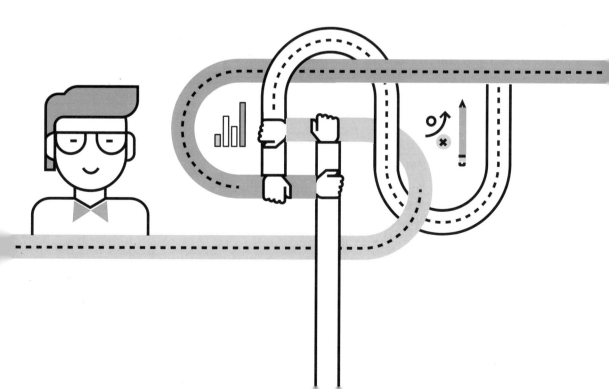

第 12 章　利润表——利润如何产生

本章重点讲解利润表的主要科目，以及利润是如何产生的，主要包括营业收入、成本、变动成本和固定成本、生产经营循环、毛利率和周转率，知道营业收入是通过产品销售或提供劳务所获得的收入，掌握利润表恒等式，收入－支出＝利润。了解直接材料＋直接人工＋制造费用＝生产成本。理解产成品是一个生产过程的价值体现，也是生产成本的一种物化的形式。知道走量的产品用来分摊固定成本，高毛利率的单品贡献利润。产量越大，每一个产品所分摊的固定成本就越少，每个产品的成本（即单位成本）也就越低。

12.1　营业收入

我们先看一下利润表的结构，然后再逐一讲解每个科目。如表 12.1 所示。

表 12.1　利润表示例　　　　　　　　　　　　　　　　　元

项　　目	序　号	本年累计	上年同期
一、营业总收入	1		
其中：主营业务收入	2		
税金及附加	5		
销售费用	6		
管理费用	7		
研发费用	8		
财务费用	9		
其中：利息费用	10		
利息收入	11		
汇兑净损失/收益	12		
加：投资收益（损失以"－"号填列）	13		
公允价值变动收益（损失以"－"号填列）	14		
资产减值损失（损失以"－"号填列）	15		
二、营业利润（亏损以"－"号填列）	16		
加：营业外收入	17		
其中：政府补助	18		

项　目	序　号	本年累计	上年同期
减：营业外支出	19		
三、利润总额(亏损总额以"－"号填列)	20		
减：所得税费用	21		
四、净利润(净亏损以"－"号填列)	22		
归属于母公司所有者的净利润	23		
少数股东损益	24		

　　收入（revenue）简单而言就是通过产品销售或提供劳务所获得的货币收益。这个很好理解，毕竟大家日常生活中都习惯于买买买。我们再看看会计准则对收入的定义，是指企业在日常活动中形成的、会导致所有者权益增加的、与所有者投入资本无关的经济利益的总流入。

　　这句话包含三个意思：①收入是在日常活动中形成的，经常性发生的，而不是从偶发的交易或事项中产生。②收入会导致所有者权益的增加。收入扣除成本费用和所得税后形成净利润，净利润提取盈余公积和分红后，最终的未分配利润会转入所有者权益中。③收入是与所有者投入资本无关的经济利益的总流入。营业收入是通过经营活动产生的利润流入，必然能导致企业所有者权益的增加，但这并不是由股东投入产生的。而且收入只能是本企业通过实际业务获得的经济利益的流入，但是不包括为第三方或客户代收的款项。

　　营业收入包括主营业务收入和其他业务收入。主营业务收入，就是指企业主要经营业务的收入，是经常性发生的，如制造业的销售产品收入、商品流通企业的销售商品收入；旅游服务业的门票收入、餐饮收入等。主营业务收入一般占企业总收入比重较大。比如，在 Yoyo 小姐的咖啡店，咖啡、蛋糕销售就是主营业务收入。当销售后立即收到钱，计入银行存款，当销售后没有立即收到钱，比如广告公司与咖啡店有协议，每个月月底结账，那么相应的金额计入应收账款。

　　其他业务收入，除上述各种主营业务收入之外的其他业务收入，比如，卖原材料、无形资产出租、投资性房地产出租等，一般发生频率低，占企业总收入的比重较小。比如，在 Yoyo 小姐的咖啡店，销售周边咖啡杯、手办，或者之前提到的把咖啡机租给其他的咖啡店取得的收入都属于其他业务收入。与日常活动形成的营业收入相对照的是非日常活动形成的收入，称之为营业

外收入，基本上就是日常经营活动以外的事项产生的，如处置固定资产、罚款收入、政府补助等。

那么，如何确认收入呢？即确认收入入账的时间和收入入账的金额。根据《企业会计准则第 14 号——收入》（财会〔2017〕22 号）的规定，企业应当在客户取得相关商品控制权时确认收入。取得相关商品控制权，是指能够主导该商品的使用并从中获得几乎全部的经济利益。[1]

其实，这也是收入确认中实质重于形式的原则。在这一点上，中国会计准则和国际会计准则是一致的，收入确认的条件不是所有权凭证或实物形式上的交付，而是在客户取得相关商品控制权时确认收入。

销售收入按照权责发生制确认，商品的卖方已将所售资产在所有权上的重要风险和报酬转移给了买方，即卖方已经完成所有主要的销售环节，并不再以行使所有权的方式继续参与所转让商品的管理或不再实际控制已转让的商品。这句话中包含了三个意思：①与收入相关的交易行为已经发生或商品的所有权已经转移；②获取收入的过程已经完成或已得到取得货币资金的权利；③相关的收入和成本能够可靠地计量。

确认一项收入的同时会确认一项资产的增加或一项负债的减少，而确认一项费用的同时也会确认一项资产的减少或一项负债的增加。这个还是复式记账法的概念，为便于理解，我们把确认收入的财务处理进行总结，如图 12.1 所示。

一手交钱、一手交货，这是最简单的形式，风险和所有权在交货的时点就已经发生了转移，会计处理如下：借：银行存款；贷：销售收入。同时，借：销售成本；贷：库存商品。

如果是先货后款，一般是以货物离开公司的时点确认收入。借：应收账款；贷：销售收入。同时，借：销售成本；贷：库存商品。

很多时候，企业为了加快应收账款的回款速度，会给客户一个销售折扣（sales discounts），一般会在收据上注明：如果客户在期限内及时付款，可得到价格让步。比如，"2/10, *n*/30"表示：如果在 10 天内支付货款可得到 2%的折扣，否则应在 30 天内付清全款。

---

① 《企业会计准则第 14 号——收入》（财会〔2017〕22 号）第四条。

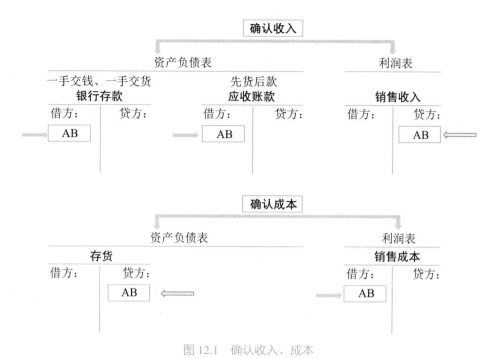

图 12.1　确认收入、成本

净销售额＝销售收入（营业额）－折扣

销售收入很重要，它是企业利润的来源。不过正因为重要，很多公司会在实际操作中进行粉饰收入的"数字游戏"。比如，虚增收入，以出库单作为销售收入入账，但实际上没有货物出库。查三流合一就比较容易验证，三流合一就是信息流、单据流和货物流要一致，就能确保没有虚增收入。

还有一些公司通过子公司按市场价销售给第三方，这样子公司确认了销售收入，再由另一子公司从第三方手中购回，这种做法避免了集团内部交易必须抵销的约束，确保了在合并报表中确认收入和利润，达到了操作收入的目的。

还有一些公司会进行跨期确认，一般会在年底发生，如果今年的销售任务还没有达成，就会将下一年的收入提前确认到本年度。如果今年的销售任务已经完成了，那么就会将一部分收入延迟到下一年再确认。

我们知道，资产负债表有一个恒等式：资产＝负债＋所有者权益，这是反映资产负债表要素之间的数量关系的等式；同样利润表也有一个恒等式：收入－支出＝利润，或，收入－（成本＋费用）＝利润，这是反映利润表要素之间的数量关系的等式。这两个等式也可以结合起来，资产（期末）＝负债（期末）＋所有者权益（期初）＋收入－费用。

最后，知识产权的收入确认是比较有意思的，企业向客户授予知识产权许可的，应当按照《企业会计准则第 14 号——收入》第九条和第十条的规定评估该知识产权许可是否构成单项履约义务，构成单项履约义务的，应当进一步确定其是在某一时段内履行，还是在某一时点履行。企业向客户授予知识产权许可，同时满足下列条件时，应当作为在某一时段内履行的履约义务确认相关收入；否则，应当作为在某一时点履行的履约义务确认相关收入：①合同要求或客户能够合理预期企业将从事对该项知识产权有重大影响的活动；②该活动对客户将产生有利或不利影响；③该活动不会导致向客户转让某项商品。企业向客户授予知识产权许可，并约定按客户实际销售或使用情况收取特许权使用费的，应当在下列两项孰晚的时点确认收入：①客户后续销售或使用行为实际发生；②企业履行相关履约义务。[①]

12.2 成本，多么有意思啊

在利润表中和收入相对应的就是支出，支出包括两部分内容：营业成本和费用。营业成本与营业收入有直接的关联，是生产一件产品最直接相关的投入。采购商品直接用于销售的企业很少，大部分都需要一个生产过程。

比如，Yoyo 小姐卖出一杯咖啡，这杯咖啡的成本就是一个杯子、咖啡豆、牛奶和水。当然了，咖啡店还需要配备生产这杯咖啡的咖啡师、咖啡机等应当分摊的成本，只有这样，这杯咖啡才可以被生产出来销售给顾客。而上面提到的水、咖啡师、咖啡机，在会计里有专门的术语叫作"料工费"。

料，指的是原材料，咖啡豆、牛奶和水。

工，指的是工人工资以及相关人力支出。

费，指的是制造费用，比如为生产咖啡所用咖啡机的折旧、水电及其他能源支出、日常机器设备的运转维护费用等。

我们再进一步解释：料，是直接材料；工，是直接人工；费，是制造费用。料、工、费，这三个部分组成了生产成本。生产过程需要消耗原材料和人工，

---

① 《企业会计准则第 14 号——收入》（财会〔2017〕22 号）。

直接材料是用到制造产品中并且可以清晰及容易地追溯到特定产品中的原材料。直接人工是将原材料转换成产成品的所有工人的劳动力成本。

直接材料和直接人工比较好理解，那么制造费用是什么呢？制造费用是除去直接材料和直接人工的所有制造成本，包括：①所有产品除直接材料和直接人工成本费用之外的生产产品的所有成本；②必须是制造产品时发生的，但无法被追踪到具体单位的直接成本；③在生产过程中涉及的费用，如折旧、维修机器、水电能源等费用。最典型的就是折旧和能源费用，折旧再加上生产过程中耗费的能源，以及其他费用，统称为制造费用。因此，我们知道：直接材料＋直接人工＋制造费用＝生产成本。

我们可以把这个过程放大到一个制造业企业中，这就是一个生产过程，生产过程的成本叫作生产成本，生产成本是企业内部的资产转变。生产过程不一定是制造过程，它所包含的范围更广，比如写一篇公众号、录制一个短视频，这些都是生产过程。做个简单的定义，生产过程是利用人工、机器或者设备，对原材料进行加工并制作出产品的过程，这个产品可以是有形的，也可以是无形的。所以，产成品是一个生产过程的价值体现，也是生产成本的一种物化的形式。因为我们没有办法具体描述出生产成本是什么样子，也说不出它的高矮胖瘦，都是朦朦胧胧的，但是产成品可以，因为在生产制造过程中，生产成本已经转化为产成品了，它既包括原材料，也包括人工、水电、折旧等。

存货与资产负债表有关，生产成本与利润表有关，而产成品则将存货和生产成本融为一体，产成品是存货和生产成本的一体两面。原材料在生产制造过程中，融入人工、水电、折旧，最终成为产成品，这一过程也将生产成本转化为最终产品，作为存货记在资产负债表中。如图 12.2 所示。

企业生产存货的最终目的是用来销售、获取利润的，但不是所有的产品都会被马上销售出去。在一个时间节点下，卖掉的产品，为企业创造了收入，同时这部分存货的价值转入营业成本。所以，生产成本不是"成本"，只有东西卖掉了才有成本。当产品被销售时，成本便从资产负债表的存货转为利润表中的成本了。而没有卖掉的产品，仍然作为存货保留在资产负债表中。比如，在 Yoyo 小姐的咖啡店中，当咖啡豆（原材料）被制作成为一杯咖啡时，这杯咖啡以存货为名记录在资产负债表中，这时生产成本转变成为存货。当

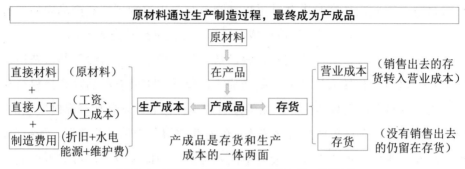

图 12.2　产成品是存货和生产成本的一体两面

咖啡被卖掉的时候（也就是存货减少），这杯咖啡（存货）创造了价值的同时，也转入营业成本并被记录在利润表的营业成本项目中。所以，营业成本也可以理解为卖掉的那部分产品的生产成本。营业收入减去营业成本就是公司的毛利。毛利是收入和成本的差，毛利还需要扣除公司经营过程中的各种支出和所得税，才是公司的净利润。因此，净利润＝营业收入－生产成本－销售费用－管理费用－研发费用－财务费用－税费。我们将这一过程总结在一张图中，如图 12.3 所示。

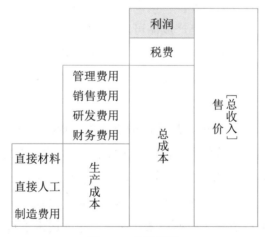

图 12.3　利润推演

12.3　变动成本和固定成本

在 12.2 节我们知道了生产成本的公式：直接材料＋直接人工＋制造费用＝

生产成本，咱们继续解构生产成本，生产成本除了上面这个表述，还有另外一种表达方式，即生产成本＝固定成本＋变动成本。这里引入两个概念：变动成本和固定成本。固定成本，就是不管生不生产都会发生的成本。不论你在与不在，它（成本）都在那里。[1]

你生产或不生产，固定成本都在那里。不增、不减，不多也不少。固定资产折旧、高管工资、非计件工人的工资、保险费、设备维护费、办公室租金、银行贷款利息等，这些都是固定成本。所以，这意味着无论公司是24小时连轴转，还是完全停工不营业，只要企业还在持续经营，这些成本都是要发生的。

而变动成本与固定成本相反，变动成本是指成本的总额随着业务量的变动而呈线性变动，但单位产品的耗费则保持不变。比如，原材料就是一项变动成本，因为每生产一件产品，就要相应地消耗一份原材料。生产成本＝固定成本＋变动成本，而变动成本＝单位变动成本×产量。因此，生产成本＝固定成本＋单位变动成本×产量。为便于理解，我们将固定成本和变动成本总结在一张图里。如图12.4所示。

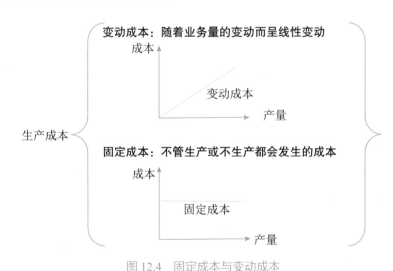

图 12.4 固定成本与变动成本

为便于理解，我们再回到 Yoyo 小姐的咖啡店，制作一杯咖啡需要花费35元成本，其中有5元变动成本、30元固定成本。那么如果写字楼里的广告

---

[1] 扎西拉姆·多多的《班扎古鲁白玛的沉默》，"你见，或者不见我，我就在那里，不悲不喜"。

公司向 Yoyo 小姐下一个订单：1 000 杯咖啡，每杯咖啡 30 元，Yoyo 小姐要不要接呢？

如果单从成本总额来看，一杯咖啡成本 35 元，接的订单 30 元，每杯咖啡亏 5 元，所以不应该接这个订单。但是，横看成岭侧成峰，远近高低各不同。我们换个角度，如果从变动成本和固定成本来看，可能就会有不一样的结论。因为固定成本是事前确定的，卖不卖咖啡都是要确定支出的，即便不接这个订单，也要支出每杯咖啡平均 30 元的固定成本。换句话说，Yoyo 小姐不接广告公司这笔订单，每杯咖啡亏 30 元；接了订单，售价 30 元，成本 35 元，每杯咖啡亏 5 元。亏 30 元与亏 5 元相比，接订单亏得少了。因为单笔订单虽然亏了钱，但是这笔订单是 1 000 杯咖啡，走量可以弥补固定成本的支出，如果单月的销售量不足的话，实际上是可以接受这笔订单的。所以，这不是赔本赚吆喝，而是实实在在地分摊了固定成本，让 Yoyo 小姐的咖啡店少赔钱。所以，弄明白了变动成本和固定成本的区别，可以让我们作出合理的决定。其实，这也是很多企业的经营思路，走量的产品用来分摊固定成本，高毛利率的单品贡献利润。

12.4 积压越高，毛利率越高，悖论吗？

积压越高，毛利率越高，这是一个悖论吗？但是，这一奇怪的现象又实实在在地发生了。如 Yoyo 小姐的咖啡店，推出了一种新的咖啡产品——手磨速溶咖啡，顾客买回去，想喝咖啡的时候就可自己冲一杯，不必跑到咖啡店里，可以长时间存放，价格也便宜。经过测算，手磨速溶咖啡的变动成本是 5 元，固定成本总量是 60 000 元，Yoyo 小姐总共制作了 10 000 袋手磨速溶咖啡。Yoyo 小姐以 20 元/袋的价格全部卖出，那么营业收入就是 20 万元，营业成本是 11 万元（5×10 000 ＋ 60 000），此时毛利是 9 万元，毛利率是 45%。那么，如果 Yoyo 小姐乐观地估计了销售情况，制作了 2 万袋手磨速溶咖啡，却只销售掉 1 万袋，结果会是什么样呢？又如果，Yoyo 小姐极为乐观地估计了销售情况，制作了 3 万袋手磨速溶咖啡，却只销售掉 1 万袋，结果会是什么样呢？我们通过对比可以清楚地看到，产量越高，库存积压越高，只增加生产却不增加销售的情况下，咖啡店的营业成本降低，毛利率反而越高。很有趣是不是，明明是产品积压，反而在财务报表上毛利率表现很好。如表 12.2 所示。

表 12.2　积压越高，毛利率越高　　　　　　金额单位：元

手磨速溶咖啡			
产量/袋	10 000	20 000	30 000
单位变动成本	5	5	5
变动成本(产量×单位变动成本)	50 000	100 000	150 000
固定成本	60 000	60 000	60 000
总成本(变动成本+固定成本)	110 000	160 000	210 000
营业收入	200 000	200 000	200 000
营业成本	110 000	80 000	70 000
毛利	90 000	120 000	130 000
毛利率/%	45	60	65

　　这是因为无论产量多高，固定成本都不变。产量越大，每一个产品所分摊的固定成本就越少，每个产品的成本（即单位成本）也就越低。固定成本的总量不变，所以每一袋手磨速溶咖啡分摊的固定成本就降低了，生产得越多，分摊得就越多。库存越多，留在存货里的固定成本就越多。只有销售的存货才能确认营业成本。所以，积压越多，导致了营业成本的下降以及毛利率的提升越多。但是这并不一定意味着盈利水平的提升。这种现象本质上是由固定成本造成的，固定成本越高的公司，越容易产生这种现象。

12.5　生产经营是一个循环

　　我们知道企业不是慈善机构，最终目的是获取利润。获取利润就离不开一个最基本的循环，即投入资金、采购、生产、销售、回款，这也是企业最核心的循环之一。从采购原材料开始，进入生产流程，最终加工成为产成品，在这个流程中，生产成本由直接材料、直接人工、制造费用构成。然后，产成品进入销售流程，产品销售后，收回现金。一个生产经营完整的循环就结束了。这个循环包括采购流程、生产流程和销售流程。其中采购流程对应的

是采购周期，生产流程对应的是生产周期，销售流程对应的是销售周期。如图 12.5 所示。

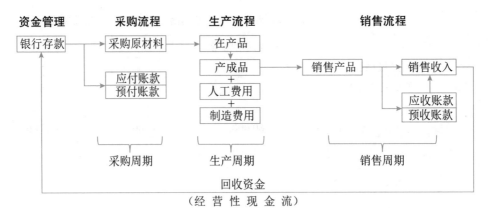

图 12.5　生产经营循环

通常流程的时间越短，这个循环的速度就越快，企业的获利就越多，一个完整循环的时间也叫作营运资金周转天数。营运资金周转天数＝应收账款天数（采购周期）＋存货天数（生产周期）－应付账款天数（采购周期），这与现金流量是密切相关的。这部分内容我们在现金流量表那章会详细讲解。

12.6　毛利率和周转率

无论什么业态的企业，归根结底，存在的目的都是赚取利润，而利润是在一个循环中实现的。这个循环就是在一个从现金投入开始最终又回到现金回流的循环往复的过程，产品在这个循环过程中实现价值的增值。在一个循环中，营业收入减去营业成本就是产品的毛利。毛利除以营业收入就是毛利率，毛利率高，代表这个产品赚得多；毛利率低，代表这个产品赚得少。不同的企业，这个循环的次数是不一样的，为企业带来的利润也不一样。有的企业一年可以循环 1 次，而有的企业一年可以循环 10 次，循环的次数就是周转率。周转率高，代表了企业赚钱的效率高；周转率低，代表了企业赚钱的效率低。例如，在 Yoyo 小姐的咖啡店中，很明显，一杯拿铁的利润会高于一杯外卖咖啡的利润。如表 12.3 所示。

表 12.3　不同咖啡的毛利率

项　　目	卡布奇诺	拿　铁	外卖咖啡
收入/元	55	45	30
减:成本/元	5	3	5
毛利/元	50	42	25
毛利率(毛利÷收入×100%)/%	91	93	83
销售量/(杯/天)	100	100	500

　　但是,外卖咖啡的销售量远远高于拿铁,这就意味着外卖咖啡的周转率更高。所以毛利率和周转率直接体现了企业的盈利能力,盈利能力既要有厚度,又要有速度。毛利率体现了企业盈利的厚度,而周转率体现了企业盈利的速度。如果一家企业想要赚更多的钱,要么提高产品的毛利率,要么提高周转率。存货周转率在存货那章介绍了,如果记不清了,可以再回去看一看。一般情况下,毛利率越高,表明产品的利润贡献越高、竞争力越强。存货周转率越高,表示存货转换为现金的速度越快,存货占用资金越低、流动性越强。也表明了企业投入存货的资金从投入到完成销售的时间越短,存货转换为货币资金的速度越快,资金的回收速度越快。

12.7　重点回顾

- 营业收入,通过产品销售或提供劳务所获得的收入
- 利润表恒等式:收入−支出=利润,或 收入−(成本+费用)=利润
- 直接材料+直接人工+制造费用=生产成本
- 产成品是一个生产过程的价值体现,也是生产成本的一种物化的形式
- 存货与资产负债表有关,生产成本与利润表有关,而产成品将存货和生产成本融为一体,一体两面
- 生产成本不是"成本",只有东西卖掉了才有成本
- 营业收入减去营业成本就是公司的毛利
- 净利润=收入−成本−销售费用−管理费用−研发费用−财务费用−税费
- 走量的产品用来分摊固定成本,高毛利率的单品贡献利润

- 产量越大，每一个产品所分摊的固定成本就越少，每个产品的成本（即单位成本）也就越低

- 营运资金周转天数＝ 应收账款天数（采购周期）＋存货天数（生产周期）－应付账款天数（采购周期）

- 一般情况下，毛利率越高，表明产品的利润贡献越高、竞争力越强

第13章 三项费用——开源节流吗

本章重点介绍利润表的主要科目，包括销售费用、管理费用、财务费用、营业利润、利润总额和净利润等。学习本章后知道什么是费用，如 Yoyo 小姐的咖啡店里，要把制作的咖啡销售出去，就需要雇用服务员、咖啡师，需要打广告促销，需要管理投入，如果扩大经营，还需要向银行贷款并支付利息费用等。这就包括销售费用、管理费用和财务费用。这些费用投入与制作咖啡没有直接关系，不构成咖啡的成本，因此在企业的经营活动中，与生产制造无关的支出都可以统称为费用。按照费用的去向和性质，分为四项：销售费用、管理费用、研发费用、财务费用。理解公允价值变动收益是没有出售时确定的，而投资收益是在出售时确定的。了解利润总额＝营业利润＋营业外收入－营业外支出。

13.1 销售费用

销售费用（selling expenses），就是和销售直接相关的，但是与产品生产无关的各项支出，包括在销售商品过程中发生的销售人员的工资奖金福利、包装费、运输费、装卸费、仓储保管费、保险费、展览费、广告费、销售服务费、业务经费、折旧费、修理费、样品损耗等，销售费用属于期间费用，在发生的当期计入当期的损益。我们将连续 3 年的销售费用做个比较分析，一般情况，各年的变动不大，如果有变动特别大的项目，再看看具体原因。如表 13.1 所示。

表 13.1 销售费用变动表　　　　　　　　　　　　　　　金额单位：元

销 售 费 用	本年数	上年数	XX年数	本年变动/%	上年变动/%
1.职工薪酬					
2.包装费					
3.运输费					
4.装卸费					

续表

销 售 费 用	本年数	上年数	XX年数	本年变动/%	上年变动/%
5.仓储保管费					
6.保险费					
7.展览费					
8.广告费					
9.销售服务费					
10.业务经费					
11.折旧费					
12.修理费					
13.样品及产品损耗					
14.其他					

销售费用的科目都比较简单，一目了然。其中修理费需要解释一下，指的是企业发生的与专设销售机构相关的固定资产修理费用等后续支出，只有与销售相关的固定资产的修理费用才可以计入销售费用中。

销售费用的账务处理比较简单：①在销售商品过程中发生的包装费、保险费、展览费和广告费、运输费、装卸费等费用，借"销售费用"，贷"库存现金"或"银行存款"。②发生的为销售本企业商品而专设的销售机构的职工薪酬、业务费等经营费用，借"销售费用"，贷"应付职工薪酬""银行存款""累计折旧"等科目。

通常来说，随着销售收入的增加，销售费用也会增加。销售费用属于期间费用，在发生的当期就计入当期的损益，销售费用水平可以反映企业渠道成本的高低。需要做好销售费用分析，不仅企业内部要逐年比较，还要横向与行业内的企业进行比较。此外，需要特别关注一个指标，就是销售费用率，销售费用率是销售费用占销售收入的比重。通常来说，销售费用率越低，品牌影响力越大。这个比较好理解，越容易销售的产品，销售费用率自然就越低。

比如，贵州茅台的平均销售费用率大约4%，舍得酒业的平均销售费用率大约20%，古井贡酒的平均销售费用率大约30%。换句话说，贵州茅台每卖100元钱的货，需要拿出4元钱作为销售支出，但是同样收入的情况下，舍得酒业就需要 20 元钱的销售支出，古井贡酒则需要 30 元钱。可见销售费用率越低，意味产品的销售难度越低、费用越小。相反，销售费用率越高，意味着产品的销售难度越高、费用越大。

一般来说，销售费用率小于 15%，产品竞争力比较高，销售难度比较低。销售费用率大于 30%，产品竞争力一般，销售难度比较大。而且，通常来说每年的销售费用率变化不大。如果说当年销售费用猛增或猛降，但是收入变化不大，那就要问问为什么了。好的企业一般是销售费用率逐年降低，毛利率逐年提升。如果相反的话，企业就比较差了。

13.2 管理费用

管理费用（administrative expenses）是指企业的行政管理部门为管理和组织经营而发生的各项费用。管理费用包括管理人员工资和福利费、保险费、折旧费、修理费、摊销费、存货盘亏、业务招待费、通信费、差旅费、办公费、交通费、诉讼费、中介机构费、咨询费、技术转让费、税费、董事会费等。管理费用属于期间费用，在发生的当期计入当期的损益。我们将连续 3 年的管理费用做个比较分析，一般情况，各年的变动不大，如果有变动特别大的项目，再看看具体原因。如表 13.2 所示。

表 13.2　管理费用变动表　　　　　　　金额单位：元

管　理　费　用	本年数	上年数	XX 年数	本年变动 /%	上年变动 /%
1.职工薪酬					
2.保险费					
3.折旧费					
4.修理费					
5.无形资产摊销					
6.存货盘亏					
7.业务招待费					
8.差旅费					
9.办公费					
10.交通费					
11.诉讼费					

续表

管 理 费 用	本年数	上年数	XX年数	本年变动/%	上年变动/%
12.聘请中介机构费					
13.咨询费					
14.技术转让费					
15.税费					
16.董事会费					
17.其他					

管理费用的科目也比较简单，大部分从字面上就能知道什么内容，简单解释几项，①工资和福利：所有公司高管和行政管理人员的工资、奖金、福利，也包括加班费用。如总经理的工资薪酬肯定是计入管理费用的，那么分管销售的副总的工资薪酬呢？因为他也是公司高管，所以也计入管理费用，销售部员工的薪酬福利就要计入销售费用了。②业务招待费：所有招待用途的支出，包括饭费、礼品、购物赠送等各种形式的招待票据，按凭据计入当期管理费用。③通信费：公司固定电话、移动电话、网络费用、信件、快递费。④差旅费：所有高管及职能部门人员出差时的机票、车费、酒店住宿、出差补助等费用。⑤办公费：办公用品、记事本、笔、报纸、期刊、移动硬盘、U盘等电脑用品等。⑥交通费：公务用车，包括维修、加油、过路费以及维护保养费用。⑦税费：印花税、房产税、城镇土地使用税和车船税，在财会〔2016〕22号施行之前，《企业会计准则》和《企业会计制度》是把它们计入管理费用的，全面实施营改增后，列入税金及附加。⑧诉讼费：涉及法律纠纷，这个费用要看看具体的明细，如果有未结诉讼，那么会与预计负债有关。⑨中介费：包括审计费、评估费、律师费等。⑩董事会费：董事会成员津贴、会务费、为开会产生的差旅费。另外，如果办公楼是租来的，它的租金就属于管理费用。如果办公楼是自有的，它就属于固定资产，但是办公楼的折旧是要计入管理费用的。

管理费用的会计处理比较简单，①高管以及职能部门人员的职工薪酬，借"管理费用"，贷"应付职工薪酬"。②管理部门计提的固定资产折旧，借"管理费用"，贷"累计折旧"。③当期发生的办公费、业务招待费、聘请中介机构费、咨询费、诉讼费、技术转让费、研究费用，借"管理费用"，贷"银行存款""研发支出"。

此外，公司在筹建期间的开办费也是要计入管理费用的，包括这个期间发生的人员工资、办公费、培训费、差旅费、印刷费、注册登记费等，在实际发生时，借"管理费用（开办费）"，贷"银行存款"。

管理费用有时候还会包括一个项目是研发费用（research and development expenses），研发费用有时也会单独列示，研发费用是企业为开发新技术、新产品、新工艺而发生的研究开发费用，包括在研究与开发过程中所使用资产的折旧、消耗的原材料、直接参与开发人员的工资及福利费、开发过程中发生的租金以及借款费用等。研究开发包括两个部分：一部分是研究支出，另一部分是开发支出。研究支出计入管理费用，而开发支出是可以资本化的。这部分可以结合第 8 章 8.1 节的无形资产学习。一般来讲，科技类企业、医疗行业的研发费用占收入的比重就高，而且医药行业的渠道成本很高，所以销售费用也很高。

最后，销售费用和管理费用都属于当期费用，在发生的当期计入当期的损益。不过一些公司有时候迫于利润压力或是年底的指标考核，为使当期利润达到目标，会将本期已经发生的费用推迟到下一年再确认，少计费用，就等同于多计利润。当然，这是财务造假行为，也违反了权责发生制的原则。

13.3 财务费用

财务费用（financial expenses）是企业在生产经营过程中为筹集资金而发生的各项费用。比如利息支出（企业在银行贷款的利息支出）、利息收入（扣减项，在金融机构存款的利息收入）、汇兑损益（汇兑损失减汇兑收益的差额）、金融机构手续费、担保费等。对于上市公司来说，财务费用还包括企业发行股票和企业债券支付的融资费用。

财务费用是很好理解的一个科目，也比较简单。一般来说，经营业绩好的企业往往现金流充裕，带息负债很少，这些企业的财务费用就非常少，有时候利息收入高，覆盖了支出，财务费用甚至为负。而经营较差的企业带息负债高，产生的财务费用也高。我们也可以把连续几年的财务费用做个比较，

看看有没有异常情况。如表 13.3 所示。

表 13.3　财务费用变动表　　　　　　金额单位：元

财务费用	本年数	上年数	XX年数	本年变动/%	上年变动/%
1.利息支出					
2.利息收入					
3.汇兑损益					
4.其他财务费用					

我们在看财报的时候，需要关注几项内容：①看一下利息支出与长短期借款金额是否匹配，按同期的贷款利率计算利息支出。如果借款金额很高，但是利息支出金额低，那就有问题了。②利息收入与货币资金余额是否匹配，按照同期活期存款利率计算利息收入，用来检查是否虚增企业的货币资金。③存贷双高的情况，即账面上货币资金余额与带息负债余额都很高的情况，尤其是长期存贷双高的企业，一般来说，货币资金的真实性要打个问号了。④要看看产生利息收入的来源，如果是银行存款的利息收入，不会有什么问题。如果是大额的贷款给大股东或是借给其他企业产生的利息，就要留心了，是不是大股东借此占用公司资金。

比如已经退市的宜华生活，通过伪造银行单据等方式虚增银行存款80 余亿元，典型的存贷双高。从财务报表上看，2015 年至 2019 年 9 月底，公司账面的货币资金余额和带息负债余额都非常高。如表 13.4 所示。

表 13.4　存贷双高的宜华生活　　　　　　金额单位：亿元人民币

项目	2015年	2016年	2017年	2018年	2019年9月
货币资金	34.3	35.5	42.3	33.9	26.6
短期借款	23.0	32.1	28.1	28.8	34.4
应付债券	17.9	22.9	26.9	22.0	22.0

财务费用的会计处理也比较简单，比如，公司发生的财务费用，借“财务费用”，贷“银行存款”“未确认融资费用”。利息收入、汇兑损益、现金折扣等冲减财务费用的活动，借“银行存款”“应付账款”，贷“财务费用”。

13.4 营业利润

营业利润＝营业总收入－营业成本－税金及附加－销售费用－管理费用－研发费用－财务费用－资产减值损失＋公允价值变动损益＋投资收益。其中，前几项前面已经讲解过了，接下来我们说一说资产减值损失（asset impairment loss）、公允价值变动损益（profit and loss from fair value changes）和投资收益（investment income）。

（1）资产减值损失，顾名思义，资产的可收回价值低于其账面价值而产生的损失。那么资产减值和坏账准备是一回事吗？答案是：不是，资产减值损失是利润表上的一个项目，是损益类科目，而坏账准备是资产类科目。资产减值损失＝资产账面价值－资产可收回金额。那么，减值准备计提后可以转回吗？答案是：短期资产减值可以转回，比如应收账款的坏账或存货跌价准备；长期资产减值一经确认不得转回。

（2）公允价值变动损益，是指以公允价值为计量的资产在持有期间因公允价值变动而形成的收益或损失。比如，金融资产和投资性房地产是按照公允价值计量的，公允价值是会随着市场价格的变动而发生变化的，那么就会产生收益或损失。企业在持有金融资产或投资性房地产期间每年年末都要按照公允价值来调整该资产的价值，同时要把公允价值的变动计入公允价值变动收益。但是要注意，公允价值是指某一时点的公允价值，过了这个时点，价值可能就会发生变化。

一般来说，公允价值变动收益科目内容简单，企业的公允价值变动收益金额占营业收入的比重很小。如果企业这一项的金额很大，或是变动巨大，就要想一想背后的原因了，比如，是不是这家企业的投资业务比重过高了，又或者被上市公司拿来调节利润。如果是上市公司，在财报注释中找到"公允价值变动收益"的披露信息看看具体是什么。

（3）投资收益，顾名思义，就是投资所得的收入减去损失后的净收益，主要包括：①对外投资收到的分红；②持有债券、银行理财产品等收到的利息；③金融资产在投资到期收回的价格或到期前转让的价格与投资的账面价值的差额。

为便于更好地理解公允价值变动收益和投资收益，我们举个例子说明，一直以来，Yoyo 小姐的咖啡店经营得很好，账上资金也比较充沛，于是 Yoyo 小姐决定用闲置的资金投资股票，以 150 元/股的价格购买 1 000 股，当年 12 月 31 日每股收盘价为 200 元，那么这项金融资产的账面价值调整为每股 200 元，此时确认每股 50 元（200 － 150）的公允价值变动收益。第 2 年的 12 月 31 日，收盘价为每股 180 元，Yoyo 小姐继续持有，那么在这个时点，这项金融资产的价值调整为每股 180 元，此时确认每股 20 元（180 － 200）的公允价值变动损失。第 3 年年末，股票价格上涨到每股 300 元，Yoyo 小姐及时地把股票卖出，那么此时要确认 300 元/股和本年末公允价值 180 元/股的差价，也就是 120 元/股的投资收益。所以，公允价值变动收益可以为正，也可以为负。公允价值变动收益记录的是金融资产或投资性房地产在没有出售时的公允价值变动，一旦出售，即确定为投资收益。所以公允价值变动收益和投资收益的差异还是很明显的，总结为一句话：公允价值变动收益是在未出售时确定的，而投资收益是在出售时确定的。如表 13.5 所示。

表 13.5　公允价值变动收益和投资收益　　　　　　　　元/股

时 间 点	市场价	账面价值	公允价值变动收益	投资收益	备　注
购入时点价格	150	150	0		未出售时
当年 12 月 31 日	200	200	50		未出售时
第 2 年 12 月 31 日	180	180	－20		未出售时
出售时点价格	300	180		120	出售时

在营业利润下面是营业外收入和营业外支出。比如，Yoyo 小姐将一台咖啡机租给了她朋友的一家咖啡店，收取租金，这个收入叫非主营业务收入；如果 Yoyo 小姐将这台咖啡机出售给她的朋友，这个收入就是营业外收入（non-operating income）。因为出租，可以带来长期的租金收入，属于企业的经营活动。但是出售就是一锤子买卖。不可能构成企业一项业务所产生的收入就叫作营业外收入。特点是不具有持续性。营业外收入包括：①政府补贴；②存货盘盈的部分计入营业外收入；③收购其他企业时，收购价格低于被收购方所有者权益的评估价值，差额也会计入营业外收入；④无法偿还的负债。

那么与营业外收入相对的就是营业外支出（non-operating expenses）了，既不属于企业生产经营费用，又与企业生产经营活动没有直接关系的费用支出称为营业外支出。特点是不具有持续性，包括：①政府的罚款；②存货盘亏的部分计入营业外支出；③对外捐赠支出；④低于净值出售固定资产。

13.5 利润总额和净利润

一般来说，公司大领导只关心两个数字，一个是销售收入，另一个就是利润总额。销售收入代表了企业规模，世界 500 强排行榜就是以销售收入为主要依据进行排名的，销售收入扣减成本费用之后是营业利润，营业利润加上营业外收入，再减去营业外支出，就是利润总额。除了规模，老板更关心的就是企业赚了多少钱，利润总额代表了企业的盈利情况，反映了一家企业经营活动所实现的最终财务成果，利润总额＝营业利润＋营业外收入－营业外支出。这里会涉及两个指标：销售利润率（operating margin）和成本费用利润率（ratio of profits to cost and expense）。

（1）销售利润率，也叫销售回报率，是利润总额与销售收入之间的比率，代表了企业每 1 元销售收入所获得的利润。计算公式：销售利润率＝利润总额÷营业收入×100%。比率越高，企业实现的收益就越高。

（2）成本费用利润率是利润总额与成本、费用总额之间的比率，代表了企业付出 1 元成本费用可获得的利润。计算公式：成本利润率＝利润总额÷成本费用×100%，比率越高，企业付出的代价越小，成本费用控制得越好，盈利能力越强。

为便于理解，我们回到 Yoyo 小姐的咖啡店，咖啡店购买了一批纪念款咖啡杯，每只杯子的进价是 60 元，售价 200 元，平均分摊到每只杯子的成本费用包括工资、房屋折旧、水电费等合计 60 元，那么每卖出一只咖啡杯的成本费用为，60 ＋ 60 ＝ 120（元）；利润总额为，200 －（60 ＋ 60）＝ 80（元）。

那么，每售出一只咖啡杯的销售利润率为：（80÷200）×100% ＝ 40%，即实现 1 元销售收入获得了 0.4 元的利润。每售出一只咖啡杯的成本费用利润率为（80÷120）×100% ＝ 66.7%，即支出 1 元的成本费用可以赚 0.67 元的利润。

单说规模的话，世界 500 强企业当之无愧，不过，有些企业也是大而不强，虽然规模大，但盈利水平不一定高。反而有一些中小企业，销售收入的规模很小，但在一个细分领域内的市场份额却很高，往往是这个行业全球排名第一或第二的企业，其销售利润率也很高。这类企业被赫尔曼·西蒙教授[①]称为"隐形冠军"。"隐形冠军"企业的平均年营业额约为 3.26 亿欧元（按汇率 7 计算，约合人民币 22.82 亿元），其中 1/4 的企业销售收入不足 5 000 万欧元（合人民币 3.5 亿元左右），但却是这一行业的领军企业，闷声发财，德国拥有超过 1 300 家的隐形冠军企业。比如位于德国下萨克森州霍尔茨明登的 Symrise 公司，年销售额 35 亿欧元，利润率却超过 20%，向全球出口香草、柑橘、花朵和植物灯天然原料，出口占了销售额的 90%。又如德国生产滤水器的 BRITA 公司，占据全球同类产品市场份额的 85%。

所以，对大部分企业而言，销售收入固然重要，但是市场份额和利润更重要。这就导致有一些企业为了达到某种目的虚增利润，比如，已经于 2022 年退市的 ST 新亿（600145.SH）2019 年通过虚构保理业务等方式粉饰财报，最终虚增利润总额 7 900 万元。还有之前的康得新造假案，影响更广，证监会在 2019 年 7 月公布了调查结果：康得新涉嫌在 2015—2018 年虚增利润总额达到 119 亿元。康得新案是直接虚增利润，而 2022 年证监会披露的 ST 金正的造假案则包括销售收入、成本、利润三个方面造假，造假涉及企业内部各个流程环节。证监会调查结果显示，2015 年至 2018 年上半年，金正大及其合并报表范围内的部分子公司累计虚增收入、成本、利润总额分别为 230.73 亿元、210.84 亿元、19.90 亿元。

利润总额扣除所得税费用的结果是净利润，净利润＝利润总额－所得税。企业所得税基本税率是 25%，但所得税不是按照利润总额的 25% 计算的，而是按照应税所得额[②]的 25% 计算，因为税法与会计准则的规定会有一定的差异。

净利润下面还有两个项目，一个是归属于母公司所有者的净利润，另一个是少数股东损益。因为在合并报表的过程中，我们把被投资企业中不属于母公司的利润也包括进去了，所以要划分出属于母公司的利润和属于少数股东的利润。这部分可以参考第 11 章合并报表。

---

① 赫尔曼·西蒙是德国著名的管理学思想家，"隐形冠军"之父，是世界最负盛名的管理大师之一，定价学三大模型之一西蒙模型的创立者。

② 《中华人民共和国企业所得税法》第五条规定：企业每一纳税年度的收入总额，减除不征税收入、免税收入、各项扣除以及允许弥补的以前年度亏损后的余额，为应纳税所得额。

如果净利润为正，还要提取 10% 的法定盈余公积，而这会进入资产负债表的所有者权益中，剩下的部分股东再来决定如何分配，可以分红，也可以不分红。没有分掉的那部分就会进入资产负债表所有者权益的未分配利润项目中。这部分可以参考第 10 章的盈余公积和未分配利润的内容。

13.6 开源 vs 节流？

成本与收入有直接的对应关系，而费用与收入没有直接的对应关系。但成本和费用会直接影响企业的利润。我们经常在企业中会听到开源节流、降本增效的话，那么对于增加企业的利润，开源和节流哪个更容易实现呢？在扩大销售存在难度的情况下，减少成本费用的支出更容易实现增加利润的效果。

我们举个例子，回到 Yoyo 小姐的咖啡店，Yoyo 小姐做预算的时候，希望明年增加 10 万元的利润总额。为了实现这个目标，要么通过增加销售量或提高单价来增加销售收入，要么降低成本费用。Yoyo 小姐发现周围的咖啡店已经饱和，很难再有增量市场，而降低费用更容易实现一些。而且，经过计算发现，降低成本费用实现利润增加的效果远远大于通过增加销售收入实现的利润增加。

为便于理解，我们再回到 Yoyo 小姐的咖啡店，预计销售收入 100 万元，其中营业成本 50 万元、销售费用 20 万元、管理费用 10 万元。总成本 80 万元，营业利润 20 万元，扣除所得税，净利润为 15 万元。然后我们分别按照成本费用率下降 5% 和 10% 计算。如表 13.6 所示。

表 13.6　降本增效　　　　　　　　金额单位：万元

项　　　目	预算金额	成本费用降低5%	成本费用降低10%
一、营业总收入	**100.00**	**100.00**	**100.00**
二、营业总成本	80.00	76.00	72.00
其中：营业成本	50.00	47.50	45.00
税金及附加			
销售费用	20.00	19.00	18.00
管理费用	10.00	9.50	9.00
财务费用			
三、营业利润(亏损以"－"号填列)	20.00	24.00	28.00

续表

项　目	预算金额	成本费用降低5%	成本费用降低10%
加：营业外收入			
减：营业外支出			
四、利润总额(亏损以"一"号填列)	20.00	24.00	28.00
减：所得税费用(按25%税率)	5.00	6.00	7.00
五、净利润	**15.00**	**18.00**	**21.00**
净利润增幅		20%	40%
假设增加等同的净利润，需增加的销售收入		20.00	40.00

当收入不变，费用成本降低5%时，经过计算，净利润为18万元，增加了3万元，增幅为20%。此外，为了更好地理解，我们可以再计算一下为了增加3万元净利润，需新增多少销售收入才能实现。Yoyo小姐的咖啡店的净利润率是15%，由此推导出需新增销售收入为3÷15%＝20万元。换句话说，如果Yoyo小姐想要增加3万元的净利率，需要增加销售收入20万元才能实现，而达到同样的效果，仅仅需要降低成本费用4万元就可以实现。

如果收入不变，费用成本降低10%的话，效果更加明显。净利润增加6万元，增幅40%，通过计算得知，如果Yoyo小姐想要增加6万元的净利率，需要增加销售收入40万元才能实现，而达到同样的效果，仅仅需要降低成本费用8万元就可以实现。不过，虽然降低费用成本的效果显而易见，但是一味地去压低各种成本支出，就有些本末倒置了。对于非核心业务要尽量压缩，对于重点开拓的业务或是战略性市场一定要舍得投入。

即便是控制费用，执行起来也不能太随意，今天一个政策，明天一个要求，很容易造成负面的影响。对于小企业而言，控制费用相对简单，但是对于大中型企业最好从流程上、标准上进行控制，制定合理的成本预算和费用标准。比如，费用报销流程、采购付款流程设计是否合理，差旅报销标准是否合理，是否具备财务审核数据化，内控上是否存在不相容岗位设置等。

另外，不同性质的企业，降低成本的途径也不太一样，重资产的企业从流程上、操作上、费用支出上想办法，而轻资产企业的最大成本就是人员工资，往往会采用大幅裁员的方式。比如互联网是典型的轻资产行业，主要成本就是人员工资，裁员就成了最快捷的降低成本的方式，没有之一。互联网大厂的程序员们甚至开玩笑把开源节流写成了开"猿"[①]节流，裁"猿"滚滚。

13.7 重点回顾

- 销售费用，就是和销售直接相关的支出，与产品生产无关
- 管理费用是指企业的职能管理部门为管理和组织经营而发生的各项费用
- 财务费用一般包括利息收入、利息支出和汇兑损益
- 资产减值损失包括应收账款计提坏账准备、存货计提跌价准备、固定资产减值准备和无形资产的减值准备
- 公允价值变动收益是没有出售时确定的，而投资收益是在出售时确定的
- 利润总额＝营业利润＋营业外收入－营业外支出
- 销售利润率＝利润总额÷营业收入×100%，代表了企业每1元销售收入所获得的利润
- 成本费用利润率＝利润总额÷成本费用×100%，代表了企业付出1元成本费用可获得的利润
- 净利润＝利润总额－所得税

---

① 网络语言，程序员是高智商高收入高压力群体，他们自嘲为"程序猿"，也是一种无奈的自我称呼。

第 14 章　现金流量——企业运转的源泉

本章重点讲解现金流量表，主要包括经营性现金流、投资性现金流和融资性现金流，以及每项包含的具体内容。理解现金流量表的重点不是现金的净流量，而是现金的来龙去脉。明白现金流量表代表了企业的资金流转情况和持续经营能力。掌握现金流量表与资产负债表、利润表的对应关系，以及相互之间的钩稽关系。

14.1　经营性现金流

首先，我们再回顾一下现金流量表的结构，然后逐项讲解，如表 14.1 所示。

表 14.1　现金流量表示例　　　　　　　　　　　　　元

现金流量表		
项　　目	本年金额	上年金额
一、经营活动产生的现金流量：		
1　销售商品、提供劳务收到的现金		
2　收到的税费返还		
3　收到其他与经营活动有关的现金		
经营活动现金流入小计		
4　购买商品、接受劳务支付的现金		
5　支付给职工及为职工支付的现金		
6　支付的各项税费		
7　支付其他与经营活动有关的现金		
经营活动现金流出小计		
经营活动产生的现金流量净额		
二、投资活动产生的现金流量：		
8　收回投资收到的现金		
9　取得投资收益收到的现金		

现金流量表		
项　　目	本年金额	上年金额
10　处置固定资产、无形资产和其他长期资产收回的现金净额		
11　处置子公司及其他营业单位收到的现金净额		
12　收到其他与投资活动有关的现金		
投资活动现金流入小计		
13　购建固定资产、无形资产和其他长期资产支付的现金		
14　投资支付的现金		
15　取得子公司及其他营业单位支付的现金净额		
16　支付其他与投资活动有关的现金		
投资活动现金流出小计		
投资活动产生的现金流量净额		
三、筹资活动产生的现金流量:		
17　吸收投资收到的现金		
18　取得借款收到的现金		
19　发行债券收到的现金		
20　收到其他与筹资活动有关的现金		
筹资活动现金流入小计		
21　偿还债务支付的现金		
22　分配股利、利润或偿付利息支付的现金		
23　支付其他与筹资活动有关的现金		
筹资活动现金流出小计		
筹资活动产生的现金流量净额		
24　四、汇率变动对现金及现金等价物的影响		
25　五、现金及现金等价物净增加额		
26　加:期初现金及现金等价物余额		
27　六、期末现金及现金等价物余额		

经营活动产生的现金净流量=经营活动现金流入小计-经营活动现金流出小计

经营活动现金流主要与企业的生产经营有关,经营活动现金流入的主要项目包括:①销售商品、提供劳务收到的现金。现金流量表的第一项是销售商品、提供劳务收到的现金,这是企业最主要的资金来源,即企业通过销售产品或卖服务从客户那里收到的钱。这一项主要对应的是主营业务收入。但是和主营业务收入的金额不会是一样的，因为主营业务收入是按照权责发生制确认的，确认了收入，但不一定收到了现金。而现金流量表是按照收付实现制为基础的，只看有没有收到钱。②收到的税费返还。该项目反映企业收到返还的各种税费，收到的增值税销项税额和退回的增值税款，以及收到的除增值税外的其他税费返还，如消费税、所得税、教育费附加返还等。③收到的其他与经营活动有关的现金。如出租房屋收到的房租收入，或是文中提到的 Yoyo 小姐出租咖啡机收到的租金收入。上述三项之和，构成了经营活动现金流入。

经营活动现金流出的主要项目包括：①购买商品、接受劳务支付的现金。购买商品、接受劳务支付的现金，这是企业最主要的资金支出，即企业通过采购存货或接受服务向供应商支付的钱。②支付给职工以及为职工支付的现金，主要是向员工支付的工资、奖金和福利，以及社会保险。③支付的各项税费，主要是支付的增值税、所得税以及其他各种税费。④支付的其他与经营活动有关的现金，比如现金赠予、罚款支出、支付的差旅费、业务招待费、保险费等。上述项目之和构成了经营活动现金流出。

在日常经营中，经营性现金流是非常重要的，没有利润可以，但是没有了现金流，企业就要停摆了，所以企业需要做现金流预测，经营现金流量预测实际上集成了应付账款、应收账款、销售订单、采购订单和库存管理等所有信息。一般来说，财务管理得好的企业，现金流预测做得也准确，年初的时候，企业要对全年的经营现金流作出预测，细分到每周、每天要统计现金流入和流出情况，每周的最后一天进行更新。

为便于理解，我们回到 Yoyo 小姐的咖啡店，Yoyo 小姐在年初制定了全年的经营性现金流预测，具体到每周，现金流入是收到的货款，现金流出包括材料采购、工资支出、税费和其他杂项支出，数据根据以前几年的经营数据统计做了预估，同时考虑了大客户会议预定咖啡和蛋糕的情况，如表 14.2 所示。

表 14.2　经营性现金流量预测　　　　金额单位：元

52 周	12 个月	期初余额	收到货款	材料采购	工资	税费返还和支出	其他支出	期末余额
第 1 周	1 月 (1–4.01)	503 632	43 525	-12 000	–	–	–	535 157

续表

52 周	12 个月	期初余额	收到货款	材料采购	工资	税费返还和支出	其他支出	期末余额
第 2 周	1 月 (5-11.01)	535 157	55 871	−23 142	−		−2 943	564 943
第 3 周	1 月 (12-18.01)	564 943	40 836	−41 399	−		−2 617	561 762
第 4 周	1 月 (19-25.01)	561 762	56 363	−28 949	−	−1 000	−5 747	582 428
第 5 周	2 月 (26-31.01)	582 428	61 922	−36 343	−58 000	−	−3 954	546 053
第 6 周	2 月 (2-8.02)	546 053	47 550	−45 200	−	−	−3 600	544 803
第 7 周	2 月 (9-15.02)	544 803	70 170	−33 260	−	−	−5 940	575 773
第 8 周	2 月 (16-22.02)	575 773	66 840	−22 114	−	−1 000	−2 000	617 499
第 9 周	3 月 (23-28.02)	617 499	56 740	−36 500	−58 000	−	−6 730	573 009
第 10 周	3 月 (2-8.03)	573 009	56 740	−29 109	−		−5 000	595 640
第 11 周	3 月 (9-15.03)	595 640	56 740	−29 109	−		−5 000	618 272
第 12 周	3 月 (16-22.03)	618 272	56 740	−29 109	−	−1 000	−5 000	639 903
第 13 周	4 月 (23-29.03)	639 903	45 525	−29 591	−58 000	-	−5 943	592 836
第 14 周	4 月 (30-5.04)	592 836	45 525	−29 591	−		−5 000	603 770
第 15 周	4 月 (6-12.04)	603 770	45 525	−29 591	−		−5 000	614 704
第 16 周	4 月 (13-19.04)	614 704	45 525	−29 591	−		−5 000	625 638
第 17 周	4 月 (20-26.04)	625 638	45 525	−29 591	−	−1 000	−5 000	635 571
第 18 周	5 月 (27-3.05)	635 571	55 600	−26 404	−58 000		−5 000	601 767
第 19 周	5 月 (4-10.05)	601 767	55 600	−26 404	−		−5 000	625 963
第 20 周	5 月 (11-17.05)	625 963	55 600	−26 404	−		−5 000	650 158
第 21 周	5 月 (18-24.05)	650 158	55 600	−26 404	−	−1 000	−5 000	673 354
第 22 周	6 月 (25-31.05)	673 354	47 157	−30 652	−58 000	−	−5 000	626 859
第 23 周	6 月 (1-7.06)	626 859	47 157	−30 652	−		−5 000	638 364
第 24 周	6 月 (8-14.06)	638 364	47 157	−30 652	−		−5 000	649 869
第 25 周	6 月 (15-21.06)	649 869	47 157	−30 652	−	−1 000	−5 000	660 374
第 26 周	7 月 (22-28.06)	660 374	53 622	−28 354	−58 000		−5 000	622 642
第 27 周	7 月 (29-5.07)	622 642	53 622	−28 354	−		−5 000	642 909
第 28 周	7 月 (6-12.07)	642 909	53 622	−28 354	−		−5 000	663 177
第 29 周	7 月 (13-19.07)	663 177	53 622	−28 348	−		−5 000	683 451
第 30 周	7 月 (20-26.07)	683 451	53 622	−28 348	−	−1 000	−5 000	702 725
第 31 周	8 月 (27-2.08)	702 725	55 358	−29 483	−58 000		−5 000	665 601
第 32 周	8 月 (3-9.08)	665 601	55 358	−29 483	−		−5 000	686 476
第 33 周	8 月 (10-16.08)	686 476	55 358	−29 483	−		−5 000	707 351
第 34 周	8 月 (17-23.08)	707 351	55 358	−29 483	−	−1 000	−5 000	727 227
第 35 周	9 月 (24-30.08)	727 227	44 804	−29 123	−58 000		−5 000	679 908

续表

52 周	12 个月	期初余额	收到货款	材料采购	工资	税费返还和支出	其他支出	期末余额
第36周	9月 (1-6.09)	679 908	44 804	-29 123	–	–	-5 000	690 589
第37周	9月 (7-13.09)	690 589	44 804	-29 123	–	–	-5 000	701 271
第38周	9月 (14-20.09)	701 271	44 804	-29 123	–	-1 000	-5 000	710 952
第39周	10月 (21-27.09)	710 952	46 853	-30 454	-58 000	–	-5 000	664 351
第40周	10月 (28-4.10)	664 351	46 853	-30 454	–	–	-5 000	675 749
第41周	10月 (5-11.10)	675 749	46 853	-30 454	–	–	-5 000	687 148
第42周	10月 (12-18.10)	687 148	46 853	-30 454	–	–	-5 000	698 546
第43周	10月 (19-25.10)	698 546	46 853	-30 454	–	-1 000	-5 000	708 945
第44周	11月 (26-1.11)	708 945	47 157	-28 926	-58 000	–	-5 000	664 176
第45周	11月 (2-8.11)	664 176	47 157	-28 926	–	–	-5 000	677 408
第46周	11月 (9-15.11)	677 408	47 157	-28 926	–	–	-5 000	690 639
第47周	11月 (16-22.11)	690 639	47 157	-28 926	–	-1 000	-5 000	702 870
第48周	11月 (23-29.11)	702 870	47 157	-23 943	-58 000	–	-5 000	663 084
第49周	12月 (30-6.12)	663 084	50 000	-23 943	–	–	-5 000	684 141
第50周	12月 (7-13.12)	684 141	50 000	-23 943	–	–	-5 000	705 197
第51周	12月 (14-20.12)	705 197	50 000	-23 943	–	-1 000	-5 000	725 254
第52周	12月 (21-27.12)	725 254	50 000	-23 943	-58 000	–	-5 000	688 311
全年累计：		2 647 498		-1 506 284	-696 000	-12 000	-248 531	

咖啡店的期初现金余额为 503 632 元，全年现金流入为 2 647 498 元，支付采购咖啡豆、蛋糕、牛奶、手办、咖啡杯等费用是 1 506 284 元，工资支付为 696 000 元，税费支出为 12 000 元，其他支出为 248 531 元，全年经营性现金流净增加 184 679 元，最终，年底的期末余额为 688 311 元。

14.2 投资性现金流

投资活动产生的现金净流量＝投资活动现金流入小计－投资活动现金流出小计

投资活动现金流主要与企业的战略有关，对内而言是生产规模扩张，资金流向固定资产、在建工程、无形资产等，对外而言是股权投资，并购企业增加市场占有率和影响力。但两者殊途同归，最终都体现为企业规模的扩张。如 Yoyo 小姐的咖啡店，无论是投资购买新的咖啡机、冷柜，还是并购了一家网红蛋糕店，其结果都是扩大了咖啡店的规模。

企业购建固定资产、扩大生产规模、并购企业，会增加销售收入和营业成本的增长，但是不一定会同期反映到利润表中。因为新增加固定资产可能与本期的业务无关，无法带来收益的增加，对于在建工程而言，施工建设需要时间，等到其转为固定资产可能是几年以后了。

大部分的投资活动与公司现有业务有关，也有部分的投资活动是为了发挥协同效应，还有一些投资活动与公司现有业务无关，可能只是管理层从战略层面的考虑，为了转型或是探索新的经营方向。

投资活动现金流入的主要项目包括：①收回投资所收到的现金，企业将投资的股份部分或全部卖掉收到的现金，注意只有现金才可以。其具体包括：企业出售、转让或到期收回除现金等价物以外的短期投资、长期股权投资而收到的现金，以及收回长期债权投资本金而收到的现金。但是，不包括长期债权投资收回的利息，以及收回的非现金资产。②取得投资收益所收到的现金，主要是企业收到被投资企业的分红。③处置固定资产、无形资产和其他长期资产而收到的现金，是出售这些资产所收回的现金。另外，如果因为自然灾害所造成的固定资产损失而收到的保险赔偿收入，也反映在这个项目中。④处置子公司及其他营业单位收到的现金净额，是出售子公司或者联营、合营企业后所收回的现金。⑤收到其他与投资活动有关的现金，比如收到的保证金等。上述项目之和构成了投资活动现金流入。

投资活动现金流出的主要项目包括：①购建固定资产、无形资产和其他长期资产所支付的现金，是企业购买或者建设这些资产的现金支出，但不包括为购建固定资产而发生的借款利息资本化的部分，以及融资租入固定资产支付的租赁费。企业以分期付款方式购建的固定资产，其首次付款支付的现金作为投资活动的现金流出，以后各期支付的现金作为筹资活动的现金流出。②投资所支付的现金，是企业对外投资所支付的现金，包括短期股票投资、长期股权投资支付的现金，长期债券投资支付的现金，以及支付的佣金、手续费等附加费用。③取得子公司及其他营业单位支付的现金净额，是并购企业所支付的现金，举个例子，Yoyo 小姐的咖啡店花 100 万元买了一家咖啡工厂作为子公司。在购买日，子公司现金及现金等价物余额是 30 万元，那么 Yoyo 小姐咖啡店的单户报表上，取得子公司支付的现金是 100 万元，合并报表上取得子公司支付的现金净额是 70 万元。④支付其他与投资活动有关的现

金，是除了上述各项以外，支付的其他与投资活动有关的现金。上述项目之和构成了投资活动现金流出。

在投资活动中，无论是购建固定资产、对外投资，还是并购企业，决策程序都是非常重要的，这也是企业管理和风险管控的一个重要环节，一般包括建议、立项、评估、决策和执行等环节。

一般来说，如果只是购买固定资产，尽职调查和资产价值评估相对简单；如果是并购企业，尽职调查至少包括财务尽调、法律尽调、税务尽调和人力资源尽调，一般都会委托会计师事务所或律师事务所等专业机构。财务尽调主要是审视企业的历史财务状况、资产负债情况和收益情况以及对未来财务状况的预测。法律尽调主要是了解目标公司的法律结构和法律风险，审查重要的法律文件、重大合同、资产状况、法律纠纷、诉讼记录、潜在债务等。税务尽调主要审视企业的税收状况、目前的税收政策、是否欠缴税款，以及并购后的相关税收。人力资源尽调主要包括组织结构图、主要的管理层人员、雇员福利（薪酬、退休金等）、工会协议、劳资关系等。

价值评估的环节最常用到的估值方法有现金流量折现法（discounted cash flow method）和 EBITDA（earnings before interest，taxes，depreciation and amortization，息税折旧摊销前利润）倍数法。一般而言，由于现金流量不易受折旧方法等人为因素的影响，比较客观地反映企业最真实的未来受益和资金的时间价值，所以企业价值评估大多会选择现金流量折现法。现金流量折现法属于绝对估值，EBITDA 倍数法是相对估值。现金流量折现法的逻辑是假设企业会持续经营，把未来所有赚的现金流，用折现率折合成现在的价值。我们都知道，今天的 10 万元和 1 年后、2 年后……10 年后的 10 万元的价值是不一样的，我们把明年、后年的 10 万元"折现"到今年值多少钱就是折现率，即将未来期限内的预期收益折算成现值的比率，一般来说，风险越高的企业，折现率也越高。

为便于理解，我们回到 Yoyo 小姐的咖啡店，咖啡店的账上有一些闲置资金，Yoyo 小姐打算投资购买一间商铺，用于出租，商铺价格是 200 万元，目前年租金是 10 万元，即 5% 的年收益率，Yoyo 小姐打算 4 年后以 260 万元的价格出售，那么在 Yoyo 小姐持有商铺的过程中，第 1 年产生的现金流为 10 万元，第 2 年是 10 万元，第 3 年是 10 万元，第 4 年是 270 万元（租金 10 万元＋

260 万元商铺），假设折现率为 10%。如表 14.3 所示。

表 14.3 现金流量折现法 金额单位：万元

项 目	第 1 年	第 2 年	第 3 年	第 4 年（出售）
现金流流入	10	10	10	270
折现率	10%	10%	10%	10%
现值	10	9.09	8.26	202.85
[计算公式]		$10/(1+10\%)$	$10/(1+10\%)^2$	$10/(1+10\%)^3$
现金流折现现值	230.21(10＋9.09＋8.26＋202.85)			

通过计算，如果按照商铺每年产生 10 万元的租金收入，第 4 年以 260 万元出售，10% 的折现率计算，那么这套商铺的现值为 230.21 万元，很显然，200 万元的购买价格是低于 230.21 万元的估值，这笔交易是划算的。

EBITDA 是扣除利息、所得税、折旧、摊销之前的利润，用来衡量公司业绩的一个指标。倍数法是一种相对估值方法，一般企业会按 EBITDA 的 10 倍到 15 倍进行估值，其实就是比出来的估值，主要看投资者为并购目标公司愿意出多少钱。

14.3 融资性现金流

融资活动产生的现金净流量＝融资活动现金流入小计－融资活动现金流出小计

融资活动现金流主要看公司缺不缺钱，如果经营性现金流良好，能够实现自我循环，就不需要筹资，像茅台、老干妈，现金流充裕，不需要向银行借钱。但有时候，为了与银行保持良好的关系，维系银企关系，虽然不需要向银行借款，还是会做一些贷款安排的。如果公司缺钱的话，融资活动就会非常频繁。

融资活动现金流入的主要项目包括：①吸收投资所收到的现金，是吸收股权投资收到的投资款，如发行股票筹集的资金净额。②取得借款收到的现金，是指短期借款或长期借款，银行贷款或股东借款。③发行债券收到的现金，是指发行债券收到的现金净额。④收到的其他与筹资活动有关的现金，如接受现金捐赠等。上述项目之和构成了融资活动现金流入。

融资活动现金流出的主要项目包括：①偿还债务所支付的现金，主要是偿还借款本金、偿还债券本金所支付的现金。②分配股利、利润和偿还利息所支付的现金，给股东分红或向债权人支付借款利息所支付的现金。③支付其他与筹资活动有关的现金，支付其他与融资活动有关的现金流出。上述项目之和构成了融资活动现金流出。

在 14.2 节，对于投资性现金流，当管理层作出投资决定后，尤其是决定并购企业，那么接下来就要解决并购支付的融资问题，支付是现金支付、股票支付还是混合支付（现金＋股票），融资依靠内部融资还是必须依靠外部融资。内部融资包括企业自有资金或是未使用的专项资金，外部融资包括银行及非银行金融机构的贷款，发行普通股、优先股、债券、可转换债券等方式，如图 14.1 所示。

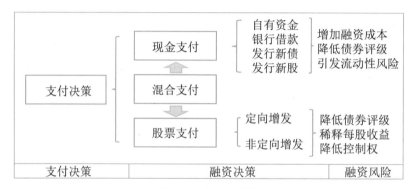

图 14.1　支付和融资

发行股份（股票支付）购买资产是上市公司进行资产重组最常用的一种方式，是以公司股份作为支付对价的方式来购买资产。但是这种方式是公司以股份支付而并不是以现金支付，所以体现在资产负债表中是直接增加了资产，同时也增加了资产负债表中的所有者权益，而在现金流量表的投资活动现金流量中是没有体现的。

此外，汇率变动也会对现金及现金等价物产生影响。如果企业持有外币，外币再折算成人民币，随着汇率的变动，从而导致了现金的增减。

因此，现金及现金等价物净增加额，即等于现金的净流量。现金的净流量＝经营活动的现金净流量＋投资活动的现金净流量＋融资活动的现金净流量＋汇率变动对现金及现金等价物的影响。表 14.1 中第（26）和（27）两个项目分别等于资产负债中货币资金的期初余额和期末余额。两者之差就是当期现金及现金等价物净增加额。货币资金期末余额－货币资金期初余额＝现金及现金等价物净增加额。如图 14.2 所示。

货币资金期末余额		
减		
货币资金期初余额	＝	现金及现金等价物净增加额
资产负债表		现金流量表

图 14.2　现金及现金等价物净增加额

现金流量表中，现金流入是收款，现金流出是付款。现金流入减去现金流出，就是现金的净流量，但是即便是相同的净现金流，也有不同的含义。举例来说，2020 年，Yoyo 小姐的咖啡店经营活动的净现金流入为 800 万元，投资活动和融资活动又分别耗费了 300 万元和 100 万元，那么，咖啡店的净现金流入为 400 万元。同时，这个城市中另外一家网红饮品店的经营活动现金流为－200 万元，投资活动的现金流量为－200 万元，但获得了 800 万元的银行贷款，即融资性净现金流为 800 万元，那么，这家饮品店的净现金流入也是 400 万元。如表 14.4 所示。

表 14.4　现金流质量　　　　　　　　　　金额单位：万元

项　　目	Yoyo 小姐咖啡店	网红饮品店
经营活动净现金流	800	－200
投资活动净现金流	－300	－200
融资活动净现金流	－100	800
现金流净值	400	400

两家公司的现金净流入都是 400 万元，这两家公司的现金增加是相同的，但是经营的质量却完全不同。Yoyo 小姐的咖啡店运行健康，源自经营活动的流入可以持续下去，能够实现自给自足。但是网红饮品店的经营活动却入不敷出，现金流增加是依靠银行贷款。自身经营不善，后面面临着现金流断流的危险。所以现金流量表的重点不是现金的净流量，而是现金的来龙去脉，我们通过现金流量表了解企业的现金是如何流入和流出的。

14.4　现金流量表与资产负债表、利润表的对应关系

我们再重温一下这三张报表的关系，资产负债表是企业一个时点的概念，利润表是企业一个时间段的概念，按照资产＝负债＋所有者权益，利润＝收入－成本－费用的计算恒等式，分别将资产负债表和利润表结构展示出来，而现金流量表代表了企业的资金流转情况和持续经营能力。这三者关系如图14.3所示。

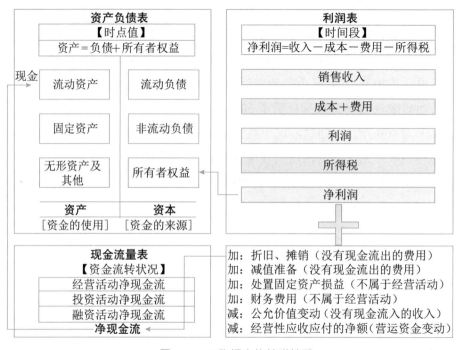

图 14.3　三张报表的关联关系

同时，资产负债表、利润表和现金流量表具体科目之间也是相互关联的，为便于理解，把它们之间的映射关系总结为一张图，如图 14.4 所示。

图 14.4 介绍的从现金流量表的角度出发，与之对应的是资产负债表和利润表的科目。现金流量表中销售商品、提供劳务收到的现金对应到利润表中的营业收入，在资产负债表中对应为应收账款。现金流量表中购买商品、接受劳务支付的现金对应到利润表中的营业成本，在资产负债表中对应为存货和应付账款。现金流量表中支付给职工及为职工支付的现金对应到利润表中的成本和三项费用中的人工成本，在资产负债表中对应为应付工资。现金流

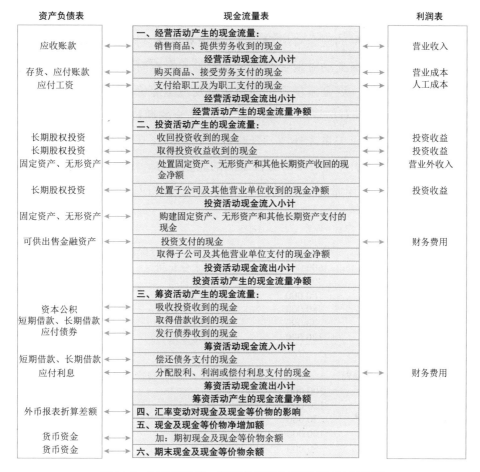

图 14.4 现金流量表、资产负债表和利润表的映射关系

量表中收回投资收到的现金、取得投资收益收到的现金和处置子公司及其他营业单位收到的现金净额对应到利润表中的投资收益，在资产负债表中对应为长期股权投资。现金流量表中处置固定资产、无形资产和其他长期资产收回的现金净额对应到利润表中的营业外收入，在资产负债表中对应为固定资产或无形资产。现金流量表中购建固定资产、无形资产和其他长期资产支付的现金对应到资产负债表中的固定资产或无形资产。现金流量表中投资支付的现金对应到利润表中的财务费用，在资产负债表中对应为可供出售的金融资产。

现金流量表中吸收投资收到的现金对应到资产负债表中的资本公积。取得借款收到的现金和偿还债务支付的现金对应到资产负债表中的短期借款或

长期借款，发行债券收到的现金对应到资产负债表中的应付债券，分配股利、利润或偿付利息支付的现金对应到资产负债表中的应付利息，对应到利润表中的财务费用。汇率变动对现金及现金等价物的影响对应到资产负债表中的外币报表折算差额，现金流量表中期初现金及现金等价物余额和期末现金及现金等价物余额分别对应资产负债表中的货币资金的期初余额和期末余额。

除了相互的对应关系之外，三张财务报表之间还存在钩稽关系。接下来会用一个具体的例子详细说明财务报表间的联系，你一定要把这张图记下来，因为这会给你的工作带来很大的帮助，特别注意对应的阴影颜色变化。如图 14.5 所示。

利润表	
销售收入	600 000
成本	300 000
三项费用	180 000
成本总额	480 000
所得税	20 000
净利润	**100 000**

未分配利润变动表	
期初未分配利润	110 000
当期净利润	100 000
盈余公积	10 000
可供分配利润	200 000
分红	50 000
期末未分配利润	**150 000**

现金流量表	
经营活动净现金流	200 000
投资活动净现金流	−120 000
筹资活动净现金流	20 000
现金净增加	100 000
年初现金	50 000
年末现金	150 000

资产负债表	
资产	
现金	150 000
所有其他资产	350 000
资产总额	500 000
负债	
负债总额	200 000
所有者权益	
实收资本	60 000
资本公积	50 000
盈余公积	40 000
未分配利润	150 000
所有者权益合计	300 000

图 14.5　现金流量表、资产负债表和利润表的钩稽关系

在图 14.5 的利润表中，销售收入 600 000 元扣除成本、费用、所得税得到净利润 100 000 元，当期净利润需提取 10% 的盈余公积（10 000 元），期初未分配利润 110 000 元加上当期净利润 100 000 元扣除盈余公积 10 000 元和分红 50 000 元，计算出期末未分配利润为 150 000 元。期末未分配利润会转入资产负债表中所有者权益项中的未分配利润。资产负债表中的期末现金余额 150 000 元与现金流量表中的年末现金是一致的。

14.5　重点回顾

- 经营活动产生的现金净流量＝经营活动现金流入小计－经营活动现金流出小计

- 投资活动产生的现金净流量＝投资活动现金流入小计－投资活动现金流出小计

- 融资活动产生的现金净流量＝融资活动现金流入小计－融资活动现金流出小计

- 货币资金期末余额－货币资金期初余额＝现金及现金等价物净增加额

第 15 章　财务指标——你真的读懂财务报表了吗

本章重点讲解主要的财务指标，体现在企业的运营能力、盈利能力和偿债能力，主要包括流动资产率、固定资产净值率、固定资产与股东权益比率、资产负债率、股东权益比率、权益乘数、应收账款周转天数、应付账款周转天数、存货周转天数、净资产收益率、杜邦分析法、长期负债比率、现金比率、流动比率、速动比率、营运资本、营运资本配置比率、正现金流比率、净现金流偏离比率、净利润现金含量、现金流动负债比率、现金总负债比率、销售收入现金收益率、营业成本现金支付率。

15.1　关注重点

前面我们已经了解到 3 张财务报表中的主要科目，接下来我们要从财务分析的角度来审视一下我们拿到的企业财务报表，主要从报表中关注企业的收入和业务结构、产品的市场竞争力、产品的销售渠道和价格控制、盈利水平和盈利能力、现金流规模和结构、资产质量、采购与库存、偿债能力、债务水平、资本结构和资本支出。如表 15.1 所示。

表 15.1　财务报表关注重点

类　别	关注重点
收入和业务结构	产品种类、收入结构、收入规模、产业链、多元化或单一化经营
产品的市场竞争力	行业竞争情况、市场占有率、每年的市场增长率、市场的地区分布、产能利用率、成本构成、成本控制能力、总产能
产品的销售渠道和价格控制	销售渠道、客户稳定性、客户集中度、市场变化敏感度、价格控制能力
盈利水平和盈利能力	收入和利润构成（近 3 年主营业务收入、成本、期间费用和利润的变化趋势）、对成本费用的控制力度、扣除非经常性损益后的净利润状况、各项盈利指标包括主营业务利润率、总资产报酬率、净资产收益率等。
现金流规模和结构	经营活动现金流入规模及净现金流规模、现金收入比；投资活动现金流入与流出；筹资活动前现金流量净额，筹资活动产生的现金流入与流出等

续表

类　别	关注重点
采购与库存	供应商选择、供应链保证、安全库存、存货管理
资产质量	现金类资产的充足性及受限情况；应收票据的种类及规模；应收账款的比重和可回收性；存货的类别、变现能力及跌价风险；固定资产构成以及折旧；无形资产的类别
偿债能力	流动比率、速动比率、现金短期债务比、经营现金流动负债比等短期偿债能力指标；EBITDA 利息倍数、EBITDA 全部债务比、经营现金债务保护倍数等长期偿债能力指标、资产负债率。同时比较企业在一段时期内可支配的现金和应偿还的全部债务，可以判断其在持续经营中获取的现金对全部债务的保护程度
债务水平	债务期限、债务结构、负债水平的逐年变化分析、或有负债。重点关注短期借款、应付票据、应付账款、其他应付款、长期借款、长期债券等
资本结构	资金来源构成、实收资本、资本公积、盈余公积、未分配利润、其他综合收益以及利润分配等
资本支出	企业重大项目的投资总额、资金来源、建设周期、施工进度、产能、预期投资收益对企业生产经营的影响

看财务报表的大致顺序，一般先看利润表，关注销售收入和利润总额，大致判断企业的销售规模和盈利情况，最好是近 3 年主营业务收入、成本、期间费用、毛利率和利润的变化趋势，以及扣除非经常性损益后的净利润状况，这样可以更全面地了解企业的收入、利润构成和盈利能力。通过对产品种类、收入结构和市场占有率的分析，判断企业的市场竞争力。各项盈利指标包括主营业务利润率、总资产报酬率、净资产收益率等。

然后看看资产负债表，先看资产总额，知道企业的规模，再看资产构成及资产质量，分析各项资产在总资产中的比例，分析各项资产的流动性、安全性和营利性。以及各科目的增减变化，特别关注期末与期初数据变化较大的项目，通过对企业资产结构的分析对资产质量作出判断。我们知道资产负债表像是一张快照，捕捉公司在每一时点的财务状况。所以，单独看期末资产负债表的信息有限，最好是把期末、期初和上年同期的资产负债表结合起来分析。比如，货币资金是资产项目中流动速度最快的一项，如果期末数据比期初数据大幅减少，意味着很大可能会出现资金紧张的问题。再比如，应收账款、预付账款、其他应收款的比重和可回收性；存货的类别、变现能力及跌价风险；固定资产构成以及折旧，无形资产的类别，判断企业的流动性和资产质量。负债关注债务水平、债务期限、债务结构、负债水平的逐年变化分析、或有负债。重点关注短期借款、应付票据、应付账款、其他应付款、长期借款、长期债券等，尤其是当前变动比较大的项目。所有者权益主要关注资本结构、资金来源构成、实收资本、资本公积、盈余公积、未分配利润、其他综合收益以及利润分配等。

现金流量表主要关注企业现金流量的规模和结构，关注现金流的变化，包括经营活动现金流入规模及净现金流规模，判断企业经营的持续性。投资活动现金流入与流出，是否有大额流出，判断是否有大额投资。筹资活动现金流量净额，筹资活动产生的现金流入与流出等，判断企业是否缺钱，以及融资情况。主要指标包括正现金流比率、净现金流偏离比率、净利润现金含量、现金流动负债比率、现金总负债比率、销售收入现金收益率、营业成本现金支付率等。

财务报表的大致顺序是这样，最后再结合一些常用且重要的财务指标对财务报表进行进一步分析，接下来我们会给大家逐一介绍。

（1）流动资产率（liquidity ratio），体现的是流动资产与总资产之间的比例关系。其计算公式为：流动资产率=流动资产÷总资产。当流动资产占资产总额的比例越高，说明企业的流动性越好，变现能力越强。

（2）固定资产净值率（fixed assets-net value ratio），体现的是企业固定资产整体的新旧程度，既可以按每一项固定资产分别计算，也可以整体综合计算。其计算公式为：固定资产净值率=固定资产净值÷固定资产原值。这个指标也称为固定资产有用系数，对工业企业、重资产企业的意义比较大，指标数值越大，表明企业的固定资产越新，公司的生产经营条件越好。

此外，我们也可以通过这个指标倒算固定资产尚可使用年限。其计算公式为固定资产尚可使用年限=固定资产净值率÷固定资产折旧率。比如，一家公司的机械设备原值为600万元，净值为360万元，分类折旧率为10%。则：机械设备净值率=360÷600×100%=60%；尚可使用年限=60%÷10%=6（年）。

（3）固定资产与股东权益比率（fixed assets to shareholders' equity ratio），这个指标衡量了公司财务结构的稳定性。其计算公式为固定资产与股东权益比率＝固定资产总额 ÷ 股东权益总额 × 100%。这个指标反映了购买固定资产所需要的资金有多大比例是来自所有者资本的。因为股东权益是没有偿还期限的，而债权人的债务是有偿还期限的。当固定资产与股东权益比率大于100% 时，比率越高，意味着企业购买固定资产所需资金来自债权人的比例越高，财务结构越不稳健。当比率小于 100% 时，资本结构比较稳定。

（4）资产负债率（asset-liability ratio），是负债总额与资产总额的比率，反映在总资产中通过借债来筹资的比率，反映债权人所提供的资本占全部资本的比例。从债权人的角度来看，负债比率越低越好，因为这样企业偿债风险小。从股东的角度来看，无论是自有资本还是借入的资本，股东最关心的是资本的利润率是否超过借入资本的代价，而利息就是资本的成本，只要利息增加的比例低于收入增加的比例，在可控范围内，负债比率越高越好。其计算公式为：资产负债率＝负债总额 ÷ 资产总额。负债总额既包括短期负债，也包括长期负债。

（5）股东权益比率（equity ratio），也叫净资产比率，是衡量企业的资金实力和偿债安全性的，这个比率体现了企业资产中有多少是股东或所有者投入的。其计算公式为：净资产比率＝股东权益总额 ÷ 资产总额。（股东权益即所有者权益）

股东权益比率与资产负债率之和等于 1。这两个指标从不同的角度反映了企业的长期财务状况，股东权益比率越大，表明了企业的自有资本越高，资产负债比率就越小，偿还长期债务的能力就越强，企业财务风险就越小。相反，股东权益比率越小，表明企业负债负担越高，资产负债比率就越大，偿还长期债务的能力就越弱，企业财务风险就越大。一般来说，上市公司比较合理的股东权益比率是 50% 左右。

（6）权益乘数，即资产总额是股东权益的多少倍，股东权益比率的倒数。其计算公式为：权益乘数＝资产总额 ÷ 股东权益总额。该数值越高，说明股东投入的资本在资产总额中所占比重越小，负债程度越高。相反，该数值越小，说明股东投入企业的资本在资产总额中所占比重越大，负债程度越低。

资产负债率、股东权益比率和权益乘数的关系总结在一张图中，如图15.1所示。

图 15.1　资产负债率、股东权益比率和权益乘数

（7）EBITDA 是税息折旧及摊销前利润，即除利息、税项、折旧及摊销前盈利，用来衡量公司业绩、评估公司创造现金能力的一个指标。我们在分析盈利状况时，不仅要关注净利润，也要关注 EBITDA 这一指标。因为在计算净利润的过程中，支付利息与主业无关，是融资行为；所得税因所在地区和税收政策的不同而有差别；折旧、摊销则通常是最主要的非现金支出。扣除这几项因素后，结果基本上能够反映一家公司的经营活动产生的现金流状况，是一个比较容易理解的体现现金流状况的利润表指标。比如宝钢集团 2021 年三季度报表，固定资产 1 452.9 亿元人民币，涪陵榨菜 2021 年年报固定资产 12 亿元人民币。钢铁行业是典型的重资产行业，生产设备投资较高，所以每年折旧在生产成本中所占的比重很高，高折旧导致了钢铁企业可能净利润不高但 EBITDA 很高的情况。

（8）应收账款周转天数（days sales outstanding）是企业在一个会计年度内，应收账款从发生到收回周转一次的平均天数，即企业需要多长时间收回应收账款。周转天数越短，应收账款的周转次数就越多，应收账款变现的速度就越快，资金使用效率就越高。其计算公式为：应收账款周转天数＝365÷应收账款周转率。其中应收账款周转率＝销售收入÷［（期末应收账款＋期初应收账款）÷2］，应收账款周转率是一个时间段内应收账款转化为现金的平均次数。

比如涪陵榨菜，2021 年销售收入为 25.19 亿元，2021 年期末的应收账款余额为 286.55 万元，2021 年期初的应收账款余额为 273.56 万元。我们计算出涪陵榨菜 2021 年的应收账款周转率等于 899 次，应收账款周转天数＝365÷899＝0.41 天。

（9）应付账款周转天数（days payables outstanding）是表示企业在一个会

计年度内，应付账款从发生到实际支付周转一次的平均天数，即企业需要多长时间付清供应商的欠款。周转天数越长，应付账款的周转次数就越低，企业占用供应商货款的时间越长。其计算公式为：应付账款周转天数 ＝ 365 ÷ 应付账款周转率。其中，应付账款周转率 ＝ 主营业务成本 ÷ ［（期末应付账款 ＋ 期初应付账款）÷2］，应付账款周转率是衡量企业流动负债支付能力和占用供应商资金的状况。比如涪陵榨菜，2021 年主营业务成本为 12 亿元，2021 年期末的应付账款余额为 1.54 亿元，2021 年期初的应付账款余额为 0.80 亿元。我们计算出涪陵榨菜 2021 年的应付账款周转率 ＝ 10.26 次，应付账款周转天数 ＝ 365 ÷ 10.26 ＝ 35.59 天。

（10）存货周转天数（inventory turnover days）是指存货从购入、生产到销售出去周转一次所需的时间，衡量企业存货的变现能力。存货的周转天数越短，存货周转速度就越快，存货的流动性就越强，存货转变为现金或应收账款的速度就越快。相反，周转天数越长，意味着周转次数少，存货积压情况严重，存货占用资金的时间越长，变现能力越差。其计算公式为：存货周转天数 ＝ 365 ÷ 存货周转率。其中存货周转率 ＝ 营业成本 ÷ ［（期末存货余额 ＋ 期初存货余额）÷2］。

比如涪陵榨菜，2021 年营业成本为 12 亿元，2021 年期末的存货余额为 4.01 亿元，2021 年期初的存货余额为 3.83 亿元。我们计算出涪陵榨菜 2021 年的存货周转率等于 3.06 次，存货周转天数 ＝ 365 ÷ 3.06 ＝ 119.23 天。因此，根据公式，营运资金周转天数 ＝ 应收账款周转天数 ＋ 存货周转天数 － 应付账款周转天数，我们可以推导出涪陵榨菜营运资金周转天数为 0.41 ＋ 119.23 － 35.59 ＝ 84.05 天。而营运资金周转次数 ＝ 365 天 ÷ 营运资金周转天数。然后，我们取得毛利率和预计销售增长率两个数据后，还可以计算出企业营运资金的需求量。营运资金需求量 ＝ 上年度销售收入 ×（1 － 毛利率）×（1 ＋ 预计销售增长率）÷ 营运资金周转次数。

很多时候，存货周转率也能反映一些问题，正常来说，存货周转率越高，说明存货的流动性越强，转为现金或应收账款的速度就越快。相反，如果存货周转率下降，存货转为现金或应收账款的速度就变慢了，不太可能出现销售收入的持续增长，这两者之间是矛盾的。比如，广州浪奇的财务造假案中，存货周转率与销售收入就是背离的，最终发现其虚增收入。如表 15.2 所示。

表 15.2　存货周转率与销售收入背离

年　　度	2017	2018	2019
存货周转率/%	26.91	14.36	8.94
销售收入/亿元	118	120	124

15.2　杜邦分析法

巴菲特说过："如果只能用一个指标来选股的话，我会选择净资产收益率。"由此可见净资产收益率的重要性。净资产收益率（return on equity，ROE），又称为股东权益报酬率，是衡量自有资本获得净收益的能力。换句话说就是股东每投入 1 块钱能够带来多少钱的利润。实际上净资产收益率也是杜邦分析体系的核心，由此展开可以推导至资产负债表和损益表。杜邦分析法是一个非财务视角的财报分析方法，非常适合财务人员使用，而且这个分析法恰恰是由杜邦公司的一名销售人员发明的，而并非是财务人员发明的。如图 15.2 所示。

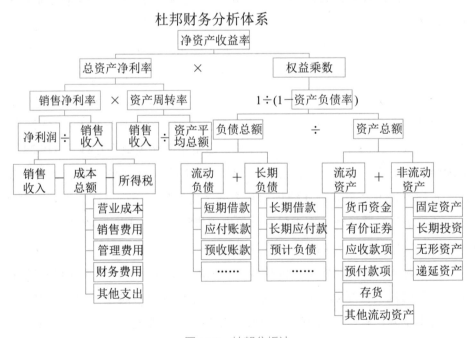

图 15.2　杜邦分析法

杜邦分析公式：净资产收益率＝销售净利率 × 资产周转率 × 权益乘数。即净资产收益率可以拆分为销售净利率、资产周转率、权益乘数 3 个指标。其中：

销售净利率＝净利润 ÷ 销售收入，销售净利率与利润表相关联；

资产周转率＝销售收入 ÷ 平均总资产，资产周转率涉及利润表和资产负债表；

权益乘数＝资产总额 ÷ 股东权益总额＝1÷（1－资产负债率），权益乘数与资产负债表相关联，是衡量企业负债经营的情况。

为便于理解，我们回到 Yoyo 小姐的咖啡店，在同一座城市中还有一家网红饮品店，这两家店属于竞争关系，投资人想对其中一家进行投资，于是分别拿到了两家店的财务报表。首先看销售净利率，咖啡店的年销售收入是 600 万元，而饮品店只有 300 万元，净利润分别是 120 万元和 45 万元，那么咖啡店的销售净利率是 20%，网红饮品店的销售净利率是 15%。然后计算资产周转率，咖啡店和饮品店的总资产都是 500 万元，那么，资产周转率分别为 1.2（600÷500）和 0.6（300÷500）。最后看权益乘数，咖啡店的负债为 300 万元，所有者权益是 200 万元，那么咖啡店的权益乘数是 500÷200 ＝ 2.5，饮品店的负债为 400 万元，所有者权益为 100 万元，那么网红店的权益乘数是 500÷100 ＝5。根据杜邦分析公式：ROE= 销售净利率 × 资产周转率 × 权益乘数，我们分别计算出，咖啡店：20%×1.2×2.5=0.6，饮品店：15%×0.6×5=0.45，从数据上看，Yoyo 小姐的咖啡店的运营情况好于网红饮品店。如表 15.3 所示。

表 15.3 咖啡店与饮品店的 ROE 比较 金额单位：万元

项 目	咖 啡 店	饮 品 店
销售收入	600	300
净利润	120	45
总资产	500	500
负债	300	400
所有者权益	200	100
销售净利率/%	20	15
资产周转率	1.2	0.6
权益乘数	2.5	5
净资产收益率	0.6	0.45

从净资产收益率来看，咖啡店的数据略高于饮品店，然后我们逐一分析，首先看销售净利率，咖啡店高于饮品店，每卖出 1 元钱，Yoyo 小姐的咖啡店可以赚 0.2 元，饮品店只能赚 0.15 元。咖啡店的资产周转率是饮品店的 2 倍，运营效率远高于饮品店。从前两项指标来看，咖啡店均高于饮品店，但是最后的 ROE 却相差不大，这主要是杠杆率的影响，相对于 Yoyo 小姐的稳健经营，网红店更倾向于快速发展，借了大量的贷款，加杠杆经营，今后面临如果经营情况不好无法偿还贷款和利息的风险。通过杜邦分析法，我们可以清楚地知道，无论从经营角度还是从稳健的角度，Yoyo 小姐的咖啡店都更胜一筹。

此外，总资产净利率的计算公式为销售净利率 × 资产周转率，根据公式变化，总资产净利率＝净利润÷平均总资产×100%，其中，平均总资产＝（年初资产＋年末资产）÷2。体现了公司使用全部资产所获得利润的水平，即每 1 元的资产平均能获得多少元的利润。

所以，对照图 15.2 和杜邦分析公式可知，ROE 受三个因素影响：一是利润率，利润率越高，ROE 越高；二是总资产周转率，总资产周转率越快，ROE 越高；三是权益乘数，即财务杠杆，财务杠杆越高，ROE 也就越高。

对于上市公司而言，ROE 越高越好，数值越高，说明投资带来的收益越高。我们举个例子说明什么是净资产收益率，你在银行存了 10 万元的一年定期存款，利率是 3.5%，你把这 10 万元看作一项资产，那么这一年的净资产收益率是 3.5%，这样就好理解了。同样的道理，分析一只股票值不值得投资的时候，ROE 也是一个很重要的指标，如果这家公司的 ROE 还不到 3.5%，就说明它的赚钱效率太低，还没有一年期的银行存款利率高。事实上，如果你长期持有一只股票，那么它的投资收益率将无限接近于这只股票背后的企业长期年化复合 ROE。一般来说，净资产收益率连续保持在 20% 以上，基本上就是一家很好的公司了。但是也并不是越高越好，因为我们知道负债经营是可以提高资金使用效率的，有可能是由于高负债经营而推高了净资产收益率。比如有些上市公司虽然 ROE 很高，但负债率却超过了 80%，这样的公司虽然盈利能力强，但却是建立在高负债基础上的。

15.3　偿债能力

短期偿债能力关注现金比率（cash ratio）、流动比率（current ratio）、速动比率（quick ratio）、营运资本（working capital）、营运资本配置比率和长期负债比率（long-term liability rate），这六个指标都是衡量企业在短期时间内偿还债务的能力，比率越高，则短期偿债能力越强。营运资本是企业在经营中可用于周转的流动资金净额，但并非越高越好。长期负债比率则是衡量企业的长期偿债能力，越低越好。

（1）现金比率，是衡量企业只使用现金和现金等价物来偿付其短期债务的能力。其计算公式为：现金比率＝（货币资金＋有价证券）÷流动负债。现金比率越高，变现能力越强。这个指标也称为变现比率。

（2）流动比率，是衡量企业在未来 12 个月内是否具有足够资源来偿还其债务的指标，其计算公式为：流动比率＝流动资产总额÷流动负债总额。通常来说企业的流动比率介于 1 和 2 之间是比较合理的。流动比率越高，企业资产的变现能力就越强，短期偿债能力越强。但是流动比率越高，并不一定代表企业有足够的现金可以用来偿债，只能是企业的短期还款压力小。此外，因为存货的变现能力依赖于生产和销售，变现速度比较慢，所以，又引入了一个指标，叫速动比率。

（3）速动比率，是衡量企业能立刻变现的流动资产的偿还能力。顾名思义，速动就是流动的速度更快，因为存货变现速度比较慢，所以速动资产要在流动资产里扣除存货。其计算公式为：速动比率＝速动资产÷流动负债，其中，速动资产＝流动资产－存货。

（4）营运资本，也叫营运资金，是企业在经营中可供运用、周转的流动资金净额，是企业流动资产减去流动负债的净额，其计算公式为：营运资本＝流动资产－流动负债。所以，从计算公式中可以清楚地看出，流动资产或流动负债的变化都会引起营运资本的变化。如果流动负债不变，那么流动资产的增加会引起营运资本的增加，流动资产的减少会引起营运资本的减少。相应的，如果流动资产不变，那么流动负债的增加会引起营运资本的减少，流动负债的减少会引起营运资本的增加。但并不意味着营运资本越高就越好，营运资本越高说明企业的流动资产过多或流动负债过少，不利于提高企业的盈利能力。

（5）营运资本配置比率，是企业持有一定金额的营运资本作为缓冲，以防止流动负债"击穿"流动资产。其计算公式为：营运资本配置比率＝营运资本 ÷ 流动负债。表示 1 个单位的流动资产中能够防止流动负债"击穿"流动资产的份额。配置比率越高，企业的短期偿债能力越强。其实，流动比率、速动比率和营运资本配置比率的相关度非常高，把它们之间的关联关系总结为一张图，如图 15.3 所示。

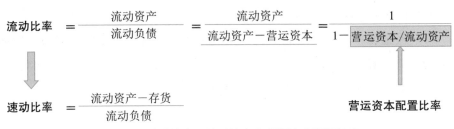

图 15.3 流动比率、速动比率和营运资本配置比率

（6）长期负债比率，也叫作资本化比率，是长期负债与资产总额的比率，公式为：长期负债比率＝长期负债 ÷ 资产总额。

15.4 现金流量表中涉及的重要指标

一家企业要保持良好的财务状况，必须依靠良好的经营活动现金流入来维持和发展，不可能长期依靠投资活动和筹资活动产生的现金流。所以经营活动产生的现金流入量应占据现金流入总额绝大部分比例。现金流是最直接识别利润是否掺了水分，你看公司的财报，利润不少，但是你从现金流量表里一直找不到入账的现金，那肯定就有问题了。

另外，非经常性损益和投资收益也要关注，尤其是金额比较大的时候。有些企业是当地的大型企业，其实主业已经不行了，但是地方政府还是要保，如果企业倒闭了，造成大量人员失业就很麻烦了。所以政府会给企业各种名义的补贴资金，收到救助资金后企业还能撑一会儿，这一笔收入就计入非经常性损益。

投资收益也容易忽悠人，公司主业不行了，卖股票、卖房子，不知情的还以为公司业绩大涨，结果第 2 年就打回原形，业绩暴跌。举个卖股票的例子，御银股份发布了 2019 年度业绩预告。公告显示，公司预计 2019 年度净利润为盈利 4 700 万元至 7 000 万元，业绩有望扭亏为盈，预计公司非经常性损益对净利润的影响金额为 8 000 万元至 9 000 万元。不过，该业绩并不是主营业务贡献的，而是证券投资收益所致。

再举个卖房子的例子，民丰特纸发布公告称，公司拟以 1 784.6 万元为底价通过公开拍卖形式出售位于浙江嘉兴的 36 套闲置住宅房屋资产。民丰特纸表示，如全部按转让底价成交，预计公司总体将增加收益约 1 386.6 万元（未考虑交易税费）。而这一价格，已经超出了公司 2018 年 1 002 万元的全年净利润。

除了上述几个因素以外，还有几个现金流的重要指标必须要知道，可以用来判断财务数据是否经过美化，有时候数据很好看，但通过计算指标后，还是能够发现问题的，关键还是要透过现象看本质。

（1）反映企业盈利状况的三个指标。即正现金流比率、净现金流偏离比率和净利润现金含量，如图 15.4 所示。

图 15.4　盈利能力

正现金流比率＝经营活动现金流入 ÷ 经营活动现金流出。一般而言，该比率的值应大于 1。它体现了企业经营活动产生正现金流量的能力，因为只有经营性现金流入量大于经营性现金流出量，企业才能够在不增加负债的情况下维持再生产，在一定程度上正现金流比率体现了企业盈利水平。当然这个比率越高越好，数值越大，说明企业的经营状况越好；反之，则说明企业的经营状况越差。正现金流量比率只涉及现金流量表。

净现金流偏离比率＝经营活动的净现金流 ÷（净利润＋折旧＋摊销）。这是一个表明企业实际经营活动的净现金流量偏离标准水平程度的指标，标准值设定为 1，如果偏差不大，说明企业盈利状况良好。如果数值远大于或小于 1 时，说明企业现金流量偏离现象很严重，企业管理不当，盈利质量低劣。净

现金流偏离比率涉及现金流量表、利润表和资产负债表。

净利润现金含量，也叫净现比，有时候也叫盈余现金保障倍数，是企业在经营中产生的现金净流量与净利润的比值，即每1元的净利润会带来多少现金净流入或净流出。计算公式为净利润现金含量＝经营活动净现金流 ÷ 净利润。如果该指标大于1，则表示企业净利润是有充足的现金做保障，而且数值越高越好，说明企业的销售回款能力强，或产品受市场欢迎程度高，预收账款较高，企业的财务压力小。如果该指标小于1，或是出现负数，则说明账面利润并没有产生实实在在的现金流量，或者企业利润并非来自主营业务。经营性现金流入较少，比如应收账款增加；经营性现金流出过多，比如应付账款减少、存货增加。净利润现金含量涉及现金流量表和利润表。一般情况下，净利润现金含量应大于1，因为现金流量表的结构中，我们清楚地知道经营活动现金流出只包含原材料成本、人工成本、税费，除此之外，固定资产折旧、无形资产摊销、利息支出等并不在其中，这就意味着经营活动现金流出额应该小于营业成本＋期间费用＋所得税，那么经营性现金流量净额应大于净利润，即该指标应大于1。

（2）衡量企业偿债能力的指标。我们如何快速地判断一家企业是否具备偿债能力，简单来说就是看这家企业当期取得的现金收入扣除其生产经营所需现金支出后，是否还有足够的现金用于偿还到期债务。换句话说就是经营活动净现金流覆盖其负债的程度。偿债能力一般包括两个指标：一个是现金流动负债比率，体现了企业的短期偿债能力，另一个是现金总负债比率，体现了企业的长期偿债能力。这两个比率的数值越大，表明企业偿还债务的能力越强。这两个指标涉及现金流量表与资产负债表。如图15.5所示。

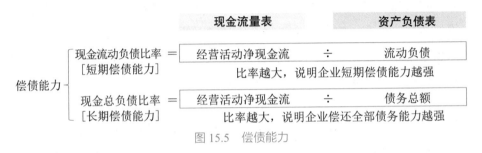

图 15.5　偿债能力

现金流动负债比率是企业在一定时期内的经营现金净流量同流动负债的比率，比率越大，说明企业短期偿债能力越强。这个指标从现金流量表中现金流入和流出的动态角度来衡量企业对短期负债的实际偿债能力。

其计算公式为：现金流动负债比率＝经营活动净现金流÷流动负债。从公式上看，计算的结果代表了企业在经营活动中取得的净现金流可以偿付流动负债的倍数。一般来说，该指标应该大于1，数值越大，表明企业经营活动产生的现金流越多，实际偿还短期债务的能力越强。此外，我们在计算流动负债总额的时候还要考虑预收账款，预收账款虽然是流动负债的一项，但是不需要企业在当期用现金支付，特别是当企业存在大量的预收账款时，就要考虑指标的合理性，所以我们在计算现金流动负债比率时，应将其从流动负债中扣除。如涪陵榨菜，2021年经营性净现金流是7.45亿元，流动负债总额是4.7亿元，预收账款为0。我们计算出涪陵榨菜2021年的现金流动负债比率等于1.59。

现金总负债比率是企业经营活动现金净流量与负债总额的比率，数值越大，说明企业偿还全部债务的能力越强。这个指标从现金流量表中现金流入和流出的动态角度来衡量企业对全部债务的实际偿债能力。

其计算公式为：现金总负债比率＝经营活动产生的现金流量净额÷负债总额。从公式上看，计算的结果代表了企业在经营活动中取得的净现金流可以偿付全部负债的倍数。数值越大，表明企业经营活动产生的现金流越多，实际偿还全部债务的能力越强。比如涪陵榨菜，2021年经营性净现金流是7.45亿元。流动负债总额是4.7亿元，负债总额为5.82亿元。我们计算出涪陵榨菜2021年的现金总负债比率等于1.28。

（3）反映企业关键能力的两个指标。其一个是销售收入现金收益率，另一个是营业成本现金支付率。这两个指标都是涉及现金流量表和利润表的。如图15.6所示。

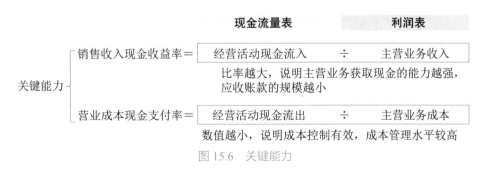

图 15.6 关键能力

销售收入现金收益率，也叫主营业务收现比率，是衡量企业所实现的销售收入中实际收到现金的比例。换句话说，这个指标也反映了企业在当期每产生 1 元的销售收入时有多少现金可以流入企业。其数值越大，表明企业主营业务产生销售收入的质量越好，当期收入的变现能力越强，应收账款的规模越小。反之，则说明企业当期账面收入高，但实际现金流入企业的比例很低，很高比例的收入以应收账款形式存在。

其计算公式为：销售收入现金收益率＝经营活动现金流入 ÷ 主营业务收入。比如涪陵榨菜，2021 年经营性现金流入是 28.85 亿元，营业收入为 25.19 亿元。我们计算出涪陵榨菜 2021 年的主营业务收现比率＝1.15。表明涪陵榨菜在 2021 年每产生 1 元的销售收入可以使 1.15 元的现金流入企业。

因此，当销售收入现金收益率 >1 时，说明本期销售所收到的现金大于本期的销售收入，企业当期的销售收入不仅全部变现，而且收回了部分前期的应收款项。一般来说，资产负债表中能够看到同期应收款项下降。

当销售收入现金收益率＝1 时，说明本期销售所收到的现金等于本期的销售收入，资金周转良好。

当销售收入现金收益率 <1 时，说明本期销售所收到的现金小于本期的销售收入，企业账面收入高，但实际变现收入低，部分为收回款项形成了应收账款。一般来说，资产负债表中能够看到同期应收款项上升。

营业成本现金支付率，是衡量企业以现金支付的营业成本的比例。换句话说，这个指标反映了企业在当期每发生 1 元的营业成本时需要支付多少现金。其数值越大，说明企业当期现金支付的比例越高。反之，则说明企业当期现金支付的比例越低，成本控制有效，成本管理水平较高。

其计算公式为：营业成本现金支付率＝经营活动现金流出 ÷ 主营业务成本。比如涪陵榨菜，2021 年经营性现金流出是 21.39 亿元，营业成本为 12 亿元。我们计算出涪陵榨菜 2021 年的营业成本现金支付率等于 1.78。表明涪陵榨菜在 2021 年每发生 1 元的营业成本需要支付 1.78 元的现金。

15.5　重点回顾

- 流动资产率＝流动资产 ÷ 总资产
- 固定资产净值率＝固定资产净值 ÷ 固定资产原值

- 固定资产与股东权益比率＝固定资产总额 ÷ 股东权益总额
- 资产负债率＝负债总额 ÷ 资产总额
- 股东权益比率（净资产比率）＝股东权益总额 ÷ 资产总额
- 股东权益比率＋资产负债率＝1
- 权益乘数＝资产总额 ÷ 股东权益总额
- 应收账款周转率＝销售收入 ÷［（期末应收账款＋期初应收账款）÷2］
- 应付账款周转率＝营业成本 ÷［（期末应付账款＋期初应付账款）÷2］
- 存货周转率＝营业成本 ÷［（期末存货余额＋期初存货余额）÷2］
- 净资产收益率（ROE）＝销售净利率 × 资产周转率 × 权益乘数
- 长期负债比率＝长期负债 ÷ 资产总额
- 现金比率＝（货币资金＋有价证券）÷ 流动负债
- 流动比率＝流动资产总额 ÷ 流动负债总额
- 速动比率＝速动资产 ÷ 流动负债
- 营运资本＝流动资产－流动负债
- 营运资本配置比率＝营运资本 ÷ 流动负债
- 正现金流比率＝经营活动现金流入 ÷ 经营活动现金流出
- 净现金流偏离比率＝经营活动的净现金流 ÷（净利润＋折旧＋摊销）
- 净利润现金含量＝经营活动净现金流 ÷ 净利润
- 现金流动负债比率＝经营活动净现金流 ÷ 流动负债
- 现金总负债比率＝经营活动净现金流 ÷ 负债总额
- 销售收入现金收益率＝经营活动现金流入 ÷ 主营业务收入
- 营业成本现金支付率＝经营活动现金流出 ÷ 主营业务成本

第16章 从商誉引申到企业并购

前面在商誉那部分我们谈到了商誉发生于企业并购，其实，企业并购，尤其是涉及海外并购，风险极大。商誉的形成只是结果之一，企业要想成功地完成一项并购，需要进行系统的风险管控。本章整体介绍了企业并购的风险管控框架，搭建一套企业进行并购的风险管控框架，整体架构以企业愿景为逻辑起点，围绕战略目标开展工作。全面了解企业海外并购的流程，识别在交易前决策、交易过程和并购后整合三个阶段的风险源。了解风险管控与公司治理结构的关系，了解企业进行并购行为的内部管理流程包括建议、立项、评估、决策和执行，明白并购决策是风险管控的最关键的环节，决定了是否开展并购项目。理解收购动因。学习并理解并购交易过程中的风险管控，了解尽职调查一般包括财务尽调、法律尽调、税务尽调和人力资源尽调。理解交易结构设计作为主线贯穿于整个并购交易过程中，了解价值评估与融资支付，学习并购过程中的国内外的监管与审批，了解接管与整合阶段的风险管控。

16.1 企业并购的整体框架及流程

首先搭建一套企业进行并购的风险管控框架，整体架构以企业愿景为逻辑起点，围绕战略目标开展工作，并购作为战略目标之一。并购重点内容集中于并购决策过程、并购交易过程及接管整合过程三个主要阶段，包括公司治理、决策程序、收购动因、收购对象、并购团队、尽职调查、交易结构设计、税收筹划、谈判与定价、融资与支付、监管与审批、并购接管和并购整合等13个重点环节，如图16.1所示。

其次是并购流程，并购是企业重要的战略性投资，涉及企业的投融资决策和过程，是董事会批准和授权下的行为，需要接受严格的内部控制。并购流程如图16.2所示。

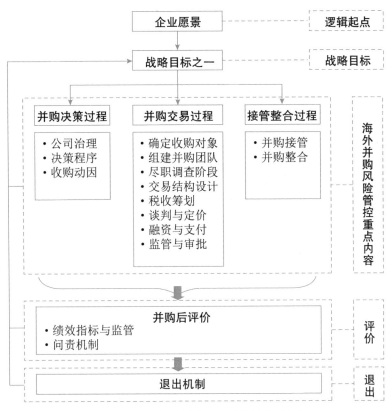

图 16.1　企业海外并购及风险管控体系框架

最后是主要风险源，在并购交易中，一切风险的来源皆在于信息不对称的本质。为了便于风险的识别和管控，也为了便于课题的阐述，本课题把并购交易风险划分为交易前决策、交易过程和并购后整合三个阶段。在各个阶段都有不同类型的风险分布，在国资委发布的中央企业全面风险管理报告模本[①]中提到的风险源，非常值得借鉴。如图 16.3 所示。

企业境外并购的诸多风险中，最突出的风险主要体现在以下方面。

（1）政治风险。与企业所在国家的政策变化等行为密切相关，包括征收、国有化、战争以及恐怖活动等政治暴力事件。前联合国贸发会议秘书长鲁文斯·里库佩罗指出："随着国际环境的不断变化，传统的市场、自然资源和廉价劳动力因素对跨国公司的吸引力正在减弱，政策的放宽、技术进步和不断

---

① 国务院国有资产监督管理委员会办公厅，《关于印发〈2011 年度中央企业全面风险管理报告（模本）的通知》，国资厅发改革〔2010〕93 号，2010 年 11 月。

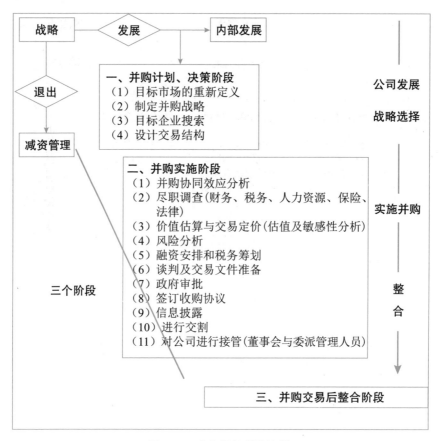

图 16.2 企业海外并购流程

演变的公司战略正成为影响跨国公司的三大主要作用因素。"这也表明，与政策变化有关的风险成为并购能否成功的重要决定因素。[①]

（2）法律风险。境外并购的最基本形式是股权收购（share deal）和资产收购（asset deal）。并购的股权收购应转让企业的全部或部分股权，使并购者成为企业新的所有者，资产转让则是将整个企业或其部分作为资产转让。转让的形式不同，所适用的法律也不同。国内企业由于不熟悉国外法律体系，且习惯于以国内的理解方式看待境外问题，结果屡屡碰壁。如在国外解雇员工要有工会的同意；具体执行人只认法律不认官员；法庭诉讼时有发生，且案件审理时间长等。

---

① 屈韬，李善民．公司治理结构与跨国并购 [J].广东商学院学报，2004（3）：30-33.

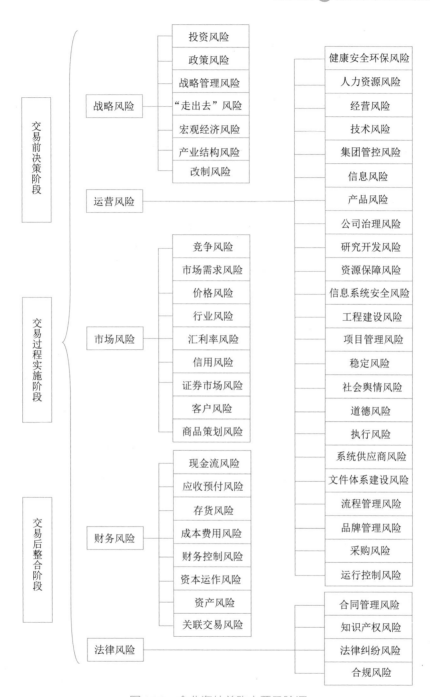

图 16.3　企业海外并购主要风险源

（3）财务风险。境外并购的核心问题是资产评估和投资回报问题，会计准则的差异、投资回报预测假设条件存在缺陷、涉税风险及其他未登记风险、有形资产与无形资产的定价、融资成本等财务风险，致使一些并购项目难以实现预定的并购目标。

（4）整合风险。相关研究表明，国际并购失败案例直接或间接源于企业并购之后整合的80%左右，而失败案例出现在并购的前期交易阶段则只有20%左右。因此，企业并购交易的结束，并不意味着并购的成功，相反，表明企业开始进入真正的风险爆发期。[①]中国企业对国际知名公司的并购，如联想并购IBM、TCL并购汤姆逊和阿尔卡特等，都面临如何应对文化和观念上的差异问题。语言、习惯、管理方式及运营机制等方面的差异，被并购方员工对前景的担忧及管理团队的抵触情绪等，都增加了整合的困难。

（5）人才风险。并购方首先要面临来自目标企业人员流失的压力。由于并购方在管理风格和制度上与目标企业存在差异，目标企业员工会产生前途莫测的感觉，而且并购活动往往会不可避免地受到竞争对手的极力打压，导致关键的研发、营销和高级管理层的流失。同时，国内并购企业自身往往缺乏国际性人才，在进行境外并购后会加剧人才缺失的压力。能否有效解决人才问题，会直接影响到企业的并购整合与长远发展。[②]

（6）客户流失风险。企业往往希望通过境外并购来获取被并购方的研发力量、销售渠道、客户资源、全球网络等，但并购完成并不意味着这些目的就能如愿以偿。获取被并购方的原有大客户往往是并购方的主要目的。国内企业在完成并购之后，首先要解决如何持续为客户提供服务的问题。由于缺乏经验，缺乏与国外大客户的沟通技巧和理解客户需求的能力，很容易造成客户流失。

16.2 并购决策

并购决策是企业并购过程中最重要的决策，一定要有相应的公司治理机制和内部控制活动保证并购决策与并购过程的可控性。关键是要在并购决策过程中保证风险管控机制的介入和到位。

---

① 林华.中资银行掀"出海"并购潮[J].国际融资，2007（12）：33-35.
② 李晓琳.中石油海外企业安全管理研究[D].青岛：中国石油大学（华东），2009.

首先是公司治理结构，公司治理是关于公司各利益主体之间权、责、利关系的制度安排，涉及决策、激励、监督三大机制的建立和运行。公司治理结构从治理机关设置、权责配置等方面来确定股东会、董事会或监事会、经理层等不同权力主体之间的关系，由此导致股东会、董事会、经理层等权力主体之间形成不同的权力边界。经济合作与发展组织（OECD）1999 年发布《公司治理原则》，强调董事会对公司的战略性指导和监督，董事会需要实施风险评估、财务控制等。[①]

风险管控与公司治理紧密相连，需将风险管控纳入公司治理路径之上，由股东会或董事会设计监控制度，考核、评价经理层绩效。公司治理机制有效，才能保证不同层次控制目标的一致性。只有从源头实施风险管控，才能维护各利益相关者的权益。有效的风险管控能够维护所有利益相关者的合法权益，而不是维护某一类或少数利益相关者的权益。如图 16.4 所示。

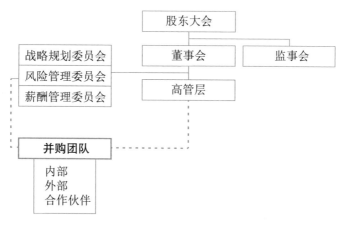

图 16.4 公司治理结构

其次是决策程序，风险管控机制在于对决策程序的监督，确保其程序的合规性，而并购决策是风险管控的最关键的环节。企业进行并购行为的内部管理流程包括建议、立项、评估、决策和执行。在此过程中，风险管控机制在于对决策程序的监督，确保其程序的合规性。如图 16.5 所示。

---

① 程新生. 公司治理、内部控制、组织结构互动关系研究 [J]. 会计研究，2004（4）：14-18.

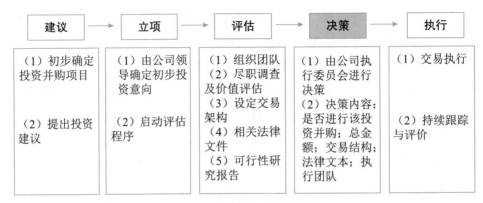

图 16.5　并购的内部管理流程

　　而并购决策是风险管控的最关键的环节，同时也决定了是否开展并购项目。在并购决策过程中，关键事项包括：①董事会对管理层进行明确的并购投资授权、投资额度预算和绩效要求；②管理层递交投资建议书，投资建议书应包括董事会审议、项目陈述、董事提问、独立董事提问、答辩、磋商、表决。

　　最后是收购动因，收购动因作为风险管控过程中的一个环节，应着重从增加市场占有率及影响力而并购竞争对手的角度，从扩大产业链，实现产业一体化角度，从实现多元化经营角度，从发挥协同效应的角度四个方面进行分析。

　　从增加市场占有率及影响力而并购竞争对手的角度进行分析。其主要包括：①扩大生产规模和市场份额（跨国收购可迅速实现海外扩张策略）；②压缩过剩能力（如裁员）和降低营运费用（规模采购、资源共享）；③获取优势资源（如收购有技术或品牌优势的企业）；④财务优势（融资成本降低、现金流改善等）；⑤税收优势（如收购亏损企业从而利用其税收优惠）。[①]

　　从扩大产业链，实现产业一体化角度进行分析。其主要包括：①有效地控制产业链，保证产供销顺利进行；②节约交易费用（外部交易转换为内部交易）；③增加收入来源（并购下游企业能拓宽收入来源，改善盈利表现）。

　　从实现多元化经营角度进行分析。其主要包括：①范围经济效应（管理资源等方面的高效运用）；②调整产业结构（如逐步向新兴产业进军）。

---

　　① 赵艳海.企业战略性并购——华立控股收购昆明制药案 [D]. 贵阳：贵州大学，2006.

从发挥协同效应的角度进行分析。[1] 其主要包括业务协同效益、营运协同效益、财务协同效益和其他协同效益。其中：①业务协同效益主要包括开发新市场和扩展业务。②营运协同效益主要包括通过横向或纵向并购而改善营运及提高效率。③财务协同效益主要包括：降低成本、规模效应或资源共享；增加收入、增加市场占有率；税务收益。④其他协同效益主要包括：发展新产品、增加新品牌、争取市场先机；扩展技术及研发；增强客户基础；稳定货源供应。

16.3　并购交易

并购交易过程首先要确定收购对象，经过详尽与完善的流程梳理，确定收购对象，通过并购以实现公司战略目标。

确定收购对象流程主要包括四个步骤：①寻找欠缺的业务板块，实现战略目标：具体包括公司战略定位目标、审视公司现有业务资源及弱点、确定目标市场的主要成功因素和参考其他国际业者经营模式。②判断原则：具体包括业务建立速度、成本效益、法律障碍、并购对象是否愿意出售和并购后的整合难度。③确定选择条件：具体包括产品、技术、品牌、市场、客户群数据库、销售网络、管理团队、其他特殊资源。④其他考虑因素 [2]：具体包括经济、法制、行业、市场结构等候选企业所在环境和业务、财务、法律、股权结构、现有股东意图和企业估值等候选企业自身资质。

其次是组建并购团队，风险管控要点：确保办理并购交易的不相容岗位相互分离、制约和监督，并配备具有并购目标相关行业专业知识的人员。一般来说，参与并购交易的内部部门或机构通常有董事会、经理办公会、战略发展部、资本运作部、财务部、法律部、内审部。

并购工作组则是针对具体并购项目成立的临时性机构，由于很多企业业务类型多样化，每次并购的项目业务性质也不尽相同，所以需要抽调不同的专业人员来参与不同的并购项目，并购工作组是一个很好的模式，它可以整合不同职能部门和业务部门的力量。一般来说由战略发展部、资本运作部、财务部、法律部、内审部抽调人员组成。并购工作组承担并购交易的申请、

---

[1]　希特，爱尔兰，霍斯基森.战略管理：竞争与全球化 [M].北京：机械工业出版社，2009.
[2]　普华永道企业融资、并购与重整部.企业并购与重组 [Z].2002.

中介机构的选择、审慎性调查等职责，在经理办公会为最高决策机构的情形下，它还是并购交易执行和并购合同订立的主体。并购工作组内部依据需要又可以分为不同的小组，比如目标企业搜寻小组、并购估值小组、并购谈判小组等。

战略发展部，或者资本运作部通常是并购交易的牵头部门，往往由它提拟某项并购交易，并牵头成立并购工作组。对于没有设立资本运营部的企业，往往由战略发展部承担这一职责。财务部主要承担并购交易中的会计记录及财务审核。法律部负责并购合同和并购交易全过程的法律事务审核。技术部门承担技术分析和技术审核的职责。内部审计部门承担并购交易的监督职责。需要注意的是，以上仅为一般性描述，具体到不同企业，组织形式则可能会进行较大变化和调整。尽管不同企业的并购交易业务所采取的组织模式会有所不同，但通常应该遵循一些基本的原则，即确保办理并购交易的不相容岗位相互分离、制约和监督，并购交易不相容岗位至少应当包括[1]：

（1）并购交易的申请与审批；

（2）中介结构的选择与聘用；

（3）并购交易的审批、执行、监督；

（4）并购合同协议的订立与审核；

（5）并购交易的执行与会计记录。

最后是尽职调查阶段，风险管控要点：确保财务、税务、法律、人力资源尽职调查流程的完整性及合规性。基于并购目的完整的尽职调查至少包括财务尽调、法律尽调、税务尽调和人力资源尽调。由于独立性和专业性的要求，尽职调查可以依赖律师事务所、会计师事务所等中介机构进行。

尽职调查的目的是：①识别被收购方企业是否满足收购预期，寻找致命缺陷，规避"瘦狗"企业；②识别其潜在风险，发现可能的表外收益和协同价值；③为投资建议书、交易估值和交易方案设计提供依据；④为收购后的整合方案设计提供要素。尽职调查流程如图16.6所示。

---

① 财政部，证监会，审计署，等. 企业内部控制应用指引 [Z]. 2010.

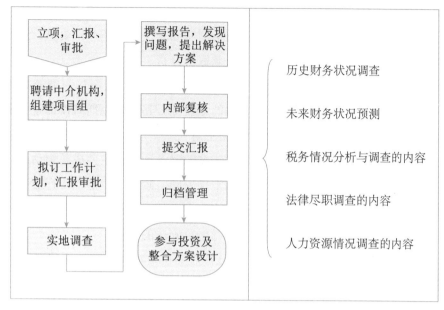

图 16.6　尽职调查流程

　　历史财务状况调查的风险管控要点是审视历史财务状况尽职调查是否包含以下关注事项：①基本财务情况。其主要包括：了解公司财务报表在重大方面所采用的会计政策；指出该财务报表为遵循其他会计标准（例如投资方所采用的会计制度）而需作出的重大调整；取得资产负债表和损益表中重大项目的详细说明及资料，并实施分析程序以验证其合理性。②资产状况。其主要包括：评估现金管理、营运资金、信贷、应付账款的政策及管理；应收账款、应付账款及存货的周期分析；对资产或负债的价值做合理的重估；评估预期的或有负债及潜在责任并了解现存诉讼情况。③收益状况。其主要包括：主要产品／服务的利润分析与销售季节性及周期性；盈利质量及收益记录是否符合国际会计标准；一般运营及行政开支的结构与非经常性项目的内容。④资本结构。其主要包括：现有股票；具有认股价和等待期的股票期权、认股权和其他潜在稀释股权的证券；所有债务工具或附加主要条款的银行信用额度汇总表；资产负债表外负债；在权益、认股权证和债务方面的筹资历史分类表，含日期、投资者、美元投资、所有权比例、隐含价值，以及每一轮融资的现值。⑤其他财务信息。其主要包括：一般会计政策和企业会计估计（收入确认、存货计价、折旧政策等）；关联方关系及其交易信息。⑥过去 3 年的年度财务信

息。其主要包括：损益表、资产负债表、现金流量表及附注；预计结果与实际结果；管理层财务报告；销售与销售毛利明细表（产品类型、渠道、地区）；按客户划分的现有在手订单量；应收账款账龄分析表。

未来财务状况预测的风险管控要点是审视未来财务状况尽职调查是否包含以下关注事项：①未来财务状况预测的重要性。其主要包括向投资者提供一个现实的远景计划，使交易双方对未来业务发展产生共鸣。②财务预测的主要内容。其主要包括：对以后三个财政年度的财务预测；主要成长驱动力与前景；商业可预见；对外业务风险，例如汇率变动、政府不稳定性；行业和公司价格政策；预测中的经济假设，基于价格和市场波动的不同情况；对预测资本支出、折旧和流动资本要求的说明；外部融资安排的假设。

税务情况分析与调查的内容的风险管控要点是审视税务状况尽职调查是否包含以下关注事项：①目标企业的税收状况。其主要包括：税收状况汇总表，包括可以结转的以前年度经营净损失；目标企业所适用的税收政策；享受的税收优惠，分析可能的税收返还机会；目标公司税收稽查情况、欠缴税款情况；目标公司的税收资产（如递延税款）情况，并分析其能够被转到新公司的可能性。②与并购交易相关的税收问题。其主要包括：从税收角度出发的未来企业结构分析；并购交易中资产/股权转让引起的税收问题；并购后的相关税收问题；所取得的资产的税收计价问题。③其他税收问题。其主要包括协调国际税收顾问的建议。

法律尽职调查的风险管控要点是审视法律状况尽职调查是否包含以下关注事项：法律尽职调查是要了解目标公司的整个法律结构和法律风险。其内容主要涉及有公司是否合法成立、土地产权是否完整、是否有诉讼记录、员工政策、公司章程等，若目标为上市公司，还将涉及证券监管和信息披露等问题。另外，对目标公司所在国的法律政策环境的调查分析也十分重要。简单概括就是两方面的情况：一是法律监管情况，二是目标公司基本情况。

在法律监管情况方面，主要针对国家安全、反垄断、环境保护、劳工问题、税务政策等进行调查。对目标公司基本情况的法律尽职调查包括目标公司的股东状况、是否具备合法的参与并购主体资格、是否具备从事特定行业或经营项目的特定资格、是否已经获得了本次并购所必需的批准与授权、产权结构和内部组织结构、重要的法律文件、重大合同、资产状况、财务状况、人力资源状况、员工福利政策、工会情况、劳资关系、法律纠纷、诉讼记录、潜在债务等内容。发现对交易产生实质性影响的重大事项。

人力资源情况调查的风险管控要点是审视人力资源尽职调查是否包含以下关注事项：①组织结构图；②主要的管理层人员；③雇员福利（薪酬、退休金等）；④工会协议；⑤劳资关系。

在尽职调查过程中，往往会发现目标公司存在表内表外很多问题，存在各种经营性风险、财务风险和管理问题。有些问题是客观存在的，有些则是管理层主观故意。有些风险需要由并购方承担，有些则需要出售企业进行整改承诺，否则就要从支付价款中扣除。对完全基于市场交易为主的并购，如海外并购被称为"四剑客"的四类条款：陈述与保证条款、维持现状条款、分期付款与设置牵制条款、索赔条款。这四类条款对风险防范至关重要，既是并购双方激烈争议讨价还价的焦点，又是保护并购交易安全的必要条件。

16.4 交易结构和税收筹划

交易结构设计作为主线贯穿于整个并购交易过程中，重点审视交易结构、公司治理结构和税负三个方面。因此，交易结构设计要考虑三个要素：一是交易结构，二是公司治理结构，三是税负。如图16.7所示。

而税收筹划的要点关键在于设计从全球经营角度考虑的税务架构和策略，以实现支持公司未来的业务增长，有利于未来可能进行的并购投资活动；配合未来的资金派回和投资退出策略；实现资金高效运用。所谓兼并与收购的税务结构，是从税务角度作出的最有效率的安排来进行交易。所有的重大资产或股权交易，并不会简单地以税务节省为目标，但在交易结构中必须考虑税务安排，以作出对双方股东在税务上最为有利的安排。

企业并购进行税收筹划的主要考虑因素有：① 规避或减少东道国（目标国）的公司所得税和预提税；② 规避或减少中间国的公司所得税和预提税；③ 规避或减少投资母国（中国）对海外利润课征的企业所得税。其他必须考虑的因素：① 境外子公司要避免成为中国税收居民企业；② 境外子公司要避免成为受控外国企业（CFC）；③ 充分利用新企业所得税法给予的三层抵免的规定。设计的原理在于，利用避税地政策，充分享受既有国家之间的税收协

交易结构

（1）交易主体：母公司还是上市公司？
（2）交易对象：股权还是资产？
（3）股权比例：收购比例？

公司治理结构

（1）分析标的公司现有的治理结构和管理架构。

（2）根据新的股权结构，设计符合标的公司长远发展战略的公司治理结构。

（3）通过公司章程明确股东及管理层权限和标的公司管理方式，保护股东利益，确保决策过程有效性。

（4）建立新的运营机制：整合标的公司的管理体系，充分发挥协同效应。

税负

（1）直接投资架构vs间接投资架构。

（2）融资税负：资本弱化、亏损弥补年限、利息费用资本化等方面的规划。

（3）融资安排。

图 16.7　交易结构设计三要素

定，达到降低税负目的。税收的降低可以在中国、中间国和目标国三个层面上实现。① 设计思路如图 16.8 所示。

在进行海外投资时，还要注意对对外投资平台的选择。作为对外投资平台，应充分考虑以下因素：①地理位置；②政治、金融、贸易、法制、货币等稳定健全；③低税负，较好的税务协定网络；④外汇没有管制。

香港地区经常作为内地企业进行跨国并购的对外投资平台，因为其不但具有地理优势，而且作为世界顶尖金融、贸易中心之一，没有外汇管制，资本市场活跃，银行体制健全，已经形成税收协定网。所以，内地企业并购时经常会将香港作为投资平台进行对外投资，如图 16.9 所示。

---

① 谢佳扬 . 中国企业并购重组财务及税务所需关注事项 [C]// 深交所第二届上市公司并购重组与操作实务研讨会，2008.

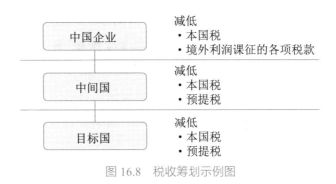

图 16.8　税收筹划示例图

中国内地

股息免征
预提所得税

中国香港地区

股息预提所得税
（10%）

股息免税
（注一）

股息免征
预提所得税

股息预提所得
税（30%）
（注二）

〈可考虑加入
中间国减低
预提所得税
税率〉

泰国

越南

文莱

澳大利亚

注一
越南当地税法
并不对股息进
行征税

注二
30%预提所得
税税率适用于
未完税股息

图 16.9　通过中国香港地区作为平台进行税收筹划示例图

16.5　价值评估与融资支付

尽职调查作为公司价值评估的基础，不同评估方法的选择都会影响目标公司的价值评估，关键在于公司战略层面的考虑。风险管控的重点在于衡量并购过程中公司可使用资源与实现公司战略目标之间的匹配度。由于交易双方所持有的信息不对称，而且对公司未来的发展前景往往有着不同的看法，因此双方对目标公司的真实价值通常也有不同的看法。

并购交易中经常用到现金流量折现法、EBITDA 倍数法、可类比收购分析法和清算价格法等几种评估方法。一般而言，由于现金流量不易受折旧方法等人为因素的影响，能比较客观地反映企业最真实的未来受益和资金的时间价值，所以现金流量折现法通常是企业价值评估的首选方法。如果在尽职调查中能获得足够的信息，可以使用现金流量折现法进行价值评估。现金流量折现法具体流程如图 16.10 所示。

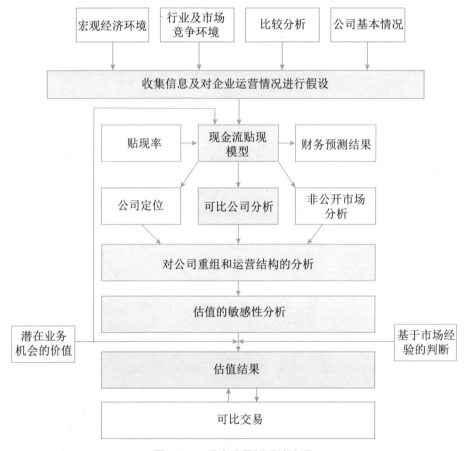

图 16.10　现金流量折现法流程

融资支付的重点在于并购预算的完整性及准确性、融资安排是否合理、支付的及时性。单纯的并购成本就是向被收购企业的股东支付的收购价格。但是，被收购企业是一个完整的业务，收购目的不是消灭，而是发展，那么，除了所支付的收购对价外，还需要考虑其他的成本因素。①表外负债，主要包括：收不回来的应收账款；或有负债如担保成为真实；卖不掉的过时的存货；诉讼；投资亏损；尽职调查没有发现的其他负债。②补充营运资金，维持目标公司的正常运营所需资金，主要用来维持客户和供应商的应收款、存货和应付款。③收购后的资本性投资和研发投入，主要包括：涉及原有厂房设备机器等改造、升级；新的生产线的购置；产品研发等。④并购重整费用，主要是人员遣散费及补偿、启动新的激励计划、养老失业保险等，不同国家的重整费不同，尤其是欧洲等国家，对员工的福利、养老等保护非常严格。⑤其他费用，主要包括并购咨询服务费、资产评估费、广告宣传费、申请审批的费用。

并购支付预算制定后，需要解决并购支付的融资问题。并购融资，需要考虑与支付之间的联系。这取决于交易是依赖内部融资还是必须依靠外部融资，外部融资是债务还是股权。

融资工具根据现金流追索方式，可分为现金支付、股权支付和混合支付，混合支付即部分股权＋部分现金。企业并购资金来源可以分为内部融资、外部融资。①

（1）内部融资是指从公司内部开辟资金来源，筹措并购所需的资金。包括：①企业自有资金；②未使用或未分配的专项资金；③内部资金池管理。

（2）外部融资是指企业外部的资金来源，外部融资可以划分为直接融资和间接融资，其中，①直接融资就是指不通过中介机构（如银行、证券公司等）直接由企业面向社会融资。常用的融资方式包括发行普通股、优先股、债券、可转换债券、认股权证等。有大量实证研究表明，企业在信息不对称、收购方股票被高估以及面临流动性压力时，更愿意进行股票支付以及股票融资。②间接融资即企业通过金融市场中介组织借入资金，主要包括向银行及非银行金融机构（如信托投资公司、保险公司、证券公司）贷款。间接融资多以负债方式表现出来，其影响与企业发行债券类同。②

16.6　并购的监管与审批

在并购交易中，境内外监管机构审批程序的合规性和及时性是一个不容忽视的关键工作，往往会成为影响交易成败的决定性因素，特别是由于国情

---

① 周春生.融资、并购与公司控制[M].2版.北京：北京大学出版社，2007.
② 丛昕.企业并购融资问题研究[D].大连：东北财经大学，2003.

所限，监管与审批涉及国内和国外两部分。

国内监管和审批。国内政府报批以及企业内部决策往往过程较为冗长，而在并购交易中，时间往往是很宝贵的，机会稍纵即逝，如何有效地开展报批工作非常重要。中国境内监管机构结构如图16.11所示。

图 16.11　中国境内监管机构结构

从图16.11中可以看到，中国境内监管机构主要包括商务部、国家发改委、国资委、证监会、财政部、外管局等。审批内容依照监管机构的管理职能要求具体如下。

（1）国务院：境内法人在境外投资涉及的大额用汇项目（金额超过5 000万美元以上），由国家发改委核准后报国务院核准。

（2）国资委：中央企业境外收购活动，在上报国家有关部门批准前应获得国资委同意。

（3）国家发改委：对境内各类法人在境外进行的投资（含新建、并购、参股、增资、再投资）项目进行核准（境内企业在境外投资前需向国家发改委报送书面信息报告）。

（4）商务部：对国内企业到境外开办企业（指我国企业通过新设、收购、兼并、参股、注资、股权置换等方式在境外设立企业或取得既有企业所有权或管理权等权益的行为）进行核准（境内企业境外投资前需向商务部递交境外并购事项前期报告表）。

（5）外管局：拟在境外投资的公司、企业或者其他经济组织，在向国家主管部门办理境外投资审批事项前，应向外管局提交外汇资金来源的证明，并取得外管局审查意见。该审查意见为商务部审批的报送文件之一。经批准在境外投资的公司、企业或者其他经济组织，应当向外汇管理部门办理登记和投资外汇资金汇出手续。

（6）证监会：对于境内上市公司的重大资产收购行为，根据新的重大资产重组办法，重大资产收购报告书需要获得证监会的审核批准。

（7）驻外经济商务参赞处：商务部要求我国驻外经济商务参赞处对中央企业在当地的收购项目提出意见，该意见为商务部审批的报送文件之一。

境外监管和审批。根据不同国家的具体情况有所不同，如美国是全世界对自己的产业保护最严重的国家之一，对重要行业的跨国并购一直实行严格的管制。审批程序极为复杂，其保护体系包括一整套的法律体系、审查程序，行政干预等，具体如下。

（1）反垄断审查：美国反托拉斯法由以下 6 部法律和法规组成。《克莱顿法》（1914），《塞勒—凯弗维尔法》（1950），司法部和联邦贸易委员会联合颁布的《并购指南》（1992），《哈特—斯各特—鲁迪南反托拉斯法》（1976），《外国投资研究法》（1974）和《改善国内外投资申报法》（1977）。

（2）联邦证券法：由《美国联邦证券法》（1933）、《美国联邦证券交易法》（1934）和《威廉姆斯法》（1968）三部法规组成。《威廉姆斯法》是核心，对通过证券交易所逐步收购和通过发出收购要约的一次性收购做了规定。该法的主要目的是：监管股权收购行为，规范收购过程和披露要求，为股东提供足够的时间做决策以增加对证券市场的信心。

（3）各州法律法规：具体到美国各州对于并购所涉及的税收、就业、环保等的规定又不相同。

（4）行业审查[①]：①信息通信行业。美国联邦通信委员会（FCC）负责根据 1934 年《通信法》，外国人不能直接从事这些业务，通常情况下持有这些

_____

① 刘学文 . 我国外资并购的法律规制研究——以国家经济安全为视角 [D]. 重庆：西南政法大学，2007.

公司的股份不得超过 20%，且外国人董事不得超过 25%。②能源和自然资源。限制外国人在美国领土内从事勘探或开采石油、天然气、煤炭或其他非能源矿产。限制外国所有权涉及能源的利用，包括民用核能发电。③交通运输。《联邦航空法》规定外国实体不得直接拥有 10% 以上美国"航空运输机构"的股权，外国实体可以间接投资于美国航空运输机构，在美国人控制 75% 以上表决权的情况下，最大可拥有 25% 的表决权。外国人在这些机构董事会中的席位不得超过 1/3。在美国港口中从事货物运输的船舶，必须由美国公民控制或所有的公司来制造。在从事国内商业运输的机构中，外国利益所占的比重不得超过 25%。④银行。有关境外机构取得美国境内银行股权，要受到《银行持股公司法》《银行兼并法》《银行控股权变更法》《州际银行法》《国际银行法》《金融机构现代化法》和《外国银行监管促进法》等多部法律的约束。2007 年 7 月，美国通过《外商投资与国家安全法案》，重新定义了涉及外资并购的国家安全问题，对外国投资进行更严格的审查，银行是重中之重。

（5）美国外国投资委员会[①]（CFIUS）：由 15 个部门组成，包括财政、外交、商务、国防、司法、情报、科技等所有重要部门，由财政部部长担任主席。来美并购的外企可自愿向 CFIUS 申报，但如果 CFIUS 的任一成员对此并购案提出异议，就必须进行为期 90 天的审查，所并购企业任何时候都可能遭遇审查。先由 CFIUS 各成员机构审查 30 天，如果一致通过即放行，但只要一个成员有异议，就要进行 45 天的补充调查，然后由 CFIUS 报总统，由总统在 15 天内裁决是否放行。

（6）安全审查：2007 年，美国国会通过了《外商投资与国家安全法案》，该法案关注更为广泛的美国国家安全，扩大了审查范围。只要交易涉及与美国国家安全有关的核心基础设施、核心技术及能源等核心资产，就会面临严格审查。外资所在国是否在反恐问题上与美国积极合作、外资公司是否在地区范围内对美国形成军事威胁等也被纳入审查内容。此外，《外商投资与国家安全法案》赋予美国总统一票否决的特权，可以中止或禁止任何被认定为威胁美国国家安全的外国收购、并购行为的权力。

---

① 骆轶航 . 华为的真正考验 [J]. 环球企业家，2008（5）：56.

（7）国防审查①：规定总统要向国会提交"联邦外国投资委员会"对外资收购行为的调查结果，包括收购对美国国家安全、美国在全球技术领导权的潜在影响。外资受到限制的领域包括：①完全出于国家安全考虑而明确禁止外资介入：国内航空运输、核能生产和利用、国内水路运输；②严格限制外国直接投资介入电信、广播等部门；③对外国投资实行对等原则：油气管道、铁路、矿产采掘等行业；④对水力发电、某些地区的水产业和航运业实施特殊限制。

16.7　接管与整合阶段

并购接管阶段的风险管控要点：清晰界定并购双方边界。收购结束日或结算日一般在买主和卖主同意收购条款之后 15 ～ 60 天，又称为间歇期。间歇期的长短取决于公司业主性质（上市或非上市公司）、合同的复杂性、所需的法律许可、监管审批等因素。在此间歇期，卖主管理人员继续控制、管理企业。但是在这一阶段，必须与买主界定清楚边界。

间歇期并购双方边界划分主要考虑以下事项：①在尽职调查中发现的应该由大股东或实际控制人整改、补偿、归还的科目；②对卖方股东支付红利或其他分配——未分配利润的处理；③对全部员工的工资和收入、雇佣协议的变更和谈判；④融资合同及任何形式的或有负债合同；⑤公司担保和其他或有负债合同；⑥与供应商签订的重大合同及相关承诺订单；⑦新的客户的订单验收，通常这部分商品不体现在所估测的卖方利润中；⑧产品销售价格的升降变化；⑨诉讼；⑩企业部门以及企业产品和服务系列的收购和剥离，并购后资产的处置与风险隔离（重组、分拆、分立、剥离、破产等）。

并购整合阶段的风险管控要点：是否在管理架构、业务、人员、文化、品牌等方面制订详细的整合方案。整合至关重要，对于任何跨国收购，成功交割只是第一步，顺利整合才是企业能真正实现其收购的战略目标、获得价值提升的关键。根据麦肯锡公司多年的追踪统计，绝大部分的并购失败是由于整合不成功引起的，只有小部分是由尽职调查、谈判、交易等因素造成的。整合计划的制订和实施都是一个系统工程，涉及管理架构、业务、人员、文化、品牌等众多方面。计划制订需要充分的时间进行研究准备。整合计划的

---

① 李欣，李娅 . 如何提高中国企业跨国并购成功率：以美国为例 [J]. 山东经济，2006，22（3）：131-134.

制订应与收购项目同步进行。收购一旦完成，便可立刻启动整合计划。初步的整合构想应贯穿尽职调查、谈判等过程，便于企业对整合可行性及早进行考察，尽快发现和解决关键问题。

制定整合战略，要选择合适的整合方法。确定整合基调，"整合"二字，是以"整"还是以"融"为主。区别在于收购方是否有一支团队，足够熟悉被并购企业业务。然后根据被并购企业对于并购方战略特点及其自身的文化特性确定整合的手法。

根据并购意图、尽职调查发现和并购协议相关约定，确立整合方案。整合程度，决定于控股权比例和并购方人力资源状况。如果不控股，但持有较大比例股权，则没有全面整合的必要，只需根据持股比例和谈判结果，派遣财务人员。即使控股，也要看是否有更换并购企业管理层的必要。除非对方不愿意或者在能力、道德方面存在重大问题，抑或在文化、战略决策上有根本分歧，否则没有必要全部更换对方管理层。尤其当收购方在新业务上缺乏足够合适的人力资源和团队时，更要依赖原有管理团队，因此，彼此的文化、理念认同和融合非常关键。

根据并购企业与目标企业在战略依赖性与组织独立性需求程度的不同，可以采取不同的整合模式类型。这里的战略依赖性（战略相关性），是目标企业在产业方向、市场或技术能力方面增进或补充并购方企业战略的程度；组织独立性（组织关联性）是指目标企业与并购方企业在文化、人员和管理上的关联程度或匹配程度。[①] 如图 16.12 所示。

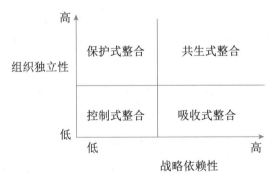

图 16.12　战略依赖性匹配程度示意图

① 戴永秀 . 国有企业并购后的组织结构整合研究 [D]. 南昌：南昌大学，2008.

财务整合是指并购方对被并购方的财务制度体系、会计核算体系统一管理和监控。企业并购的目标是通过核心能力的提升和竞争优势的强化创造更多的新增价值。因此，在财务整合过程中，企业也必须紧紧围绕这一目标，以成本管理、风险控制和财务管理流程的优化为主要内容，通过财务整合力求使并购后的公司在经营活动上统一管理，在投资、融资活动上统一规划. 最大限度地实现并购的整合和协同效应。财务整合遵循及时性原则、统一性原则、协调性原则、创新性原则和成本效益原则。[①] 财务整合是企业并购后整合的核心内容，对提高企业的整体合力和核心竞争力起着关键性的作用。企业并购后的财务先行和成功整合，也能为其他资源整合的成功提供有力的保障，同时，财务的成功整合也有利于企业整体战略目标的实现。

接下来就是整合，整合面临的问题有一个共性，即并购方和被并购方存在信息的不对称，双方各自都存在信息优势和劣势，双方又对信息有各自的解读。整合的组织前提就是建立一支能被并购双方信任的整合小组，能够把信息按照重要程度有序地传达到所有利益相关方，并在此基础上通过有效、频繁的互动，凝聚各方共识，逐步建立新企业的管理架构。

整合小组的成员构成对于能否完成其使命起着至关重要的作用。要尽可能多地吸纳目标企业员工参加，而且要保证小组所有成员能获得并购双方员工，尤其是目标企业员工的信任和尊重。新公司的 CEO（首席执行官）通常被认为是并购交易的受益者，应尽量不要加入整合小组。

整合小组的目标就是要消除并购双方员工信息的不对称，并要在充分沟通和互动的基础上，制订一套完整、可行的整合方案，提交新企业的董事会讨论。为了提高整合的效率，整合小组的存在时间通常不能太长，一旦董事会通过整合方案后，整合小组应尽快解散，把整合的执行工作交给新企业的管理层，防止出现整合小组与管理层共同进行整合的局面。

16.8　重点回顾

- 公司治理机制和内部控制活动保证并购决策和并购过程的可控性
- 风险管控与公司治理紧密相连，需将风险管控纳入公司治理路径之上

---

① 张怀龙 . 我国钢铁产业上市公司并购绩效研究 [D]. 合肥：合肥工业大学，2010.

- 企业进行并购行为的内部管理流程包括建议、立项、评估、决策和执行

- 确保办理并购交易的不相容岗位相互分离、制约和监督

- 尽职调查一般包括财务尽调、法律尽调、税务尽调和人力资源尽调

- 交易结构设计从这三个方面进行考虑：一是交易结构，二是公司治理结构，三是税负考虑

- 所有的重大资产或股权交易，并不会简单地以税务节省为目标，但在交易结构中必须考虑税务安排，以作出对双方股东在税务上最为有利的安排

- 一般而言，由于现金流量不易受折旧方法等人为因素的影响，能比较客观地反映企业最真实的未来受益和资金的时间价值

- 融资支付的重点在于并购预算的完整性及准确性、融资安排是否合理、支付的及时性

- 在并购交易中，境内外监管机构审批程序的合规性和及时性是一个不容忽视的关键工作，往往会成为影响交易成败的决定性因素

- 并购接管阶段的风险管控要点：清晰界定并购双方边界

第17章　企业并购案例

本章重点讲解作者全程参与的 2011 年的一起并购案例，案例中所列示的相关数据介于 2007—2010 年之间，收购方为国内中央企业，虽然是十年前的并购案，但很有代表性，其中展示了各个细节，对现在的企业并购也有借鉴意义。在收购过程中，对照风险管控体系的各个环节逐项讲解，将风险管控贯穿其中，从收购动因、市场分析预测、项目总体方案、投资估算、财务分析、风险分析、税务筹划、项目并购后组织与管理等环节进行风险管控。对应完成风险管控体系中的收购动因、并购交易过程、并购团队、交易结构、谈判与定价、融资与支付、监管与审批、尽职调查—法律、尽职调查—保险、尽职调查—人力、尽职调查—财务、税收筹划、接管与整合等工作。

17.1　贯穿于并购过程的风险管控

收购方为中国航空技术国际控股有限公司（以下简称"中航国际"），其前身是中国航空技术进出口总公司，为中国航空工业集团的二级公司，收购标的为美国大陆航空发动机公司（Teledyne Continental Motors，以下简称"TCM 公司"），位于美国亚拉巴马州，1968 年被美国德立达技术公司（Teledyne Technologies，以下简称"TT 公司"）收购至今，是其全资子公司。

TCM 公司现有一个主制造厂、两个维修中心、51 个销售网点，主要在美国、欧洲和澳洲。制造厂位于美国亚拉巴马州的 Mobile 市，两个服务中心，一个位于 Fairhope，另一个位于纽约长岛的 Mattituck。TCM 公司从事航空活塞发动机研发生产和销售、发动机翻新及零部件服务。TCM 公司是 FAA（美国联邦航空管理局）认证的航空活塞发动机和零部件专业化公司，具有 AS9100 认证资质，TCM 公司拥有 157 个经 FAA 认证的发动机型号，涵盖 100 ~ 350 马力，年生产能力 2 600 ~ 4 000 台。2009 年销售额 1.13 亿美元，2010 年销售额 1.35 亿美元，2009 年，TCM 公司占全球活塞发动机 OEM（原始设备制造商）市场份额达 44%。目前仍有 8 万台发动机在役。新产品研发方面有柴油发动机、全权限数字电控系统、无铅燃料技术和 100 马力的轻型发动机，是一个具备研发、制造、认证、市场营销、证后管理、风险控制管理等功能的企业。

对照风险管控体系的各环节，在中航国际收购 TCM 公司的过程中，风险管控贯穿其中，从收购动因、市场分析预测、项目总体方案、投资估算、财务分析、风险分析、税务筹划、项目并购后组织与管理等环节进行风险管控。对应完成风险管控体系中的收购动因、并购交易过程、并购团队、交易结构、谈判与定价、融资与支付、监管与审批、尽职调查—法律、尽职调查—保险、尽职调查—人力、尽职调查—财务、税收筹划、接管与整合等工作。

中航国际收购 TCM 公司的收购行为是一项复杂的系统工程，从程序到内容涉及方方面面的工作，风险管控体系尽量让每一过程的风险可控、潜在风险降到最低，且保证并购目标的实现。如表 17.1 所示。

表 17.1　贯穿于中航国际收购 TCM 公司过程的风险管控流程表

并 购 过 程	对应风险管控环节	执行情况
1. 收购动因	并购决策过程	完成
健全我国航空发动机产品体系	收购动因	完成
加快中国航空工业融入国际航空产业链	收购动因	完成
加快提升中航国际的行业地位	收购动因	完成
取得管理和技术的多方面收益	收购动因	完成
2. 市场分析预测	并购交易过程	完成
通用航空市场分析	尽职调查	完成
航空活塞发动机市场分析	尽职调查	完成
市场竞争分析	尽职调查	完成
公司的主要客户	尽职调查	完成
3. 项目总体方案	并购交易过程	完成
项目总体思路	并购团队	完成
交易框架设计	交易结构	完成
收购后经营规划	并购整合	完成
项目进度安排	并购团队	完成
4. 投资估算	并购交易过程	完成
项目总投资估算	谈判与定价	完成
融资与支付	融资与支付	完成
5. 财务分析	并购交易过程	完成
收入分析	谈判与定价	完成
成本和利润分析	谈判与定价	完成

并 购 过 程	对应风险管控环节	执行情况
未来10年财务预测	谈判与定价	完成
敏感性分析	谈判与定价	完成
6. 风险分析	并购交易过程	完成
审批风险	监管与审批	完成
法律风险	尽职调查—法律	完成
产品责任和质量风险	尽职调查—保险	完成
人力资源风险	尽职调查—人力	完成
商标、知识产权风险	尽职调查—法律	完成
市场风险	尽职调查—财务	完成
管理与文化风险	尽职调查	完成
财务风险	尽职调查—财务	完成
7. 税务筹划	并购交易过程	完成
税务筹划	税收筹划/尽职调查	完成
架构设计	税收筹划/尽职调查	完成
8. 项目并购后组织与管理	接管与整合过程	完成
运营管理	接管与整合	完成
人力资源管理	接管与整合	完成
市场营销与产品销售	接管与整合	完成
重点研发计划	接管与整合	完成
生产管理	接管与整合	完成
财务管理	接管与整合	完成

17.2 收购动因分析

1. 健全我国航空发动机产品体系

截至2010年，通用飞机用活塞发动机在我国基本还是空白，国内通用飞机使用的活塞发动机基本都是购买的国外发动机。TCM公司拥有157个经FAA认证的发动机型号，涵盖100～350马力。通过收购TCM公司，可以健全我国航空发动机产品体系，弥补中国航空工业活塞发动机的技术不足，提高我国活塞发动机的技术水平。

（1）TCM公司具备成熟的活塞发动机技术，有明确的产品市场定位，其产品的技术水平和质量处于领先地位。目前TCM公司市场占有率为44%，为

国内发动机产业进入全球分工提供了稳定的市场保证。

（2）TCM 公司具备成熟的发动机研发能力。其拥有成熟的研发团队，如果引进成熟的活塞发动机技术，可以缩短我国与世界先进国家在活塞发动机及相关发动机方面的技术差距，对提升中国发动机研发能力有积极的推动作用。同时，TCM 公司拥有轻型和小型动力发动机的研发能力，能为今后国内的无人机领域应用奠定一定的基础。

2. 加快中国航空工业融入国际航空产业链

并购海外航空制造企业是中国航空工业融入国际航空产业链的一种有效且快捷的途径。在国际航空产业全价值链环节中，设计、营销、售后服务一直是中国航空工业的短板。通过并购国外知名的航空活塞发动机制造企业，可直接进入活塞发动机主流制造商行列，全面学习海外航空制造企业先进的研发、认证、生产、营销、售后、风险防范等运作管理经验，培育海外业务基地，培养符合建设跨国公司需要的人才。如图 17.1 所示。

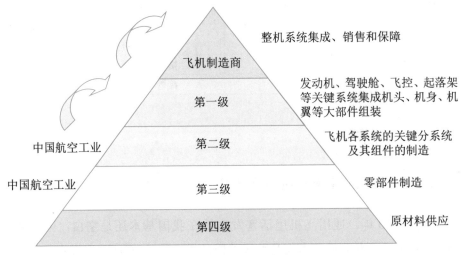

图 17.1　世界民机产业分工

TCM 公司作为发动机制造商，目前与多家飞机制造商保持着良好的客户关系，在活塞发动机及零部件方面拥有成熟的产品，又在柴油发动机领域取得一定突破。其高质量、稳定的战略客户群，营销、研发、管理、保障一体化的成熟平台能够加快国内发动机产业融入国际航空产业链。

3. 加快提升中航国际的行业地位

在国家"走出去"的战略背景下，开展海外投资和海外经营，以中航工业"市场化改革、专业化整合、资本化运作、国际化开拓、产业化发展"的战略思路为指导，充分利用国际国内两个市场、两种资源、两种资本，多领域、多层次地积极拓展国际市场，建设具有国际竞争力的跨国公司。

中航国际作为中航工业开拓国际市场、发展相关产业、扩大国际投资的综合平台，在海外航空制造业并购方面还是空白，本次收购将是中航工业进入美国航空制造领域的一次有益尝试。通过收购，了解在美收购航空制造企业的基本流程，试探美国政府对中国收购美航空企业的态度、基本政策及其走向，成为开拓西方国家业务收购的试金石，有利于提高中航国际的行业地位、提升中航国际的资本运作能力。

4. 取得管理和技术的多方面收益

全面学习海外航空制造企业先进的生产、认证、营销、售后、风险防范等运作管理经验，培养相关人才。TCM 公司是一个具有 104 年历史、在航空发动机制造领域有 86 年历史的企业。它在活塞发动机设计、研发、制造及技术方面领域积攒了大量的经验和成果，这些成果和经验可以为国内通航飞机研制、生产带来诸多收益。如图 17.2 所示。

图 17.2　TCM 公司的业务链

收购 TCM 公司可使我国发动机产业在技术、市场和管理等多方面受益，可以利用 TCM 公司相对成熟的技术和工业能力，具有一定规模和回报的市场，通过对国内外资源的整合，紧密跟踪中国通用航空市场的开放动态，为国内通航市场全面发展做好准备，第一时间满足国内航空活塞发动机需求，

并创造良好的效益。

17.3 市场分析预测

1. 通用航空市场分析

基于通用航空所带来的巨大的经济、社会、政治等效益，世界各国均大力发展通用航空产业。截至 2010 年，世界各国共计拥有各类通用飞机 34.6 万余架，其中，美国（平均每 1 900 人拥有 1 架）、加拿大、俄罗斯、澳大利亚、巴西（平均每 20 000 人拥有 1 架）是最为发达的代表性国家，占世界通用飞机保有量的 85.5%。中国由于空域管制、航空法规制定滞后、航空制造服务配套不完善等原因，50 年来的发展极为缓慢，在通用飞机数量、年飞行小时、通用机场数量等各个方面均与世界通航先进国家间存在非常明显的差距，如表 17.2 所示。

表 17.2　各国通用航空市场比较[①]

项　　目	中国	美国	加拿大	澳大利亚	巴西
面积/万平方公里	**960**	963	1 000	770	851
人口/亿	**13**	2.99	0.326	0.2	1.89
国民生产总值/10 亿美元	**2 600**	13 200	1 300	780	1 100
GDP 增长幅度/%	**10.70**	2.90	2.80	4.60	3.70
通航飞机数量/架	**907**	224 000	31 018	11 117	10 310
通航飞机年飞行小时	**91 901**	27 000 000	4 500 000	1 695 000	1 500 000
运输飞机和通航飞机比例	**1:0.07**	1:32	1:12	1:34	1:24
通用航空机场数量/个	**217**	19 983	1 700	461	2 498

随着发展中国家经济的日益强大和各国对于低空空域的逐步放开，亚洲、中东和南美市场对于通用飞机需求量将会呈突破性增长。根据 DMS 的数据：① 2008—2017 年全球通用飞机的需求量将超过 42 000 架，其中，涡桨飞机占 11%，活塞式飞机占 53%，喷气公务机占 36%；② 2008—2017 年，通用飞机全球需求量总价值约 2 144 亿美元（每年约 214.4 亿美元），其中，喷气公务

---

① 2011—2015 年中国通用航空行业市场现状及发展前景预测报告，研究报告，中商情报网。

机占近 90%，其他用途的通用飞机价值约占 10%。塞斯纳、西锐、钻石、新派珀、哥伦比亚、雷神 6 家公司的通用交付量约占全球交付量 90%。

航空活塞发动机在过去 30 年中，在美国获得了快速的发展。截至 2010 年，美国有 4 000 多个短途机场，而有航线的机场不到 500 个。通用航空每年的飞行小时数达 2 700 万小时，其中 58% 由活塞发动机飞机完成。通用航空飞行中，有 60% 是商务应用，如物流快递等，40% 为商务飞行。[①] 而活塞发动机飞机又是所有商务飞机飞行员的首选培训机种，应用广泛。

2. 航空活塞发动机市场分析

第一台汽油活塞发动机在 1883 年问世以来，经过了不到 20 年的发展，发动机体积和输出功率就已经满足航空领域的需要。20 世纪初，航空活塞发动机有着飞跃性的发展，功率更大，体积更小，重量更轻。到现在，用活塞螺旋桨发动机作为动力的飞机，在航空大家庭中仍然占有举足轻重的地位。这是因为活塞发动机与生俱来的优点，即低速性能好、稳定性好、加速性好。

活塞发动机经过 100 多年的发展，各项关键技术的发展已经非常完善，尤其是在使用稳定性和维护性上。航空发动机更是如此，较低的故障率和方便快捷的维护保养，使现在的活塞发动机有着极高的稳定性，因此，截至 2009 年，通用飞机一半以上都是采用活塞发动机作为动力，如表 17.3 所示。

表 17.3　2007—2009 年全球活塞动力通用飞机交付量占比

项　　目	通用飞机/架	活塞动力/架	活塞所占比重/%
2007 年交付量	4 272	2 675	63
2008 年交付量	3 967	2 119	53
2009 年交付量	2 276	965	42

据美国 GAMA（通用航空制造商协会）预计，美国 2010 年至 2030 年通航市场净增 5 万架飞机，年均增长 0.9%。其中，活塞动力固定翼飞机年均增长 0.1%，涡轮动力固定翼飞机年均增长 3.1%，直升机年均增长 2.8%。

基于 2010 年的技术，活塞发动机在北美地区，市场完全成熟，新增数量开始逐步趋于下降。南美地区特别是巴西、智利、阿根廷等国还有增长空间。

---

① 　资料来源：收购时获取的内部信息。

而中国、亚太地区和中东地区，是主要的潜在市场，还在培育期间，更取决于低空空域开放程度。

根据《从统计看民航》统计，2008 年我国民用飞机架数为 2 038 架，其中，使用活塞发动机的飞机和直升机共有 576 架，主要有 167 架运 -5，139 架塞斯纳 172R，50 架钻石 D40 和 22 架钻石 DA-42。

截至 2010 年，中国通用飞机仅为 907 架，其中固定翼活塞式飞机占 60%，主要用于私人飞行和飞行训练。根据中国民航规划，2020 年通用飞机机队 10 000 架，其中活塞式飞机占比 60%。至 2025 年，保有量将达到 15 000 架。

3. 市场竞争分析

TCM 公司占据在全球汽油活塞发动机市场 44% 的市场份额，Lycoming（莱康明）公司占据 50% 的市场份额，是 TCM 公司的主要竞争者。Austro 公司市场份额不大，但其主要产品 AE300 对 TCM 公司的柴油发动机产品形成较大的竞争。如图 17.3 所示。

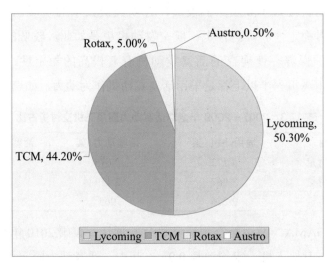

图 17.3　国际活塞发动机市场份额情况

TCM 公司的产品主要在 100 ～ 150 马力，以及 250 ～ 375 马力活塞发动机市场占主导地位，如图 17.4 所示。

而且 TCM 公司在 OEM 市场的份额增长较快，从 1998 年的 16% 增长到 2009 年的 44%，其占塞斯纳（Cessna）以外市场份额为 65%。其主要竞争

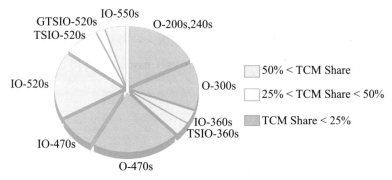

图 17.4　TCM 公司各类产品的市场额情况

对手是美国莱康明公司，该公司是全球最大的航空活塞发动机设计和制造企业，包括旋翼飞机和固定翼飞机，而且由于该公司和塞斯纳公司同属于德事隆（TEXTRON）集团的下属公司，因此具有一定的市场优势。

4. 公司的主要客户

TCM 公司的主要客户是 Cirrus、Cessna、Hawker Beechcraft、Piper Seneca 等，以新活塞发动机和翻新发动机及零部件为主要业务，目前仍有 8 万台发动机在役，TCM 公司活塞发动机 OEM 客户 2005 年至 2010 年采购量如图 17.5 所示。

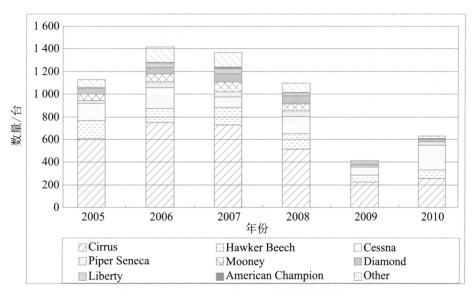

图 17.5　2005—2010 年 OEM 客户采购量分布

从图 17.5 中可以看到，TCM 公司每年与 Cirrus、Cessna 的 LSA（轻型运动飞机）的发动机 OEM 业务量所占比重很大，每年销售的发动机数量占到 TCM 公司当年销售数量的 67% 左右。Cirrus、Cessna 是 TCM 公司的长期客户，签有长期采购意向书。

17.4　项目总体方案

1. 项目总体思路

根据国际航空市场和国内低空市场的发展情况，考虑未来中国航空工业的发展，按照国际化和专业化发展的战略思路，通过对 TCM 公司的并购以及国内外资源的整合，发挥中航国际与 TCM 公司的战略互补和协同作用，将 TCM 公司作为活塞发动机的国际化发展平台，利用 TCM 公司现有的高质量、稳定的战略客户群，长期、规模化的销售合同与市场，国际化的研发和市场营销体系，管理和技术团队，开辟活塞发动机的国际化业务，为国产活塞发动机发展打下良好基础。

2. 交易框架设计

利用中航国际香港公司作为中航国际海外业务的投融资平台，并按照国际惯例设立一道防范风险的防火墙，同时考虑到税收和资金筹划，交易框架设计如图 17.6 所示。

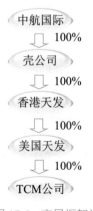

图 17.6　交易框架设计

考虑到收购溢价较高，我们将采用美国税法中 338 条款（h）（10）进行税务安排，以实现在未来 15 年将溢价金额在税前进行摊销，从而节约所得税支出。

3.收购后经营规划

从时间角度考虑收购 TCM 公司后的经营规划，收购后，按短期、中期和长期划分，主要经营计划为以下三种。

（1）短期（3 年内）：稳定管理团队，保证企业在当地的正常运营，履行董事会职责（制定管理 / 市场 / 新产品开发等策略），派驻董事、财务总监等，建立新的营销体系，开拓中国市场，策划新兴的国际市场开拓以及零部件的转包生产开发。

（2）中期（3 ～ 5 年）：实现零部件的转包生产，以降低成本，FAA 的 PC 证（product certificate）申请、部件装配，建立销售服务中心、在中国建立研发中心。

（3）长期（5 年以上）：与国内企业合作，在中国建立完整的生产线，包括装配、试车，以确保中国市场供应，在目标市场建立销售、服务中心。

从策划、设计、制造、销售和售后服务的全价值链综合考虑收购 TCM 公司后的经营规划，如图 17.7 所示。

图 17.7　全价值角度考虑收购后的经营计划

中航国际并购 TCM 公司可直接进入活塞发动机主流制造商行列，充分发挥 TCM 公司作用，使其成为活塞发动机研发和生产的国际平台；以 TCM 公司为核心，结合国内产业调整及市场的需求，适时有序地实现产品向国内的

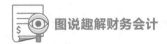
转移，增强竞争力，迅速开辟活塞发动机国际化业务。TCM 公司在研发管理、技术规范、质量保证、供应商管理方面已经具备成熟的体系，实践证明该体系在国际市场上具有竞争力，今后通过人员交流等形式引入该体系，建立与国际接轨的国内活塞发动机工业体系。

4. 项目进度安排

根据 TCM 公司要求及实际情况，项目各主要节点安排如表 17.4 所示。

表 17.4　项目进度表

时　间	内　　容
2010.7	访问 TCM 公司，从研发、生产、财务、人力资源、风险管理等多方面进行基本考察
2010.8—9	向公司和集团领导汇报项目情况，并得到开展后续工作的批准
2010.10.2	签署购买意向书（无约束力条款）
2010.10-11	成立公司领导小组和工作小组，赴美了解 CFIUS 等情况；完成尽职调查；完成收购合同起草和修改；美国外国投资委员会和司法部反垄断局（DOJ）审批资料准备；国内政府立项；进行收购方案设计和资金来源筹划；策划收购后经营方案
2010.12.5	完成公司内部审批，完成最终合同谈判并签署收购协议
2010.1.15	提交 CFIUS、司法部反垄断局（DOJ）申请文件
2011.1	提交中国政府审批
2011.4	得到两国政府审批后争取完成 TCM 公司的交割

17.5　投资估算

1. 项目总投资估算

并购 TCM 公司项目的总投资包括并购直接成本、间接成本以及并购后需补充的运营资金，总投资预计为 2.2 亿美元，如表 17.5 所示。

表 17.5　项目总投资明细表　　　　金额单位：万美元

项　　目	描　　述
收购合同价	×××××（支付 TT 公司）
日常流动资金	×××（投入 TCM 公司）

续表

项　　目	描　　述
第一年研发费	×××（投入 TCM 公司）
索赔费用准备	××××（预算，放 Technify，支付时转账）
工会安抚费	××（交割后支付）
技改补偿	×××（投入 TCM 公司）
长驻安置费	×××（留在 Technify 账户）
办公运营费	××（留在 Technify 账户）
中介服务费	×××（主要在国内支付）
共计	22 000

2. 公司估值

分别用现金流折现法和 EBITDA 倍数法对 TCM 公司的股权价值进行评估，其估值具体结果如下。

1）现金流折现法

现金流折现法是用目标公司未来经营期间现金流量的现值来评估目标公司价值的方法。该方法是目前企业价值评估中使用最广泛、理论上最健全的评估方法。在考虑柴油发动机未来市场但不考虑 338 条款和贷款利息的节税情况下，使用 8% 的贴现率，用现金流折现法计算的公司股权价值为 20 476 万美元。

2）EBITDA 倍数法

根据 TCM 公司提供的财务报表，剔除 2008 年、2009 年因经济危机和召回事件导致亏损的特殊情况，采用 TCM 公司 2005 年到 2007 年正常经营状况下平均 EBITDA 值（1 860 万美元），并使用 10 倍 EBITDA 系数，得出的估值结果是 1.86 亿美元。

综合考虑现金流折现法和 EBITDA 倍数法，对 TCM 公司股权的估值在 2 亿美元左右，如以 2 亿美元收购，内部收益率（IRR）为 9.2%，净现值（NPV）为 1 958 万美元。

3. 融资与支付

本次项目收购资金拟采用国家支持、银行贷款和自有资金来解决。进出口银行直接给美国天发贷款 2 亿美元，自筹 2 000 万美元为股本金投入，注入

壳公司。如图 17.8 所示。

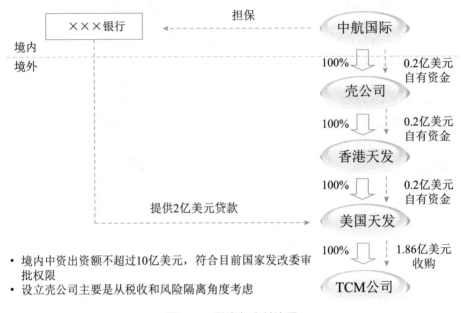

- 境内中资出资额不超过10亿美元，符合目前国家发改委审批权限
- 设立壳公司主要是从税收和风险隔离角度考虑

图 17.8　融资与支付流程

17.6　财务分析

1. 收入、成本和利润分析

TCM 公司的收入主要由五部分构成：OEM 收入、售后服务收入、发动机翻新收入、零部件收入、其他收入。从 TCM 公司近几年的收入情况看（表 17.6），在金融危机前的 2005—2007 年，TCM 公司每年可实现 1.7 亿美元左右的收入且比较稳定；金融危机发生以后，TCM 公司的收入出现大幅下降，从其收入构成看，其收入下降主要是由于 OEM 收入的下降，其中 2009 年比 2008 年下降约 65%，其主要原因是通用飞机属于奢侈品，需求弹性大，在金融危机发生后，人们压缩开支，大大减少了对通用飞机的购买，进而减少了对配套发动机的采购，从而造成 OEM 市场收入的下降。TCM 公司的售后服务收入、发动机翻新收入、零部件收入和其他收入这几年一直保持较平稳的状态，并未随金融危机出现大幅下滑，其主要原因是大部分收入主要来源于

TCM 公司已经售出正在服役的 8 万台发动机，其需求弹性小，收入相对稳定。如表 17.6 所示。

表 17.6　2005 年至 2010 年销售收入　　　金额单位：万美元

项　　目	2005 年	2006 年	2007 年	2008 年	2009 年	2010 年
OEM 收入	××××	××××	××××	××××	××××	××××
售后服务收入	×××	×××	×××	×××	×××	×××
发动机翻新收入	××××	××××	××××	××××	××××	××××
零部件收入	××××	××××	××××	××××	××××	××××
其他收入	××××	××××	××××	××××	××××	××××
总收入	1××××	1××××	1××××	1××××	1××××	1××××

TCM 公司 2008—2010 年的成本、利润情况如表 17.7 所示。

表 17.7　2008—2010 年成本、利润情况表　　　金额单位：万美元

年　　度	2008 年	2009 年	2010 年
净收入	××　××××	××　××××	××　××××
销售成本	××　××××	××　××××	××　××××
毛利	×　××××	×　××××	×　××××
经营损失	(×　×××)	(×××)	(××)
税前经营损失	(×××)	(×××)	(××)
所得税	(×××)	(×××)	(×)
净损失	(×××)	(×××)	(××)
利息	—	—	—
税	(×××)	(×××)	(××××)
折旧和摊销	×××	×××	×××
EBITDA	(×××)	(×××)	×××

需要提醒注意的是，PwC（普华永道）在尽职调查中提出，由于 TCM 公司占母公司 TT 公司业务的比例很低，且母公司 TT 公司仅关注总体的盈利能力，TCM 公司的财务系统和报告结构不能对关键的财务指标进行趋势分析，包括按产品或按客户的毛利分析，或者是按部门、按职能的经营费用分析。

例如，TCM 公司不能提供按照每个产品、产品类别或者客户进行的成本、利润分析。因此，TCM 公司的成本分析水平还需要提高。

2. 财务预测

结合 TCM 公司提供的财务预测和 PwC 尽职调查的结果，以及对未来市场的分析判断，我们对 TCM 公司的财务进行预测，从预测结果中可以看出，TCM 公司的盈利能力将逐步提高，现金流情况在不考虑 338 条款下在 2013 年出现正值并逐渐提高。如表 17.8 所示。

表 17.8　TCM 公司财务预测　　　　　　　　　　　　　万美元

年度	2011	2012	2013	2014	2015	2016	2017	2018	2019	2020
收入	××××	××××	××××	××××	××××	××××	××××	××××	××××	××××
成本	××××	××××	××××	××××	××××	××××	××××	××××	××××	××××
费用	×××	×××	×××	×××	×××	×××	×××	×××	×××	×××
利润总额	×××	×××	×××	×××	×××	×××	×××	×××	×××	×××
净利润（40%所得税率）	×××	×××	×××	×××	×××	×××	×××	×××	×××	×××
折旧	×××	×××	×××	×××	×××	×××	×××	×××	×××	×××
资本性支出	×××	×××	×××	×××	×××	×××	×××	×××	×××	×××
净现金流量	×××	×××	×××	×××	×××	×××	×××	×××	×××	×××

3. 敏感性分析

采用单因素敏感性分析法，以 2010 年为基础数据，考虑汽油发动机单价、汽油发动机数量、售后收入、翻新收入、零件收入、其他收入、汽油 OEM 成本、售后成本、翻新成本、零件成本、其他成本、人工成本、销售费用、管理费用、航空保险费、研发费用、柴油机研发费用等影响因素，关注上述影响因素对于经营利润的影响和敏感度。如表 17.9 所示。

表 17.9　单因素敏感性分析　　　　　　　　　万美元

项目	变动比例									敏感度
变动因素	20	15	10	5	0	−5	−10	−15	−20	β
汽油发动机单价	800	651	502	353	204	54	−95	−244	−393	15
汽油发动机数量	800	651	502	353	204	54	−95	−244	−393	15
售后收入	433	376	318	261	204	146	89	32	−26	6
翻新收入	859	695	531	368	204	40	−124	−288	−452	16
零件收入	1 112	885	658	431	204	−23	−251	−478	−705	22
工厂服务	577	484	390	297	204	110	17	−77	−170	9
汽油 OEM 成本	−151	−62	26	115	204	292	381	470	558	−9
售后成本	68	102	136	170	204	237	271	305	339	−3
翻新成本	−203	−101	0	102	204	305	407	509	610	−10
零件成本	−278	−157	−37	83	204	324	444	565	685	−12
工厂服务成本	−140	−54	32	118	204	290	375	461	547	−8
人工成本	17	63	110	157	204	250	297	344	391	−5
销售费用	151	164	177	191	204	217	230	243	256	−1
管理费用	−133	−49	36	120	204	288	372	456	540	−8
航空保险费	−156	−66	24	114	204	294	384	474	564	−9
研发费用	180	186	192	198	204	210	216	222	228	−1
柴油机研发费用	162	172	183	193	204	214	225	235	246	−1

根据上述数据，作出单因素敏感性分析图，如图 17.9 所示。

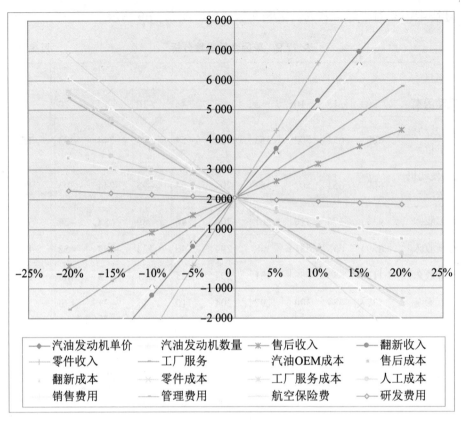

图 17.9　单因素敏感性分析图

17.7　风险分析

1. 审批风险

由于特殊行业的跨国收购关系国家安全和经济命脉,跨国收购是备受各国重视的商业行为,同样也是政治行为,会成为备受关注的焦点。因此,中航国际收购 TCM 公司有可能遇到来自政府、舆论等各方面的压力,最终由于政治干预导致项目审批不通过而导致收购失败。所有外国对美国的投资和收购,均要通过美国政府各部委组成的外国投资审查委员会的审查,该审查的重点是收购企业背景和收购标的企业的业务及该收购是否会对美国安全造成任何威胁。由于中航国际的国企背景和在美经营的历史,有可能遭受 CFIUS

或司法部反垄断局（DOJ）的拒绝。而本次收购的 TCM 公司的主要产品，虽然是航空产品，但活塞发动机技术本身是比较成熟的技术。无论如何，本次中航国际对 TCM 公司的收购存在政治干预因素而使审批不通过的风险。

对策：通过专家咨询，聘请专业团队，展开政府公关。

2. 法律风险

（1）未结产品责任诉讼情况。通过尽职调查，根据 TCM 公司管理层提供的未结诉讼总结，我们得知 TCM 公司有 ×× 起未决案件，其中 ×× 项处于庭审阶段，×× 项尚未提起诉讼。其中 ×× 起案件法院判决 TCM 公司赔偿 ××× 万美元，双方均提起上诉，目前仍在诉讼程序中，如果维持原判，则 TCM 公司仅该案件就需要承担 ××× 万美元的赔偿。（据 TCM 公司管理层回应，此案件可以由保险公司理赔）目前我们无法确认全部未结诉讼的总赔偿金额，也无法得知是否存在其他潜在的诉讼和索赔。（据 TCM 公司管理层估计，最好的情况下总赔偿金额约为 ××× 万美元，最坏的情况下总赔偿金额约为 ××× 万美元）。

（2）谈判中对方在合同中对我方设置的不利条款会造成我方潜在的损失。①卖方要求我方承担过去、现在及未来的所有产品责任。②合同中未约定合同生效的前提条件，因此该合同应当是签字生效，政府的批准只是交易交割的条件而非合同生效条件。另外，合同中约定，双方应当尽最大努力促进交易完成，包括采取行政诉讼等手段促成交易完成。针对卖方的要求，我方认为合同生效的条件至少是应当取得两国政府的批准，另外，我方也不同意承担采取行政诉讼等手段促成交易完成的责任。

对策：逐项评估未决案件的赔偿金额，并判断是否可承受完全偿付的结果。同时，修改合同中的不利条款。

3. 产品责任和质量风险

（1）TCM 公司通过购买商业产品责任保险和预提产品责任风险金来分散由于产品责任遭受索赔的风险。截至 2010 年 9 月底，TCM 公司预提的产品责任风险金金额为 ×××× 万美元，普华永道的尽职报告中指出该预提金额仍

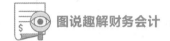

然不足，尚有××××万美元缺口，其中××××万美元是律师费用，而TCM公司的惯例是按实际支出计入当期损益。

（2）产品质量召回风险。过去10年中，TCM公司发生过2起因产品质量发生的召回，主要原因是工装磨损和原材料问题。产品质量召回风险在未来依然还会存在。

对策：加强对供应商的质量管控，考虑投保产品质量召回险。

4．人力资源风险

员工福利、退休、遣散和鼓励留用、福利计划和退休金、高管奖励计划等，TT公司撤离后我们需要承担这部分成本。TCM公司中有250名员工属于工会集体协商合同下员工，不排除要求更好的福利条件的可能。高管和关键技术员工要求对收购进行补偿，增加我方收购成本，或产生流失风险。对策：根据普华永道尽职调查的建议，接受部分现有的福利政策，替换一些对于我方不利的福利政策，以及协商谈判签订新的福利政策，同时给予适当的补偿，以留住核心人员。

5．商标、知识产权风险

由于收购完成后，TT公司不允许TCM公司继续使用"T"字样和TT公司专用的"枫叶"标识，因此相关的商标、商号都要进行修改。考虑到TCM公司长期存在的历史商誉，本次收购所产生的改变可能会影响供应商、OEM客户的心理认可程度。对策：做好公关宣传，打消供应商和OEM客户的顾虑，争取延长收购后的过渡使用期。

6．市场风险

TCM公司的主要产品是活塞发动机及相关的零部件，从航空制造业特点看，供应商的更换是比较困难的，本次收购对现有客户项目估计影响不大，因此市场风险主要来自新市场的开发，特别是中国市场的开发。虽然国内通航市场面临较大的发展机遇，但是竞争也较激烈，而且通航市场发展是循序渐进的，目前不能确定未来在中国市场中我方实际市场占有率能否达到预计的市场占有率，因而存在一定的市场风险。对策：对重要客户进行公关工作，维护现有市场，建立新的市场营销方案，同时借力中航工业集团背景和中航国际海外营销体系，利用国内外渠道资源，扩大国内外销售。

7. 管理与文化风险

管理与文化风险是跨国收购中普遍存在的问题。

（1）TCM 公司的高管层尤其是掌握核心技术的人员有可能因为 TCM 公司的收购而另谋高就，虽然可以通过竞业禁止条款来限制这些人员，但是仍然存在管理层离职和管理者缺位的风险。

（2）避免收购 TCM 公司后在技术上出现空壳化现象。虽然就法律层面而言本次收购无须经过工会同意，但是如果事先不能和工会进行良好的沟通，取得他们的支持，那么在收购后将面临工会不合作及罢工等风险。

（3）中国文化与美国文化之间的差异可能会对 TCM 公司收购完成后的运营产生一定的影响。同时，中航国际的企业文化与 TCM 公司自己的企业文化的有效融合也会影响未来 TCM 公司的员工队伍稳定，影响企业运营。对策：尽量延续 TCM 公司原有的管理体制，保留 TCM 公司原有管理层，确保企业经营稳定。与工会进行积极的沟通取得他们的支持。中航国际的企业文化与 TCM 公司的企业文化不发生冲突的前提下，尽量延续 TCM 公司现有的企业文化。

8. 财务风险

（1）目前 TT 公司为 TCM 公司进行了大量的财务、税务和保险等安排，而且资金由 TT 公司集中管理，例如，TT 公司以集团一揽子向保险公司投保可以获得相对优惠的政策，特别是航空产品责任险，TT 公司承担了 23% 的保险责任（之后转包给其他保险公司）。独立运营后不可能获得同等的优惠条款，将带来成本增加的风险。

（2）收购 TCM 公司属于股权收购。2 亿美元对价，目标公司的总资产 ××× 万美元，此次收购为高溢价收购。溢价部分通常在财务上的处理方式为：一部分作为无形资产入账，另一部分作为商誉入账。无形资产分年摊销，

而商誉要根据 TCM 公司的盈利情况定期进行测试，如果 TCM 公司出现亏损甚至大幅亏损，商誉价值就会计提减值而计入当期的损益表，这会对目标公司的合并报表产生负面影响。

（3）如果未结的 ×× 项产品责任诉讼在短期内集中判决并发生实质性赔偿，将会给 TCM 公司带来较大的现金支付压力。

对策：对 TCM 公司注资以保证其正常营运，同时进行税务及保险规划。收购成功后，公司需要投入大量的力量确保运营成功，避免出现此种情况。通过多方筹资解决暂时的资金压力。

17.8　税务筹划方案比较

目前，在国际税收实践上，很多国家之间签订了税收协定，针对跨境的股息和资本利得达成较优惠的税收分配规定，起到相互鼓励资本流动与投资的目的。根据税收协定，两国间发生的股息分配或转让股权所得的跨国获取，在收入来源国可享受减低税率征税的优惠待遇。根据中国与美国的税收协定，美国子公司向中国母公司汇出股息，只需在美国缴纳 10% 的预提所得税，远远低于没有税收协定时的 30% 预提所得税。

因此，海外投资架构设计的一个出发点，就是分析投资母国（中国）、投资东道国以及相关第三国（地）的税收协定网络，比较直接投资与间接投资（利用第三国或地区与投资东道国的优惠税收协定，设立中间控股公司）的税务效益，确定整体税负最低的投资架构。

中航国际此次并购 TCM 公司，需要从投资东道国、投资母国及第三国的税务规定、国际税收协定、外汇与商业运作等方面进行考虑，以在"直接投资架构"与"间接投资架构"之间作出恰当选择。从股息返还、资金安排以及今后的退出难易程度等多方面因素考虑，项目团队形成三种控股架构方案，分别形成一种直接投资架构方案和两种间接投资架构。如图 17.10 所示。

从股息返还角度来看，三种方案各有优劣，分别进行详述，如图 17.11 所示。

方案一：①根据中美税收协议，美国子公司向股东（中国企业）分配股息时，需缴纳 10% 的股息预提税。②境外所得税抵免政策：ⓐ中国居民企业

图 17.10 控股架构方案

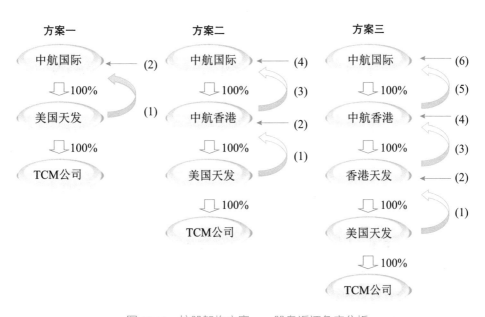

图 17.11 控股架构方案——股息返还角度分析

直接或间接持有外国企业 20% 以上的份额；ⓑ可以获得抵免的外国企业限于 3 层。

方案二：①因为美国和中国香港地区之间没有双边税收协议，因此向非居民企业股东分配股息时，需缴纳 30% 的股息预提税。②中国香港地区收到股息不需缴纳香港税。③香港向中航国际分配股息不需缴纳香港税。④境外所得税抵免政策。

方案三：①缴纳 30% 预提所得税。②香港天发收到股息，不需缴纳香港税。③香港天发向中航香港分配股息，不需缴纳香港税。④中航香港收到股息，无香港税影响。⑤中航香港向中航国际分配股息，不需缴纳香港税。⑥中航国际收到股息，境外所得税抵免政策。

从投资退出角度来看，同样，三种方案各有优劣，分别进行详述，如图17.12 所示。

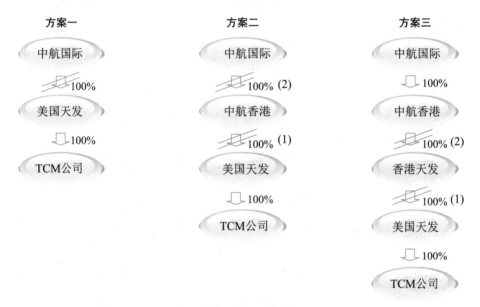

图 17.12　控股架构方案——投资退出角度分析

方案一：美国：如果财产主要由位于美国的不动产组成，股权转让时产生的资本利得缴纳所得税。如果不是不需要缴纳。中国：海外资本利得需缴纳 25% 的中国企业所得税。

方案二、三：①美国：如果财产主要由位于美国的不动产组成，股权转让时产生的资本利得缴纳所得税。如果不是不需要缴纳。中国香港地区：香港税制的规定，若资本利得被香港税务局视为长期投资的资本收入而不是短期炒卖 / 贸易收入，或被视为非来源于香港，则该笔资本利得不被香港征所得税。因此中航香港转让美国天发的股权在香港无所得税影响。②中国香港地区：中航国际转让香港公司无香港资本利得税影响。中国内地：海外资本利得需缴纳 25% 的中国企业所得税。

综上所述，方案三的税收筹划最适合中航国际的投资需求。方案三的优势同样可以通过实际税负的比较得以体现。如表 17.10 所示。

表 17.10　三种方案实际税负计算演示表　　　金额单位：万美元

项目	方案一	方案二	方案三	
目标公司税前利润	100	100	100	
减：美国企业所得税（35%）	35	35	35	①
税后利润（全部用于股息返还）	65	65	65	
香港天发收到的股息	N/A	N/A	65	
减：股息预提税	N/A	N/A	19.5	②
香港天发收到的股息免征香港所得税	N/A	N/A	0	
香港天发收到的股息净额	N/A	N/A	45.5	
中航香港收到的股息	N/A	65	45.5	
减：股息预提税	N/A	19.5	0	②
中航香港收到的股息免征香港所得税	N/A	0	0	
中航香港收到的股息净额	N/A	45.5	45.5	
中航国际收到的股息	65	45.5	45.5	
减：股息预提税	6.5	0	0	③
中航国际收到的股息净额	58.5	45.5	45.5	
中国企业所得税	0	0	0	
实际缴纳税款（至香港公司）	N/A	54.5	54.5	
实际缴纳税款（至中航国际）	41.5	54.5	54.5	
股息返还的实际税率（至香港公司）	N/A	54.50%	54.50%	
股息返还的实际税率（至中航国际）	41.50%	54.50%	54.50%	

①美国企业所得税税率为 35%
②中国香港地区与美国没有签订税收协定，征收 30% 预提所得税，即 65×30%
③美国与中国的税收协定中适用 10% 的税率的条件

17.9　项目并购后组织与管理

1. 运营管理

在收购完成后，中航国际将重组 TCM 公司董事会并派出董事加强战略管理及风险内控，同时考虑聘用当地 1 至 2 名董事以维持董事会的平稳过渡及

与当地政府、工会的沟通。董事会由7人组成（暂空缺1人），董事长1人，由中航国际委派，董事5人，由中航国际3人、被收购的TCM公司高管2人组成。并对公司章程进行修改。

在收购完成后，中航国际将保留TCM公司现有管理层，提出绩效考核计划及激励机制，以实现对现有管理层的有效激励，同时为员工设计合理的薪酬福利计划，确保员工的稳定。在收购交割过程中，由审计监察部、财务部及普华永道会计师事务所组成审计小组完成交割审计。中航国际派出工作小组，确保收购资产安全、完整地转移，同时加速与TCM公司在各个工作环节上的接轨，并建立国内国际相协调的市场、管理、保障体系。

2. 人力资源管理

稳定现有的科研、生产、管理、销售队伍，保持生产的连续性，特别是现有的科研团队和生产团队，在TCM公司产品的研发和生产方面具有不可替代的地位。稳定现有队伍，一方面是使中航国际可以充分利用现有团队的能力，另一方面也是为了维护现有的客户关系，确保TCM公司的市场份额。

派出中航国际自己的市场、管理人员，特别是国际营销人员到TCM公司轮训，快速培养中航国际自己的具有国际水平的人才队伍，以实现国内、国际业务的共同发展。并使TCM公司高管层尽快融入中航国际，安排其访问中航工业及中航国际所属企业。

3. 市场营销与产品销售

稳定在美国的销售队伍及分销商，维持原有客户，巩固原有市场，开拓新客户。TCM公司现有收益主要依赖于其现有活塞发动机的OEM市场，其主要客户是Cirrus、Cessna、Hawker Beechcraft、Piper Seneca等。稳定现有销售队伍，对于其现有合同的稳定、未来市场的开拓，都具有至关重要的作用。

同时利用TCM公司良好、广泛的客户关系，培养中航国际的营销团队，了解和掌握发达国家的通用航空市场，特别是活塞飞机的市场、运营和发展动态，强化TCM公司开拓市场的能力，提升中航国际在国际活塞发动机市场上的地位。

4. 重点研发计划

根据市场预测，柴油发动机是未来活塞发动机市场的重要方向，收购后两年内中航国际将增加对柴油发动机的研发投入，确保柴油发动机产品化并尽快投入市场，其重点研发计划为：

第一阶段，发动机按现有状态不做更改，向 FAA 提交 TC（交易证书）申请。

第二阶段，对 TDXXX XXXHP，XXXXrpm 发动机内部不做更改，通过外部略做调整及增压器的改进和提高转速来提高功率。

第三阶段，改进 TDXXX XXX-XXXHP 发动机高度特性、动力特性和冷却效果，改进气缸设计优化燃烧特性曲线和冷却效果。

第四阶段，实现 TDXXX XXX-XXXHP，6 缸发动机能直接驱动螺旋桨，开发 TD H-XXX，XXXHP 发动机为直升机提供动力。

5. 生产管理

稳定 TCM 公司生产工人，保持生产的连续性，确保订货合同按时交付。并进一步通过精益生产降低成本，提高产品竞争力。活塞发动机产业属于劳动和资金密集型产业，TCM 公司的零部件有许多适合在国内生产，收购完成后，可以将部分零部件转移到中国生产，同时将根据市场需求，适当有序地将部分新增产能转移到中国，这样可以降低 TCM 公司的生产成本，提供竞争力，争取更大的市场份额。

6. 财务管理

收购完成后，将在 TCM 公司建立符合独立运营要求的财务管理体系，提高其财务管理水平。我方将适时派出关键财务管理人员，加强风险控制，确保股东的合法权益。

17.10　重点回顾

- 贯穿于并购过程中的风险管控，包括收购动因、市场分析预测、项目总体方案、投资估算、财务分析、风险分析、税务筹划、项目并购后

组织与管理等环节进行风险管控

- 交易架构设计一般按照国际惯例设立一道防范风险的防火墙，同时考虑到税收和资金筹划
- 从策划、设计、制造、销售和售后服务的全价值链综合考虑收购后的经营规划
- 从股息返还、资金安排以及今后的退出难易程度等多方面因素考虑控股架构
- 根据税收协定，两国间发生的股息分配或转让股权所得的跨国获取，在收入来源国可享受减低税率征税的优惠待遇
- 项目并购后组织与管理一般包括运营管理、人力资源管理、市场营销与产品销售、研发计划、生产管理、财务管理等

附录 1　科目名词快速释义

科目名称	英　文	名 词 解 释
库存现金	cash	企业在经营过程中可随时用于日常小额支付而保留在手头的现金，由公司出纳保管，是流动性最快的资产
银行存款	bank savings	企业存放在银行和其他金融机构可随时支用的货币资金
其他货币资金	other monetary fund	除了现金和银行存款以外的其他各种货币资金，即存放地点和用途均与现金和银行存款不同的货币资金。比如银行汇票存款、银行本票存款、信用证保证金存款和存出投资款等
银行汇票	bank draft	企业为取得银行汇票按照规定存入银行的款项
银行本票	cashier's check	企业为取得银行本票按照规定存入银行的款项
信用证保证金	letter of credit margin	企业为取得信用证按规定存入银行的保证金
存出投资款	deposited investment funds	企业已存入证券公司但尚未进行短期投资的现金
交易性金融资产	transactional financial assets	企业为了近期内出售赚取差价而持有的债券投资、股票投资和基金投资
应收票据	notes receivable	企业持有的还没有到期或尚未兑现的商业票据，是一种载有一定付款日期、付款地点、付款金额和付款人的无条件支付的流通证券
应收账款	accounts receivable	企业销售了商品或提供了劳务，但购买方并未支付与之对价的现金或票据，因而形成了应收账款
预付账款	prepayments	企业按照购货合同的规定，预先以货币资金支付供应单位的款项
应收利息	interest receivable	企业在银行存款所取得的利息收入，将应收而未收的利息作为应收利息
应收股利	dividend receivable	企业因股权投资而应收取的现金股利以及应收其他单位的利润，包括已宣告发放但尚未领取的现金股利和对外投资应分得的现金股利或利润等，但不包括应收的股票股利
其他应收款	other receivables	除应收票据、应收账款和预付账款以外的各种应收暂付款项，都可以放在其他应收款

科目名称	英文	名词解释
坏账准备	bad debt reserves	指企业的应收款项(含应收账款、其他应收款等)计提的金额，坏账准备的性质是一个备抵账户
在途物资	goods in transit	货款已付尚但未验收入库的各种物资(即在途物资)的采购成本
原材料	raw material	即原料和材料，生产某种产品的基本原料，可分为：原材料及主要材料、辅助材料、外购半成品、修理用备件、包装材料、燃料
在产品	work in process	正在加工，尚未完成的产品。包括正在加工的产品和准备进一步加工的半成品
产成品	finished goods	已完成全部生产过程并已验收入库，合乎标准规格和技术条件，可用于销售的各种商品
周转材料	reusable materials	包装物、低值易耗品等。包装物比如桶、箱、瓶、罐、袋等。低值易耗品是价值较低且使用年限比较短的物品
存货跌价准备	provision for inventory	由于存货毁损、全部或部分陈旧过时或销售价格低于成本等原因，使存货成本高于可变现净值的，应按可变现净值低于存货成本部分，计提存货跌价准备
长期股权投资	long-term equity investment	企业为了获取另一企业的股权所进行的投资，而且是为长期持有的，投资企业作为被投资企业的股东。重点强调两点，一个是股权，一个是长期
投资性房地产	investment real estate	指那些既不是企业自用的厂房、办公楼，也不是地产公司中作为存货的房地产，而是用来出租给他人获利，或者持有待售的房屋才是投资性房地产
固定资产	fixed assets	指使用期限超过1年的房屋、建筑物、机器、机械、运输工具以及其他与生产经营有关的设备、器具和工具等
折旧	depreciation	就是固定资产(如厂房、设备、汽车、电脑、家具等)在使用过程中因损耗而转移到产品中去的那部分价值。折旧并不需要实际支付，只是会计上记录的一项成本或费用
累计折旧	accumulated depreciation	记录了从固定资产获得日开始至资产负债表日计提的所有折旧
固定资产减值准备	provision for impairment of fixed assets	是技术进步导致的固定资产需要提前更新，或因为固定资产丢失或意外毁损，导致其可收回金额低于其账面价值，计提固定资产减值准备
在建工程	construction in progress	企业固定资产的新建、改建、扩建，或技术改造、设备更新和大修理工程等尚未完工的工程支出

科目名称	英文	名词解释
固定资产清理	fixed assets liquidation	指固定资产的报废和出售,以及因各种不可抗力的自然灾害而遭到损坏和损失的固定资产所进行的清理工作
无形资产	intangible assets	企业拥有或者控制的没有实物形态的可辨认的非货币性资产。换句话说就是那些看不见的却可以给企业带来利益资源流入的资产。包括专利权、非专利技术、商标权、著作权、商誉、特许经营权、土地使用权等
摊销	amortization	与固定资产的折旧一样,固定资产需要进行折旧,而无形资产需要进行摊销,折旧与摊销,叫法不一样,实质是一样的
累计摊销	accumulated amortization	记录了从无形资产获得日开始至资产负债表日计提的所有摊销
无形资产减值准备	provision for impairment of intangible assets	无形资产发生减值的,按应减记的金额,借记"资产减值损失"科目,贷记本科目
商誉	goodwill	同一控制下的企业,合并方对合并成本大于合并中取得的被购买方可辨认净资产公允价值份额的差额,应当确认为商誉。商誉实际上是企业整体价值的组成部分。商誉只有在发生并购的情况下才存在
长期待摊费用	long-term prepaid expenses	长期待摊费用,虽然叫费用,但实际上确实是资产。指企业已经支出,但摊销期限在1年以上(不含1年)的各项费用,包括固定资产修理支出、租入固定资产的改良支出及摊销期限在1年以上的其他待摊费用
短期借款	short-term loans	企业根据生产经营的需要,从银行或其他金融机构借入的偿还期在一年以内的借款,包括生产周转借款、临时借款等
应付票据	notes payable	指企业购买材料、商品和接受劳务供应等而开出、承兑的商业汇票,它包括商业承兑汇票和银行承兑汇票,与应收票据相对应
应付账款	accounts payable	企业因购买材料、物资和接受劳务供应等而付给供货单位的账款。应付账款是从负债发生开始那一刻就记为债务,而不是等到要支付钱的那一刻才登记。应付账款的产生实际上是来源于企业的信用,是供应商对客户的一种信任

续表

科 目 名 称	英　文	名 词 解 释
预收账款	advances from customers	是以买卖双方协议或合同为依据,由购货方预先支付一部分(或全部)货款给供应方而发生的一项负债,这项负债要用以后的商品或劳务来偿付。一般包括预收的货款、预收购货定金等
应付职工薪酬	employee compensation payable	指企业为获得职工提供的服务而给予各种形式的报酬以及其他相关支出。不仅是工资,还包括各种奖金、补贴和货币化或实物化的福利,以及为员工支付的各种保险、住房公积金、工会经费、职工教育经费等
应交税费	taxes payable	企业必须按照国家规定履行纳税义务,对其经营所得依法缴纳各种税费。应交税费包括增值税、消费税、企业所得税、资源税、土地增值税、城市维护建设税、房产税、土地使用税、由企业代收代缴的个人所得税、车船税、教育费附加等
应交增值税	value-added tax payable	是以商品在流转过程中产生的增值额作为计税依据而征收的一种流转税
进项税额	input VAT	是指纳税人购进货物、劳务、无形资产、固定资产所支付或者承担的增值税额。即公司向供应商购进货物取得增值税专用发票记载的税额
已交税金	paying tax	记录企业当期(月)已交纳的应交增值税额;若发生多交增值税,退回时应以红字记入
销项税额	output VAT	销售方根据纳税期内的销售额计算出来的,并向购买方收取的增值税税额,即公司向客户销售货物开出的增值税专用发票记载的税额
应付利息	interest payable	指企业由于借款产生的利息支出
应付股利	dividends payable	指企业经董事会或股东大会确定分配的现金股利,但钱还未支付,就产生了应付股利
其他应付款	other payables	是企业除了购买商品、材料物资和接受劳务供应以外,应付、暂收其他单位或个人的款项,比如应付的保证金和押金
长期借款	long-term loans	指从银行或其他金融机构借入的期限在1年以上(不含1年)的借款
长期应付款	long-term payables	指除了长期借款和应付债券以外的其他多种长期应付款。主要有应付补偿贸易引进设备款和应付融资租入固定资产租赁费等

科目名称	英文	名词解释
预计负债	estimated liabilities	指经济利益可能会流出企业,且金额不能够完全确定的负债。主要包括对外提供担保、未决诉讼、产品质量保证、重组义务以及待执行的亏损合同等产生的预计负债
其他流动负债	other current liabilities	不能归属于短期借款、应付短期债券、应付票据、应付账款、应付所得税、其他应付款、预收账款这七类项目的流动负债都是其他流动负债。主要包括短期应付债券和产品质保金
其他非流动负债	other non-current liabilities	除了长期借款、应付债券、长期应付款、预计负债和专项应付款以外的非流动负债,主要包括:可换股的债券、股东借给公司的款项、应付保理费用
主营业务收入	revenue	指企业主要经营业务的收入,是经常性发生的,如制造业的销售产品收入、商品流通企业的销售商品收入;旅游服务业的门票收入、餐饮收入等
主营业务成本	cost of good sold (COGS)	指公司生产和销售与主营业务有关的产品或服务所必须投入的直接成本
税金及附加	taxes and surcharges	反映企业经营主要业务应负担的消费税、城市维护建设税、城镇土地使用税、资源税和教育费附加等
销售费用	selling expenses	和销售直接相关的,但是与产品生产无关的各项支出。包括在销售商品过程中发生的保险费、广告费、促销、销售场地的租金、运输费、装卸费、展览费、销售人员的工资奖金福利、业务招待费用、差旅费、办公费、折旧费、修理费等
管理费用	administrative expenses	是指企业的行政管理部门为管理和组织经营而发生的各项费用。包括管理人员工资和福利费、折旧费、修理费、技术转让费、业务招待费、通信费、房产税、车船税、土地使用税、印花税、技术转让费、无形资产摊销、咨询费、诉讼费、坏账损失、保险费、董事会会费等
研发费用	research and development (R&D) expenses	企业为开发新技术、新产品、新工艺发生的研究开发费用。在研究与开发过程中所使用资产的折旧、消耗的原材料、直接参与开发人员的工资及福利费、开发过程中发生的租金以及借款费用等。包括两个部分:一部分是研究支出,另一部分是开发支出。研究支出计入管理费用,而开发支出是可以资本化的

续表

科目名称	英文	名词解释
资本化支出	capitalization	符合资本化条件的研发支出,开发阶段符合条件的资本化。资本化部分包括可以可靠计量的材料、人工、材料间接费用,生产间接费用和固定资产折旧的适当部分
费用化支出	expenditure	不符合资本化条件的研发支出,研究阶段发生的支出全部费用化。除了资本化之外其余的人工、材料、差旅费、软件使用费、认证费、折旧费等非直接归集到具体项目的开发支出的费用
财务费用	financial expenses	指企业在生产经营过程中为筹集资金而发生的各项费用。包括企业生产经营期间发生的利息支出(减利息收入)、汇兑净损失(有的企业如商品流通企业、保险企业进行单独核算,不包括在财务费用)、金融机构手续费,以及筹资发生的其他财务费用如债券印刷费、国外借款担保费等
资产减值损失	asset impairment loss	资产的可收回价值低于其账面价值而产生的损失。资产减值损失=资产账面价值-资产可收回金额
公允价值变动损益	profit and loss from fair value changes	指以公允价值为计量的资产在持有期间因公允价值变动而形成的收益
投资收益	investment income	是对外投资所取得的利润、股利和债券利息等收入减去投资损失后的净收益
营业外收入	non-operating income	不可能构成企业一项业务所产生的收入就叫作营业外收入。特点是不具有持续性的,包括政府补贴、存货盘盈的部分、无法偿还的债务等
营业外支出	non-operating expenses	指既不属于企业生产经营费用,又与企业生产经营活动没有直接关系的费用支出。特点是不具有持续性的,包括:政府的罚款、存货盘亏的部分、对外捐赠支出、低于净值出售固定资产
所得税费用	income tax expense	核算企业负担的所得税,是损益类科目。企业所得税基本税率是25%,但所得税不是按照利润总额的25%计算的,而是按照应税所得额的25%计算的。因为税法与会计准则的规定会有一定的差异

附录 2 常用财务术语快速释义

财 务 术 语	英　　语	名 词 解 释
损益表/利润表	income statement	利润表按时间段,可分为月度报表、季度报表、半年报和年度报表,月度报表就是反映了这一个月的经营和盈利状况,年度报表就是 12 个月的累加,反映了这一年的经营和盈利状况。利润表是一个时间段的概念
资产负债表	balance sheet	资产负债表是在一个时点(通常为期末)反映了公司的资产和债务的状况,让公司的股东了解自己的家底(所有者权益),了解公司的财务状况。资产负债表是时点的概念
现金流量表	cash flow statement	现金流量表描述了公司在一个时间段内的经营、投资和融资的现金流入和流出情况。包括经营活动现金流、投资活动现金流和融资活动现金流
现金流量	cash flow	现金的流入与现金流出,企业只要有现金流,就可以正常地运转,而赚钱的企业没有了现金流,就会立马死掉
流动性	liquidity	体现资产变现能力的强弱,变现能力越强,流动性越好
流动资产	current assets	现金或 1 年之内可以变现的资产
流动负债	current liabilities	将在 1 年之内偿还的债务
会计等式	accounting equation	也叫会计恒等式,体现了各会计要素之间的平衡关系,将资产、负债、所有者权益、收入、费用、利润联系在一起,会计等式是编制财务报表的逻辑基础。其中:资产=负债+所有者权益,收入-费用=利润,资产+费用=负债+所有者权益+收入
加速折旧	accelerated depreciation	在折旧期内,前面提取折旧多,后面提取少,一般来说是国家促进企业技术改造,支持创业创新的,让利于企业的
毛利	gross profit	营业收入扣除营业成本是毛利,企业的运转是靠毛利而非利润
毛利率	gross profit margin	毛利除以销售收入,是衡量企业盈利能力的一个指标

财务术语	英　　语	名词解释
初始投资	original investment	建立企业所需的资金,来源包括企业主自己的钱、借来的钱,或从投资者那里筹集的钱
资本成本	cost of capital	公司用于筹集和使用资本而付出的成本,比如公司的债务和股权融资
机会成本	opportunity cost	当你选择一种投资而不是另外一种投资时,那么被放弃的另外一种方案的成本就是机会成本
财务业绩	financial performance	是一种定量评价,对企业在一个经营周期内的盈利能力、资产质量、债务风险和经营增长等方面进行定量分析和评判。财务业绩报告也是财务会计报告的一个重要组成部分
息税折旧摊销前利润	earnings before interest, tax, depreciation and amortization(EBITDA)	是扣除利息、所得税、折旧、摊销之前的利润,用来衡量公司业绩的一个指标
税前利润	earnings before taxes	也叫利润总额,是在所得税上缴前的利润
净利润	net income	利润总额减去所得税后的金额,是企业经营的最终成果
税率	tax rate	计算税金的比例系数
人均销售额	sales per employee	人均销售额越高,企业盈利能力越强
净资产	net assets	资产总额减去负债以后的净额,也就是所有者权益
净债务	net debt	总债务减去现金和现金等价物的债务额
经营活动现金流量	cash flow from operating activities	在经营活动中产生的现金流入和现金流出
投资活动现金流量	cash flow from investing	在投资活动中产生的现金流入和现金流出
融资活动现金流量	cash flow from financing activities	在融资活动中产生的现金流入和现金流出
息税前利润率	EBIT margin	扣除利息、所得税之前的利润
销售收益率	return on sales	企业税后净利润与销售总额之间的关系,数值越高,说明企业的盈利能力越强
经营性现金流利润率	operating cash flow profit margin	在一定时期内,计算经营活动产生的现金占销售收入比率的指标
销售额和库存比	sales to inventory	也叫库销比,是库存量与销售额的比率,衡量库存量是否合理的指标,如果比率过高,说明库存量过大

续表

财务术语	英　语	名词解释
固定资产周转率	fixed asset turnover	也叫固定资产利用率,是企业销售收入净额与固定资产平均净值的比率,用来衡量固定资产利用效率的指标,比率越高,固定资产的利用率越高
流动资产周转率	current asset turnover	销售收入与流动资产平均余额的比率,用来衡量流动资产的利用效率,比率越高,流动资产的利用率越高
总资产周转率	total asset turnover	销售收入与平均总资产的比率,比率越高,总资产的周转率越快
应收账款周转天数	days sales outstanding（DSO）	企业从应收账款变成现金所需要的时间,应收账款周转天数越短,企业竞争力越强
应付账款周转天数	days payables outstanding	表示企业在一个会计年度内,应付账款从发生到实际支付周转一次的平均天数,周转天数越长,应付账款的周转次数就越低,企业就可以占用供应商货款的时间越长
产权比率	equity ratio	是负债总额与所有者权益总额的比率
资产结构	asset structure	是企业各种资产占总资产的比重
短期偿债能力	short-term liquidity	是指企业偿还流动负债的能力,流动资产的流动性越强,短期偿债能力越强
利息覆盖率	interest coverage ratio	也叫利息覆盖倍数,用来衡量公司产生的税前利润能否支付当期利息,利息覆盖率=EBITDA÷利息支出
每股收益	earnings per share（EPS）	是净利润与股份数的比率,用来衡量股票投资价值的一个指标,比率越高,表明企业创造的利润就越多
市盈率	price earning ratio（P/E）	也叫股价收益比率,等于股价除以年度每股盈余,是最常用的股票估值指标之一,反映了某股票的当前价值。市盈率越低,意味着投资者可以用相对较低的价格购买股票
市盈率相对盈利增长率	price earnings growth ratio（PEG）	等于市盈率（P/E）÷企业年盈利增长率,反映了股票未来的成长价值,比如现在一只股票的市盈率15,其未来5年的预期每股收益复合增长率为15%,那么该股票的PEG就是1
市值	market capitalization	一家上市公司发行的股份数量乘以市场价格计算出来的股票总价值,但总市值和总资产是不一样的
企业价值	enterprise value（EV）	企业价值等于公司市值＋总债务－现金和现金等价物,通常用来评估一家企业的潜在收购价值

续表

财务术语	英语	名词解释
经济增加值	economic value added（EVA）	EVA是从出资人角度设计的一个指标，衡量企业价值的增加，企业的盈利必须超出其资本成本才有经济增加值，EVA也是中央企业业绩考核的核心指标
折现现金流模型	discounted cash flow model	通过预测公司未来的现金流并按照一定的贴现率计算公司的估值，通常作为收购企业的定价模型
会计目标	accounting objectives	完成会计工作达到的标准，不同时期的会计目标是不同的
会计要素	accounting elements	会计要素包括：资产、负债、所有者权益（股东权益）、收入、费用和利润
会计假设	accounting assumptions	会计假设包括：会计主体假设、持续经营假设、会计分期假设和货币计量假设
会计主体假设	accounting entity assumptions	假设企业是一个独立的实体
货币计量假设	monetary unit assumption	用货币金额对经济要素进行计量和记录
持续经营假设	going-concern assumption	假定每一个企业在可以预见的未来，不会面临破产和清算，持续经营
会计分期假设	accounting period assumptions	假设规定了会计对象的时间界限，将企业连续不断的经营活动分割为若干较短时期，以便分期结算账目和编制财务会计报告
历史成本原则	principle of historical cost	也叫实际成本原则，资产按照其购置发生时取得的成本为标准进行计量计价
收付实现制	cash basis of accounting	以现金收到或付出为标准来记录收入的实现和费用的支出
权责发生制	accrual basis	也叫应收应付制，当期的收入满足确认条件时，无论是否收到钱都要确认收入；当期的费用满足确认条件时，无论是否支出都要确认为费用
配比原则	matching principle	一项费用应该与相应收入在同一时期相匹配
充分披露原则	full-disclosure principle	企业发布的正式的财务报告，必须全面准确地反映企业的财务信息、经营信息，披露每一个重要的财务信息，不得忽略或隐瞒
客观性原则	objective principle	也叫真实性原则，企业的会计核算应当以实际发生的经济业务为依据
一致性原则	consistent principle	企业在各个会计期间所用的会计方法应当保持一致，不能随意变更
可比性原则	comparability principle	会计指标应当口径一致、相互可比

财务术语	英语	名词解释
稳健性原则	conservatism principle	也叫谨慎性原则,处理企业不确定的经济业务时,应持谨慎的态度,比如成本与可变现净值孰低法
决策人	decision maker	比如公司总经理
股东	shareholder	公司的出资人、资金的内部提供者
债权人	creditor	包括机构或个人,比如贷款债权人、商业债权人等,资金的外部提供者
投资人	investor	投资人包括公司股东、债权人和利益相关者
企业资源计划	enterprise resource planning(ERP)	管理公司日常经营活动的软件系统,包括财务会计、采购、订单管理、项目管理、内控合规、供应链等
会计科目	accounting subjects	会计科目一般包括资产类、负债类、所有者权益类、成本类、损益类五大类,其中每大类又包括若干小科目,比如银行存款、存货、应付账款、长期借款、资本公积、销售收入等
总账	general ledger	也叫总分类账,用于分类汇总记录,总领各明细类账目
原始凭证	source document	在经济业务发生时取得或填制的凭证,比如发票、飞机票、火车票、收料单、领料单、出库单、报销单等
日记账	journal	也叫序时账,是按业务发生和完成时间的顺序进行登记的账簿
会计分录	journal entry	根据复式记账法,将各种业务按照对应的会计科目分别记录,每条会计分录包括借贷方向、对应科目和金额
试算平衡	trial balance	根据有借必有贷,借贷必相等和资产＝负债＋所有者权益的平衡原理,对账户的发生额和余额的汇总进行计算和比较,来检查账户记录是否正确和完整的一种方法
结账	closing entries	在会计期末,一般月底或年底,将各账户余额结清或结转至下期,据此编制财务报表,就是我们经常说的月结、年结
银行对账单	bank statement	银行和企业核对账务的单据,记录了企业资金的流转情况,每个月都会由银行寄给企业
银行存款余额调节表	bank reconciliation statement	由于两方的入账时间不同,导致余额不一致,在银行对账单余额与企业账面余额的基础上,进行对账。未达账项共有四种情况:银收企未收;银付企未付;企收银未收;企付银未付

财务术语	英　语	名词解释
重置成本	replacement cost	对资产而言，按照现在购买相同的资产所需支付的金额计量；对负债而言，按照现在偿付该项债务所需支付的金额计量
可变现净值	net realizable value	预计可以实现的销售价格减去相关费用后的净值，比如 Yoyo 小姐前年购买一台冰柜 5 000 元，现在想卖了，询问家电回收店后得知可以卖到 1 500 元，那么这 1 500 元就是可变现净值
现值	present value	对资产而言，是按照未来净现金流入量计算出的折现金额计量；对负债而言，是按照需要偿还的未来净现金流出量计算出的折现金额计量
公允价值	fair value	在充分市场上可以达成交易的市场价格
市场占有率	market shares	也叫市场份额，企业销售额在市场同类产品中所占比重，代表了企业的市场地位
现金流量折现法	discounted cash flow（DCF）method	假设企业会持续经营，把未来所有赚的现金流，用折现率折合成现在的价值
折现率	discount rate	将未来期限内的预期收益折算成现值的比率，一般来说，风险越高的企业，折现率也越高
净资产收益率	return on equity（ROE）	又称为股东权益报酬率，是衡量自有资本获得净收益的能力。换句话说就是股东每投入 1 块钱能够带来多少钱的利润。净资产收益率＝销售净利率×资产周转率×权益乘数
流动资产率	liquidity ratio	流动资产与总资产之间的比例关系。比例越高，说明企业的流动性越好，变现能力越强。流动资产率＝流动资产÷总资产
固定资产净值率	fixed assets-net value ratio	体现的是企业固定资产整体的新旧程度，数值越大，表明企业的固定资产越新。固定资产净值率＝固定资产净值÷固定资产原值
固定资产与股东权益比率	fixed assets to shareholders' equity ratio	衡量了公司财务结构的稳定性，反映了购买固定资产所需要的资金有多大比例是来自所有者资本的。固定资产与股东权益比率＝固定资产总额÷股东权益总额
资产负债率	asset-liability ratio	反映在总资产中通过借债来筹资的比率，负债比率越低越好，企业偿债风险小。资产负债率＝负债总额÷资产总额
股东权益比率	equity ratio	也叫净资产比率，是衡量企业的资金实力和偿债安全性，这个比率体现了企业资产中有多少是股东或所有者投入的。股东权益比率＝股东权益总额÷资产总额。股东权益比率＋资产负债率＝1

财 务 术 语	英 语	名 词 解 释
权益乘数	equity multiplier（EM）	资产总额是股东权益的多少倍,股东权益比率的倒数。该数值越高,说明股东投入的资本在资产总额中所占比重越小,负债程度越高。权益乘数＝资产总额÷股东权益总额
应收账款周转率	accounts receivable turnover	是一个时间段内应收账款转化为现金的平均次数。应收账款周转率＝销售收入÷[（期末应收账款＋期初应收账款）÷2]。应收账款周转率越高,表明公司应收账款的回收效率高,公司的优质客户比例高,能够快速收回债务,公司的经营状况好
应付账款周转率	accounts payable turnover	是衡量流动负债支付能力和占用供应商资金状况,应付账款周转率＝营业成本÷[（期末应付账款＋期初应付账款）÷2]
存货周转率	inventory turnover	反映了存货的周转速度,存货周转率＝营业成本÷[（期末存货余额＋期初存货余额）÷2]
长期负债比率	long-term liability rate	也叫作资本化比率,长期负债比率＝长期负债÷资产总额
现金比率	cash ratio	衡量企业只使用现金和现金等价物来偿付其短期债务的能力,现金比率＝（货币资金＋有价证券）÷流动负债。现金比率越高,变现能力越强
流动比率	current ratio	衡量企业在未来12个月内是否具有足够资源来偿还其债务的指标,流动比率＝流动资产总额÷流动负债总额
速动比率	quick ratio	企业能立刻变现的流动资产的偿还能力,速动比率＝速动资产÷流动负债
营运资本	working capital	是企业在经营中可供运用、周转的流动资金净额,营运资本＝流动资产－流动负债
营运资本配置比率		配置比率越高,企业的短期偿债能力越强。营运资本配置比率＝营运资本÷流动负债
正现金流比率		体现了企业经营活动产生正现金流量的能力,正现金流比率＝经营活动现金流入÷经营活动现金流出
净现金流偏离比率		表明企业实际经营活动的净现金流量偏离标准水平程度的指标,标准值设定为1,净现金流偏离比率＝经营活动的净现金流÷（净利润＋折旧＋摊销）
净利润现金含量		也叫净现比,表示每1元的净利润会带来多少现金净流入或净流出,净利润现金含量＝经营活动净现金流÷净利润

财务术语	英　　语	名词解释
现金流动负债比率		企业在一定时期内的经营现金净流量同流动负债的比率,比率越大说明企业短期偿债能力越强,现金流动负债比率=经营活动净现金流÷流动负债
现金总负债比率		企业经营活动现金净流量与负债总额的比率,比率越大,说明企业偿还全部债务的能力越强。现金总负债比率=经营活动净现金流÷负债总额
销售收入现金收益率		也叫主营业务收现比率,是衡量企业所实现的销售收入中实际收到现金的比例,销售收入现金收益率=经营活动现金流入÷主营业务收入